AF454485

TRAITÉ

DE LA POLICE ET DE LA VOIRIE

DES CHEMINS DE FER

ET DE LA LÉGISLATION DES LOCOMOTIVES QUI LES DESSERVENT,

AVEC UN FORMULAIRE DES ACTES PRESCRITS
A TOUS LES FONCTIONNAIRES ET AGENTS CHARGÉS DE
LA CONSTRUCTION, DE L'EXPLOITATION, DE LA SURVEILLANCE ET
DE LA RÉPRESSION DES CONTRAVENTIONS EN MATIÈRE DE CHEMINS DE FER,

OUVRAGE DIVISÉ EN TROIS PARTIES.

La première comprenant les articles et le commentaire de la loi du 15 juillet 1845 promulguée le 21.

La seconde, les formules des actes à rédiger pour l'exécution de cette loi par les ingénieurs, conducteurs et piqueurs des ponts-et-chaussées et des mines; les gardes-mines, les voyers, cantonniers, les officiers de police judiciaire, gendarmes, gardes-champêtres et forestiers; les administrateurs, directeurs, inspecteurs, préposés de tout rang, agents et gardes des compagnies concessionnaires ou de l'état, employés à l'exploitation des chemins de fer, les préfets, sous-préfets, maires, adjoints et agents de police.

La troisième, toute la législation sur les locomotives à vapeur des chemins de fer.

Par M. GAND,

AVOCAT, DOCTEUR EN DROIT EN LA FACULTÉ DE PARIS,

Auteur du Traité général de l'expropriation pour travaux d'utilité publique, notamment pour la construction des chemins de fer, — du Traité de la nouvelle législation du Notariat, — du Traité des Prisées et Ventes de meubles, de la compétence des officiers publics en cette matière, du mode de constatation de ces opérations, des solutions des difficultés et questions qu'elles présentent fréquemment dans la pratique, — des actes de ces traités, — auteur encore d'autres publications et écrits de droit politique et public qui se trouvent tous aux lieux indiqués ci-dessous.

PARIS,

CHEZ L'AUTEUR, RUE MONTMARTRE, 174,

ET CHEZ TOUS LES LIBRAIRES.

1846

NOTE ESSENTIELLE POUR L'INTELLIGENCE DE QUELQUES
ABRÉVIATIONS.

Art. — signifie article.

Cas., 10 9ᵇʳᵉ 1835, S. D., 35-1-900, — signifie arrêt
de la Cour de cassation, du 10 novembre 1835, rapporté au Recueil de M. Sirey (continué depuis quinze
ans par MM. Devilleneuve et Carette avec un succès
égal au mérite qui recommande cette œuvre à tous
les jurisconsultes), volume de l'année 1835, 1ʳᵉ partie,
page 900.

Toulouse, 20 mars 1839, S. D., 39-2-150, — signifie
arrêt de la Cour royale de Toulouse, du 20 mars 1839,
rapporté au même recueil, volume de 1839, 2ᵉ partie,
page 150.

Cod. civ. ou c. c., — signifie Code civil.

Cod. pro., — Code de procédure civile.

Cod. pén., — Code pénal.

Cod. cri., — Code d'instruction criminelle.

§ — paragraphe.

Tit., — titre.

2ᵉ part., — 2ᵉ partie.

Pag., ou p., — page.

Et s., — et suivants.

V. n° 12, — voyez numéro 12.

V. p. 10, — voyez page 10.

Dans la table de concordance des numéros de l'ouvrage avec les pages, cette indication 12-14 mise en
regard du numéro 11, par exemple, signifie que le numéro 11 occupe de la page 12 à la page 14.

INDICATION DES PAGES DE L'OUVRAGE OÙ SE TROUVENT
TEXTUELLEMENT RAPPORTÉS LES ARTICLES DE LA LOI.

Article		page		Article		page
Article	1ᵉʳ.	1		Article	15.	251
Art.	2.	45		Art.	16.	255
Art.	3.	68		Art.	17.	257
Art.	4.	120		Art.	18.	262
Art.	5.	133		Art.	19.	267
Art.	6.	160		Art.	20.	269
Art.	7.	170		Art.	21.	273
Art.	8.	177		Art.	22.	285
Art.	9.	184		Art.	23.	289
Art.	10.	189		Art.	24.	300
Art.	11.	214		Art.	25.	306
Art.	12.	252		Art.	26.	308
Art.	13.	244		Art.	27.	309
Art.	14.	249				

AVERTISSEMENT.

Notre Code législatif actuel sur les chemins de fer se compose de trois éléments : d'abord, de la loi d'expropriation des propriétés privées jugées nécessaires à l'exécution des grands travaux d'intérêt général, et notamment à la construction des chemins de fer, ensuite d'une ordonnance sur les épreuves de solidité des locomotives à vapeur et sur les mesures de surveillance propres à prévenir les dangers de ces appareils de traction ; enfin de la dernière loi du 15 juillet 1845 sur la police et la voirie des mêmes chemins.

Nous avons commencé la publication de nos travaux sur la législation spéciale à ces nouvelles voies de communication, par le Traité de l'expropriation, dans lequel sont tracées les règles à suivre pour obtenir la concession amiable ou forcée des terrains propres à l'établissement de la ligne et le mode du réglement volontaire ou juridique des indemnités dues aux propriétaires, locataires et autres ayants droit dépossédés.

Nous avons vu avec plaisir que cet écrit a été signalé à la Chambre des Pairs (*Moniteur* du 2 avril 1844, page 810, 3me colonne), par M. Teste, ancien bâtonnier de l'ordre, ministre des travaux publics, et maintenant président à la cour de cassation, comme une œuvre remarquable, complète dans son genre et digne de faire autorité.

Un encouragement et un témoignage aussi flatteurs nous déterminent à venir aujourd'hui mettre la dernière main au tableau que nous avons esquissé du droit particulier aux chemins de fer, de ce droit qui grandit en importance et devient chaque jour plus indispensable, en posant les principes de la protection dont ils ont besoin pour leur conservation, et en faisant connaître les précautions et obligations que doivent observer les concessionnaires, tant par rapport à la voie elle-même, que relativement aux moteurs qui servent à l'exploiter.

Nous avons un instant hésité entre l'adoption de la forme méthodique suivie dans notre Traité de l'expropriation et celle du Commentaire que bien des personnes trouvent plus commode, et nous avons cru devoir concilier les convenances opposées en donnant ici la préférence à celle que le premier avait exclue.

Cette détermination prise, nous avons partagé en trois parties nos observations.

Le premier rang appartenait à la loi de 1845.

Nous l'avons fait suivre, en second ordre, du protocole des formules des divers actes qu'exigera son exécution.

Enfin nous avons assigné la troisième et dernière place aux mesures de sûreté prescrites dans l'intérêt de la sécurité publique, pour vérifier et constater l'emploi des procédés de solidité signalés par l'expérience dans la construction des chaudières et machines à vapeur des locomotives, préalablement à leur mise en circulation, et pour en assurer l'entretien en bon état de service pendant leur temps d'activité.

Cette division arrêtée, nous avons rapporté successivement et isolément les articles de la loi dans leur
ordre de série, et, pour offrir un résumé des remarques et réflexions dont le texte nous a paru passible,
nous avons subdivisé en des paragraphes placés à la
suite de chaque article et distingués chacun suivant
son objet, les sujets divers de nos annotations sur ce
même article.

Cette méthode, facile à suivre pour celles des dispositions qui formulent des règles complètes par elles-
mêmes, se complique singulièrement quand, au lieu
de contenir l'énonciation des statuts dont elles imposent l'observation, elles se bornent à appeler, par une
vocation conçue en termes généraux, les prescriptions
d'autres lois à venir régir la matière dont elles s'occupent ; car alors, le droit n'étant exprimé que par une
simple indication de la législation qui l'a créé, il faut,
avant de se livrer à l'interprétation des préceptes de
ce droit, débuter par en constater la teneur. Or, en
considérant la loi nouvelle d'un point de vue général,
on reconnaît qu'encore bien que son titre annonce
exclusivement des mesures de police, cependant elle
commence par régler uniquement la voirie des chemins fer, en leur appliquant, par ses trois premiers
articles, celle des grandes routes ; dès lors nous avons
dù, pour nous conformer à ce classement, préluder
par la définition de ce droit.

Aussi, la partie de notre travail qui comprend ces
articles, est-elle entièrement consacrée à tracer
l'exposé exact et fidèle du régime de la voirie dont la
connaissance, étrangère a la plupart des membres de

la magistrature et du barreau, mais obligatoire pour tous les fonctionnaires de l'administration chargés de l'appliquer, ne s'acquiert que par une longue étude et des labeurs particuliers.

En effet, ce régime est demeuré dans les langes de ses premiers essorts par exception aux autres monuments de notre ancien édifice législatif, qui, soumis à l'impulsion du progrès, ont tous été rajeunis ou par une transformation intégrale, ou par une refonte partielle.

En telle sorte que maintenant encore son cadre n'est formé que d'éléments disséminés en des édits, déclarations, ordonnances, arrêts du conseil, arrêts de réglement qui remontent au seizième siècle et sont maintenus en vigueur par un décret de 1791.

On rencontre bien dans quelques lois postérieures, par exemple, dans celle de 1807, des dispositions éparses et isolées établissant exceptionnellement certaines mesures de voirie; mais il n'existait encore, avant le Traité général que nous en avons donné, aucun document, soit de législation, soit de doctrine, soit de jurisprudence, qui offrît un résumé complet des règles destinées à gouverner cette branche importante du Code administratif.

Nous avons donc été contraints pour les réduire en une théorie rationnelle, de compulser ces documents, d'en extraire tout ce qui est relatif à la voirie, et de grouper en un corps homogène les matériaux puisés à ces sources aussi difficiles à découvrir qu'à analyser.

Ce choix fait, on ne peut reconnaître et marquer

ceux qui ont conservé leur valeur légale jusqu'au-jourd'hui, qu'en coordonnant cette compilation avec les abrogations ou les réformes qui, depuis 1791, ont frappé plusieurs de ses parties.

C'est après avoir, à l'aide de ce procédé, déterminé préalablement en quoi consistent les exigences de la voirie sur ceux d'entre les objets de ses prévisions que les trois premiers articles de la dernière loi viennent de rendre communes aux chemins de fer, que nous avons pu suivre à leur égard la marche ci-dessus jalonnée pour tous les autres.

En ce qui concerne la base de nos idées sur le fond des réglements de la voirie, dans leur relation aux chemins de fer, nous avons cherché à nous éclairer des enseignements de l'expérimentation dans les annales de la jurisprudence administrative et judiciaire. C'est à ce faisceau de lumières que nous nous sommes inspiré de la doctrine propre à nous former une opinion sur le sens et sur l'interprétation qu'ils doivent recevoir, à nous fixer préventivement sur les questions que feront naître les événements et circonstances qui pourront se rencontrer dans le cours de leur mise en action.

Quant aux mesures touchant la police, nous rendrons hommage au soin pris par les rédacteurs d'étendre leurs prévisions aux faits principaux, de traduire leur volonté en des principes larges, d'en déduire les conséquences les plus notables. Des discussions prolongées pendant deux sessions successives, trois renvois de l'une à l'autre chambre, attestent leur sollicitude à cet égard.

Toutefois, malgré cette sage lenteur et ces précautions dignes d'éloges, ils n'ont pas encore atteint cette perfectibilité qui semble refusée à toutes les conceptions de l'esprit humain. Sans doute l'œuvre sortie de cette élaboration parlementaire est recommandable sous tous les rapports; mais, soumise à l'épreuve d'une application hypothétique, on y découvre des omissions, des ambiguités, des contradictions mêmes qu'une investigation attentive nous a révélées et qu'il était de notre devoir de signaler et de réparer.

Il n'existe pas sur la matière de la police, comme on en possède sur celle de la voirie, d'antécédents précis, soit de législation, soit de jurisprudence, dès lors nous avons dù, pour remplir convenablement et utilement à l'égard de la première les engagements que nous nous sommes imposés, chercher à découvrir le véritable esprit de chacun des articles, et à cet effet nous pénétrer de l'intention et des vues qui ont présidé à leur proposition, aux amendements qu'ils ont subis, et enfin au vote d'adoption qui est venu leur imprimer un caractère définitif.

Pour faire cette appréciation, nous avons consulté en premier ordre les exposés des motifs de chaque projet faits par les ministres et par les savants rapporteurs des diverses commissions.

Ensuite nous avons interrogé avec un soin scrupuleux les débats que ces propositions ont éprouvés dans le sein des chambres.

Nous y avons étudié avec une attention digne du sujet les raisons des changements qui y ont été introduits, celles du rejet, de l'adoption ou de la modification qui leur a été assignée.

Nous avons eu recours, en outre, aux interprétations données par la doctrine ou par les arrêts sur des points de controverse analogues à ceux dont nous avons présupposé la réalisation éventuelle.

Enfin, convaincu de l'utilité du mode de rendre une explication vivante par la pratique et par l'exemple, nous l'avons saisi en traduisant notre pensée dans le protocole des nombreux actes dont l'exécution de la loi entraînera forcément la rédaction de la part de tous les fonctionnaires chargés d'en assurer l'observation.

Certes le zèle, l'expérience, le travail et l'accueil favorable fait à des écrits de droit public et privé déjà publiés, sont des considérations dont nous ne voulons ni récuser, ni même négliger l'heureuse prévention et la recommandation puissante en une position où elles militent au profit du nouveau traité que nous nous sommes déterminé à faire paraître.

Mais, nous le proclamons, ces auxiliaires honorables ne doivent, à notre avis, autoriser que des présomptions ; c'est uniquement dans le mérite réel d'un ouvrage jugé d'après lui-même qu'un auteur peut fonder l'espoir d'un succès légitime et durable. Aussi la conviction de cette vérité a-t-elle constamment été présente à notre pensée, au milieu des investigations multipliées et des discussions approfondies auxquelles nous nous sommes livré pour obtenir par des travaux entrepris, soutenus et accomplis avec persévérance, l'approbation de ceux qui voudront bien nous accorder une attention sérieuse et suivie, et don nous regarderons le suffrage comme la plus belle récompense que puisse ambitionner un jurisconsulte.

Nous ne dévierons pas ici du système de conduite que nous avons adopté pour nos précédentes productions ; comme nous ne sommes pas assez présomptueux pour prétendre à l'infaillibilité, nous devons compter sur des objections à nos opinions, sur des difficultés dans l'intelligence et dans l'application de nos préceptes.

Eh bien, nous renouvelons ici la promesse faite en nos traités antérieurs, de répondre avec empressement à tous les lecteurs qui nous exprimeront le désir d'être éclairés sur des points de droit, ou sur des espèces que nous n'aurions pas prévues.

Et quoique cette déclaration nous ait attiré et doive nous amener encore une masse de questions, qui, réunies aux consultations de notre cabinet, doivent étendre le cercle de nos occupations et absorber un temps précieux, nous ne craignons pas d'affirmer qu'à l'avenir elles seront répondues avec le même soin et la même exactitude que par le passé.

TRAITÉ

DE LA POLICE ET DE LA VOIRIE

DES CHEMINS DE FER.

PREMIÈRE PARTIE.

Texte et commentaire de la loi du 15 juillet 1845 sur la police des chemins de fer.

TITRE PREMIER.

MESURES RELATIVES A LA CONSERVATION DES CHEMINS DE FER.

ARTICLE PREMIER. Les chemins de fer construits ou concédés par l'état font partie de la grande voirie.

Division des explications et questions relatives à cet article.

§ 1er. Conséquences générales de l'attribution des chemins de fer à la grande voirie. — § 2. Des parties des chemins de fer auxquelles s'applique le principe d'inaliénabilité établi par le § 1er. — § 3. De l'époque à dater de laquelle les terrains destinés aux chemins de fer deviennent inaliénables, imprescriptibles et indisponibles à l'égard du propriétaire. — § 4. De l'application aux chemins de fer du droit de la petite voirie. — § 5. De l'objet des mesures de police qui, relativement aux chemins de fer, sont du domaine des autorités investies du pouvoir réglementaire de petite voirie.

§ 1er. Conséquences générales de l'attribution des chemins de fer à la grande voirie.

Observation préalable. — Ces conséquences sont indépendantes de celles qui résultent des applications particulières faites à ces mêmes

1

chemins par les articles 2 et 3 de la présente loi, de diverses règles spéciales de la grande voirie.

N° 1er. De ce que la loi place les chemins de fer construits ou concédés par l'état dans le domaine de la grande voirie, s'ensuit-il que toutes les dispositions relatives aux autres voies de communication régies par le droit de la grande voirie leur soient applicables? Non. Car les articles 2 et 3 de la loi nouvelle circonscrivent dans la catégorie des objets qu'ils énumèrent, les diverses dispositions qui devront gouverner ces sortes de chemins. Cependant cette conclusion ne nous paraît pas devoir être prise dans un sens tellement absolu, qu'en dehors du cercle tracé, on ne doive pas les faire participer à quelque autre effet du principe général d'assimilation aux autres grandes voies de communication proclamé par l'article 1er.

C'est de cet autre effet que nous allons nous occuper exclusivement ici, réservant à la partie de notre commentaire destinée aux articles 2 et 3 les développements spéciaux qu'exigent leurs dispositions particulières.

N° 2. D'abord il est un principe établi en faveur des routes dont le privilége est incontestablement applicable aux voies de fer, c'est celui de l'inaliénabilité et par suite de l'imprescriptibilité desdites routes.

Il résulte 1° de l'article 538 du code civil qui déclare que les routes et chemins à la charge de l'état, etc., et généralement toutes les portions du territoire français qui ne sont pas susceptibles d'une propriété privée, sont des dépendances du domaine public;

2° de l'article 2226 du même code, qui porte, qu'on ne peut prescrire le domaine des choses qui ne sont point dans le commerce.

Il est vrai que l'article 2227 soumettant l'état aux mêmes prescriptions que les particuliers, on aurait pu en conclure qu'il était, pour les routes, obligé de subir comme les particuliers, pour leurs propriétés, les effets de la prescription.

Mais la réfutation résulte d'une distinction que ces articles présupposent sans l'exprimer formellement, comme on aurait pu le désirer pour prévenir toute interprétation erronée fondée sur la contradiction apparente qui existe entre eux.

En effet, le premier s'applique aux choses du domaine public, et le second à celles du domaine privé de l'état. Les biens du domaine public sont ceux que définit l'article 714; ils n'appartiennent à personne et l'usage en est commun à tous.

Les biens du domaine privé de l'état, au contraire, sont ceux qui composent son patrimoine et dont il jouit exclusivement à ce titre, comme le fait un simple citoyen de ses propriétés particulières.

5. C'est à cette seconde sorte de biens que s'applique la dernière disposition de l'article 537 et la règle de l'article 2227.

Tandis que les biens du domaine public n'appartenant en propriété à personne, pas même à l'état au regard des membres de la nation, tout le temps qu'ils conservent la destination qui les range dans le domaine public, et qui les exclut de la catégorie des choses susceptibles d'une propriété privée, il s'ensuit qu'ils ne peuvent être soumis pendant qu'ils sont affectés à cette destination, à une prescription qui aurait uniquement pour conséquence de les faire passer dans le patrimoine privé du possesseur qui les aurait usurpés : c'est là le vœu et c'est aussi la conséquence de l'art. 538, C. Civ.

Voilà pourquoi, lorsqu'il est reconnu qu'une chose dépendante du domaine public de la nation est devenue inutile à l'usage de tous, il faut que cette inutilité soit reconnue par le pouvoir législatif, qui, en même temps et par une conséquence virtuelle de cette reconnaissance, déclare que cette même chose, devenue par suite de la cessation de sa destination primitive susceptible de propriété privée, entre dans le domaine particulier de l'état. De ce moment elle devient aliénable à ce titre, et dès lors prescriptible, art. 537 et 2227.

La loi du 24 mai 1842, relative aux portions de routes royales délaissées par suite de changement de tracé ou d'ouverture d'une nouvelle route, nous offre dans l'application que les chambres ont faite de ces principes, une consacration incontestable de leur légalité, en même temps qu'un exemple qui les explique dans le sens que nous venons de les présenter.

4. Nul doute donc que la simple déclaration faite par l'article 1er aurait suffi seule pour conférer aux chemins de fer le privilége de l'imprescriptibilité acquis à toutes les routes qui sont réputées des dépendances du domaine public.

Mais les auteurs de la loi nouvelle, par un excès de précaution dont l'inspiration ne peut qu'être approuvée, n'ont pas voulu faire dépendre la solution de la question de la nécessité d'un argument d'analogie.

En effet, on voit en se reportant à la discussion du projet de loi qui a eu lieu devant la chambre des pairs, que l'imprescriptibilité des chemins de fer, considérés comme choses dépendantes du domaine public, fut proclamée de la part des orateurs qui y prirent une part active.

Ainsi, M. le marquis de Barthélemy, auteur de l'amendement qui eut pour objet d'énoncer positivement dans la loi que les chemins de fer faisaient partie de la grande voirie, expliqua à la séance du 30 mars 1844, *Moniteur* du 31, page 788, 1re colonne, que son but était par ce moyen d'en assurer l'imprescriptibilité.

Si les chemins de fer, disait, à la même

séance, *Moniteur* du même jour, page 790, 3ᵉ colonne, M. le ministre des travaux publics, font partie de la grande voirie, une première conséquence, c'est qu'ils seront imprescriptibles, car elle résulte du code civil, qui dit que les chemins faisant partie de la grande voirie ne sont pas prescriptibles.

Cet effet, conféré de plein droit aux chemins de fer par leur classification dans le domaine de la grande voirie, ne fut combattu par qui que ce soit; il reçut en outre l'adhésion de la chambre, car en adoptant l'amendement proposé par M. de Barthélemy, soutenu par le ministre, en se l'appropriant sans modification, elle exprima ainsi la volonté de l'accepter par les motifs et avec la portée qui lui avait été attribuée par ces deux orateurs.

5. Si l'on veut se convaincre que ce caractère d'imprescriptibilité assigné aux chemins de fer par la chambre des pairs leur a été maintenu par la chambre des députés, on en trouvera la preuve, d'abord dans le rapport de M. de Chasseloup-Laubat au nom de la commission à la séance du 12 juin 1844, *Moniteur* du 25 du même mois de juin, page 1900, 3ᵉ colonne, et ensuite dans la discussion ultérieure qui en a eu lieu devant cette chambre les 31 janvier, 1 et 3 fév. 1845.

6. L'imprescriptibilité n'étant qu'une conséquence de l'inaliénabilité, il s'ensuit que si

l'on ne peut prescrire le domaine des chemins de fer, c'est par la raison qu'en donne l'article 2226 du code civil, qu'ils ne sont pas dans le commerce.

Ainsi le concessionnaire qui, au lieu et place de l'état, entreprend l'établissement d'un chemin de fer, n'a pas le droit d'en disposer, il est inaliénable pour lui, comme pour tout autre : l'état lui-même, ainsi que le prouve la loi du 24 mai 1842, citée n° 3, ne doit légalement vendre ce chemin, ou plutôt le terrain qu'il occupe, qu'après avoir préalablement constaté et déclaré qu'il est devenu inutile aux besoins du public pour le service duquel il fut primitivement créé ; même après ce déclassement qui fait entrer la route au nombre des choses susceptibles d'une propriété privée, et qui à ce titre la place dans le domaine particulier de l'état, elle ne peut être aliénée qu'en vertu d'une loi, art. 537, code civil. — Mais alors c'est par une autre raison, c'est parceque le gouvernement ne peut aliéner aucune propriété privée de la nation, sans l'autorisation du corps législatif qui la formule par une loi. Voir notre Traité du droit constitutionnel positif de la France.

§ 2. *Des parties des chemins de fer auxquelles s'applique le principe d'inaliénabilité établi par le § 1ᵉʳ.*

7. Mais quelles sont les parties des chemins de fer auxquelles devra s'appliquer le principe

d'inaliénabilité et par suite l'imprescriptibilité ?

Comme ces priviléges en dehors du droit commun ne sont établis qu'afin de protéger les routes, et dès lors les chemins de fer qui leur sont assimilés, contre toute distraction, soit d'une fraction quelconque du terrain de la route, soit d'une partie de ses accessoires indispensables, on doit les soumettre à la règle d'interprétation commune à toutes les dispositions exceptionnelles, laquelle veut que ces sortes de dispositions soient entendues et appliquées avec restriction.

Nous pensons, d'après cette théorie, qu'on ne doit considérer comme chemin et comme devant à ce titre jouir des prérogatives ci-dessus énoncées que cette destination lui assure, que le terrain occupé inclusivement par le chemin. Cependant il ne faut pas induire de cette conclusion que les terrains riverains de la voie peuvent être envahis et prescrits comme toute propriété en général, qui n'est pas régie sous ce rapport par des dispositions exceptionnelles. Car les articles 5, 6, 7 et 8 établissent sur ces terrains des zones de servitudes plus ou moins étendues suivant l'objet particulier de chacune d'elles; voir aussi nᵒˢ 48 et 86. Et comme ces servitudes ne sont imposées sur les fonds voisins que dans l'intérêt de la conservation ou de l'usage de la voie de fer, elles en sont des accessoires qui, à raison de leur destination, doivent pour la remplir être, à titre de dépendances du chemin, protégées par la même législation conservatrice que celui-ci. Si donc le sol voisin dans l'étendue des distances fixées par la loi, sol dont le domaine demeure la propriété du maître auquel il appartient, peut être aliéné par lui, nul ne peut acquérir par prescription l'affranchissement des servitudes établies sur ce sol par les articles précités de la loi nouvelle. Voir n° 37.

Le surplus du terrain acquis au-delà de la partie occupée par le chemin, soit pour la création de la voie, soit depuis sa confection, ne faisant pas partie du domaine public, mais bien du domaine privé du concessionnaire ou de l'état, selon qu'il aura été acheté par l'un ou par l'autre, suivra la condition de leurs propriétés particulières et deviendra aliénable de la même manière que toutes autres choses qui composent celles-ci, sauf l'exercice des servitudes imposées par la loi nouvelle aux fonds limitrophes de la voie.

8. Par une conséquence de cette solution, faut-il décider que, puisque les terrains occupés par les embarcadères, les débarcadères, les gares et stations, ne forment pas une partie de la voie ni des dépendances de cette voie déterminées par les articles 5, 6, 7 et 8, ils ne sont pas inaliénables ni imprescriptibles au moins pour la propriété du fonds?

La raison de douter est d'abord que ces terrains n'étant pas, nonobstant leur destination, compris dans les limites du chemin même, il paraît rationnel de conclure qu'ils ne peuvent être réputés faire partie de la voie, et à ce titre participer au privilége qui lui appartient, parceque les priviléges ne s'étendent pas. Ensuite on peut tirer en faveur de cette décision un autre argument pris de ce que l'on ne saurait accorder à l'inaliénabilité et à l'imprescriptibilité une extension en dehors de l'emplacement de la voie même, sans se soumettre à la nécessité d'accepter pour doctrine l'arbitraire pur, c'est à dire une conséquence dont la perspective illimitée démontre les dangers d'un tel système.

En effet, à quel signe, quand une fois on aura abandonné cette boussole, distinguera-t-on ce qui doit être réputé faire partie de la voie? de quel droit communiquera-t-on à de prétendus accessoires un privilége que les termes de l'article 538 du code n'attribuent qu'à la route elle-même?

9. Mais la raison de décider, est que ces accessoires étant destinés à l'usage perpétuel des chemins de fer, étant indispensables pour qu'ils puissent remplir le but d'utilité publique pour lequel ils ont été établis, doivent nécessairement participer aux droits privilégiés de la voie elle-même; car il y a pour eux identité de motifs,

et dès lors il doit y avoir similitude de droit.
V. n° 7. Un embarcadère, un débarcadère
est aux chemins de fer, ce que le port est à
un canal ou à une rivière navigable ; or, ces
sortes d'établissements sont réputés accessoires
légaux, participant de la nature de la chose
principale; donc, etc. ; aussi l'article 19 les en-
vironne-t-il de la même protection que la voie
elle-même, et démontre-t-il par là que, dans l'esprit de la loi, ils doivent être placés sur la même
ligne et participer de la même nature légale.
On trouvera n° 37 une conséquence de cette
décision ; nous en signalerons ici une autre,
c'est que l'expropriation de leur emplacement
peut être poursuivie conformément aux règles
tracées en notre Traité de l'expropriation pour
cause d'utilité publique en vertu de la loi qui
autorise le chemin.

Il ne nous paraît pas inutile de faire remarquer, comme une conséquence de l'imprescriptibilité des chemins et de leurs dépendances,
que l'action possessoire étant fondée sur la
présomption de l'acquisition du droit de propriété en faveur du possesseur, ne serait pas
admissible relativement aux chemins de fer pas
plus qu'aux routes, puisque cette présomption
qui fait la base de ces sortes d'actions ne pourrait exister à l'égard de ces choses; et il en devrait être de même par une identité de raison
de toute possession des terrains riverains qui

serait contraire aux servitudes établies sur ces fonds par les articles 5, 6, 7 et 8 de la loi nouvelle.

Mais la possession du terrain employé aux chemins de fer pendant le temps qui a précédé leur assignation définitive à cette nouvelle destination, peut fonder des droits en faveur de ceux qui l'ont eue.

10. Si la prescription a été accomplie avant qu'il soit converti en voie publique, elle a produit son effet et le possesseur peut l'invoquer; c'est lui qu'il faut exproprier, c'est à lui que revient l'indemnité. Si, au contraire, le temps requis pour sa révolution n'était pas alors complet, l'affectation nouvelle donnée à la chose, la faisant passer dans le domaine public, la met à dater de cette transmission à l'abri des atteintes de la prescription; par conséquent toute possession précédente devient inutile à celui qui, l'ayant eue, voudrait en tirer un parti quelconque. Ce sera donc le propriétaire qui aura droit à l'indemnité; mais il devra se faire connaître de l'administration. Voir notre Traité de l'expropriation pour utilité publique, pages 30 et suivantes.

11. Nous disons un parti quelconque, parce-que nous considérons l'attribution de la chose au domaine public comme opérant, non une simple suspension, mais une véritable interruption qui annihile entièrement le bénéfice de toute possession antérieure d'une durée in-

suffisante pour compléter le temps requis de la prescription, quand même au cas prévu, page 51 de notre Traité d'expropriation, il y aurait eu rétrocession de la chose.

La raison en est, qu'aux termes de l'article 2243, la prescription est interrompue quand le possesseur est privé de la jouissance de la chose pendant plus d'un an.

Or, la déclaration de domanialité suivie de l'expropriation, quand même elle n'opérerait pas immédiatement dépossession de fait, et qu'ainsi elle n'entraînerait pas pour le possesseur privation de la jouissance matérielle de l'objet, produit toujours une dépossession de droit. Et comme elle rend la chose imprescriptible pour l'avenir, elle convertit les faits de possession ultérieure relativement à cette chose, en des actes de simple tolérance que l'art. 2232 déclare impropres à fonder la prescription.

Il n'y aurait que le cas où la cessation de la jouissance légale, et en d'autres termes l'illégalité de la jouissance produite par l'affectation de la chose à un service public, suivie de l'expropriation de cette chose prononcée au profit de l'état contre le propriétaire, aurait été annihilée par la rétrocession consentie de la part de l'état en sa faveur avant l'expiration de l'année, à dater du jugement d'expropriation, qui pourrait autoriser une exception à la conclusion ci-dessus.

Car alors l'interruption de droit ne s'étant pas étendue à une année, le détenteur serait fondé à prétendre qu'on n'en peut induire en faveur du véritable propriétaire aucune fin de non recevoir contre l'admissibilité de la prescription.

12. Mais cette hypothèse ne pouvant se réaliser qu'autant que le terrain ne conserverait pas pendant une année au moins la destination légale de voie publique (Traité de l'expropriation pour utilité publique, page 51), est par cela même d'une éventualité tellement improbable, que si nous l'avons signalée, c'est moins pour raison de l'utilité très problématique de la prévision, que pour faire ressortir par cette application théorique et rendre saisissable le principe sur lequel elle repose.

§ 3. *De l'époque à dater de laquelle les terrains destinés aux chemins de fer deviennent inaliénables, imprescriptibles et indisponibles à l'égard du propriétaire.*

13. Cette digression terminée, nous abordons la question qu'elle soulève et dont elle rend la solution intéressante, de savoir à compter de quelle époque le chemin de fer acquiert le privilége de l'inaliénabilité et celui de l'imprescriptibilité, soit pour lui, soit pour ses dépendances indiquées *supra*, numéros 7 et 8.

Nous ne pensons pas que le point de départ doive être le même pour l'un et l'autre de ces

avantages dans tous les cas indistinctement;
en voici les raisons :

Quand l'auteur d'un chemin de fer, état ou
concessionnaire, l'établit sur son propre terrain
libre, c'est à dire sur un terrain qui, lors de
l'acquisition qu'il en a faite, n'était pas affecté
par une destination légale et irrévocable à ce
chemin, il conserve la faculté de l'aliéner jusqu'au moment où l'affectation sera devenue
définitive par l'accomplissement des formalités
qui font l'objet de notre Traité de l'expropriation pour cause d'utilité publique, et que l'on
y trouvera exposées pages 8 à 29; jusque là
aussi la prescription court en faveur du possesseur contre le propriétaire. Voir numéros
10 et 11.

14. Quand au contraire il n'était pas propriétaire du sol sur lequel doit être posée la voie
de fer, avant que sa construction ait été déclarée d'utilité publique, et l'emplacement fixé
par les voies légales, et quand il ne l'a acheté
que postérieurement à ces formalités, mais
avant l'expropriation, alors, quoiqu'il n'ait pu
l'acquérir qu'avec la charge d'une affectation à
un service public dont il était grevé, cependant
il reste le maître de l'aliéner, puisqu'il en conserve la propriété; seulement il ne transportera
cette propriété que frappée de ladite charge.
Voir numéros 15 et 16.

Il résulte de là, qu'il ne jouit plus relativement à ce terrain de tous les attributs de la propriété déterminés par l'article 552 du code civil, qu'il ne peut plus aliéner ces attributs, c'est à dire transférer à un tiers le droit d'en jouir irrévocablement, qu'ainsi considéré sous ce rapport il est soumis à la prohibition d'aliénabilité.

Quand nous parlons de l'interdiction d'aliéner appliquée au terrain qui est voué à l'emplacement du chemin de fer, nous n'entendons pas le frapper de cet effet dans un sens absolu, mais seulement relatif, c'est à dire qu'il n'est plus permis au maître de disposer au préjudice de l'état de droits relatifs à ce terrain qui pourraient faire obstacle à l'exercice de ceux dont la construction de la voie nécessite la concession.

Ainsi le propriétaire ne pouvant conférer à d'autres par un acte translatif quelconque plus de droits à la chose qu'il n'en a lui-même, ne transmettra pas un droit de propriété incommutable et absolu qui ne lui appartient plus, mais il demeurera le maître de céder irrévocablement tous les droits qui lui restent sur cette chose ; en ce sens, il peut aliéner.

En conséquence l'acquéreur prendra purement et simplement sa place relativement à ladite chose ; il en deviendra bien le propriétaire, mais il sera passible de la poursuite d'expropriation pour cause d'utilité publique dont elle est l'objet.

Quand au contraire l'expropriation a été prononcée, le propriétaire ne conserve plus que: 1° le droit éventuel que lui réserve la loi de l'expropriation pour utilité publique. V. notre Traité sur cette matière, pages 51 et suiv., et 2° l'action en indemnité de la valeur du terrain; il ne peut donc plus disposer que de ces deux sortes de droits.

15. On voit, par l'explication que nous venons de donner, que dans notre opinion il ne suffit pas, d'une part, de la déclaration d'utilité publique d'un ouvrage quelconque, et de l'affectation particulière, d'autre part, d'une parcelle désignée de terrain à l'exécution de cet ouvrage, pour classer cette parcelle dans le domaine public et la rendre imprescriptible et inaliénable.

On pourrait objecter, il est vrai, que du moment où le tracé comprend une fraction de terrain quelconque, celle-ci est passible de l'application du droit d'expropriation pour cause d'utilité publique, qu'elle n'est soumise à l'exercice de ce droit qu'en raison de sa destination irrévocablement arrêtée à un usage public, que ce serait donc repousser la conséquence qu'entraîne la décision préventive prise à ce sujet, que de lui refuser, à certains égards, les effets de l'affectation.

Mais la raison de décider, se tire, suivant nous, de cette considération irrésistible que toutes les formalités qui précèdent la cession volontaire ou le jugement d'expropriation, ne sont que des voies d'instruction propres à conduire à la réalisation du projet dont l'administration poursuit l'exécution, qu'il n'en résulte aucun lien de droit, ni pour elle de donner suite à ce projet, ni pour le propriétaire; soit de ne pas vendre à qui bon lui semble le terrain désigné par l'administration comme étant propre à l'établissement de la voie proposée ; soit de ne pas exercer, par rapport à ce terrain, tous les droits que l'article 552 du code civil reconnaît au maître du sol; chacun reste libre jusqu'au jugement d'expropriation ou jusqu'à la cession volontaire qui en tient lieu : le décider autrement, ce serait reconnaître à ces actes le pouvoir de produire un effet rétroactif.

Or, comme cette conséquence est inadmissible, il faut reconnaître que ce sont ces actes qui seuls et les premiers, en transportant la propriété au profit de l'administration ou du concessionnaire, dessaisissent le possesseur de toús droits réels sur la chose pour en saisir le second. V. notre Traité de l'expropriation, pages 20 et suiv.

16. Concluons donc que c'est à partir, non de la délimitation légale et définitive du chemin que les terrains qui lui sont assignés deviennent inaliénables et imprescriptibles, et que le maître du sol ne peut plus exercer sur

ce sol les actes de propriété que l'article 552 précité déclare être dans son droit ; mais seulement et exclusivement à dater de l'expropriation prononcée ou de la cession volontairement consentie par le propriétaire. S'il pouvait en être autrement, le but de la loi serait manqué : car la protection exceptionnelle qu'elle a voulu accorder aux choses à l'usage public, ne doit leur appartenir que du moment où ces choses ont cessé de faire partie des propriétés privées et sont passées dans le domaine public.

On n'opposerait pas avec succès à la doctrine qui fait le fondement rationnel de cette décision, un arrêt de la cour de cassation qui a jugé, le 4 octobre 1834, S. D. 35-1-238, que du moment où un propriétaire avait reculé la façade de sa maison sur la limite indiquée par l'alignement, le terrain laissé libre en deçà était *de plano* incorporé à la voie publique, comme s'il en eût toujours fait partie, et que dès lors il ne lui était plus permis d'en disposer.

Car il n'y a là une cession volontaire exprimée tacitement par un fait dont la conséquence est incontestable, parcequ'elle ne peut avoir d'autre principe de détermination que celui d'un consentement présupposé par la cour, et dont il est évident qu'elle en a fait dans la circonstance dont il s'agit le principe de sa décision.

§ 4. *De l'application aux chemins de fer du droit de petite voirie.*

17. La loi nouvelle en attribuant les chemins de fer à la grande voirie, ne les a pas soustraits par cette déclaration, d'une manière absolue à l'action de la petite voirie.

Elle les a assimilés aux grandes routes ; et de même que celles-ci, dans leur traverse des communes et pour les lisières qui sont en dehors des limites légales de la route proprement dite, peuvent être l'objet des réglements de police du pouvoir municipal, de même les chemins de fer et principalement les établissements qui en sont des dépendances légales, tels que embarcadères, débarcadères, gares, stations, etc., dans des circonstances identiques ou analogues peuvent être régis tant par ces sortes de réglements qui constituent des mesures de petite voirie, que par les autres dispositions légales relatives à cette matière.

L'arrêté pris dans ces conditions ne frappe pas, à la vérité, la route elle-même, il n'atteint que les portions de terrains adjacentes à la route; c'est même dans cette restriction qu'il puise un principe légal de compétence réglementaire; car la route tout entière étant du domaine de la grande voirie, l'autorité municipale ne pourrait y étendre son action sans outrepasser les limites de sa compétence et sans commettre par conséquent un excès de pouvoir. A moins qu'il ne s'agisse, comme nous allons le voir N° 19, de mesures relatives seulement à la sûreté, à la commodité du passage, à la salubrité, à l'ornement de la voie, etc., auquel cas elles peuvent, sans illégalité, comprendre non seulement les lisières dans leurs points de contiguïté avec la route, mais encore celle-ci elle-même.

18. Hormis le cas d'exercice de cette attribution exceptionnelle, le maire n'a pas d'action réglementaire sur la route proprement dite, qui demeure sous ce rapport dans les attributions de l'autorité administrative exclusivement.

Même quand les mesures qu'il prescrit relativement aux parties de routes comprises dans la traverse de la commune qu'il administre, ont pour objet unique la sûreté, la commodité, etc., il doit, à peine d'excès de pouvoir, s'abstenir de reproduire par son arrêté une prohibition établie par une loi qui en attribue la connaissance au conseil de préfecture et en fait ainsi une contravention de grande voirie. Voir N°ˢ 19-26. A plus forte raison n'a-t-il pas le droit de changer par son arrêté la disposition d'une loi. — Voy. notre Traité de la Voirie, N°ˢ 114, 178, 180, 181 et enfin N°ˢ 31 et 34 *infrà*.

Ainsi, par exemple, l'article 16 de la loi nouvelle prohibe le placement sur la voie d'un objet faisant obstacle à la circulation, et les art. 11

et 13 attribuent à la juridiction du conseil de
préfecture la répression de la contravention à
cette prohibition. Eh bien, un maire serait in-
compétent pour reproduire cette défense par
un arrêté, et s'il le faisait, la disposition serait
frappée d'inutilité. Il en serait de même, d'après
les articles 7 et 8, des dépôts faits sur les lisières
du chemin de fer dans les distances qu'ils prohibent. Voir cependant N°⁸ 20, 31 et 34. Il
ne pourrait pas non plus par la même raison permettre une construction autre qu'un
mur de clôture à une distance de moins de deux
mètres de la limite du chemin de fer, art. 5.

19. Toutefois de ce que le maire ne peut déroger au droit qui, à l'égard d'une route, est
établi par les lois et réglements de la grande
voirie sans empiéter, comme nous venons de
le dire, sur le domaine de la législature ou de
l'administration, il ne s'ensuit pas qu'il soit
sans qualité pour prescrire, par arrêtés de petite
voirie, relativement à la partie de route qui
traverse sa commune, des mesures locales sur
tous les objets confiés par les lois à sa vigilance et à son autorité. Au contraire la grande
route, dans la traverse d'une commune, restant
toujours, soit comme rue ou place, soit comme
voie publique, en la dépendance de son pouvoir pour tout ce qui intéresse la sûreté et la
commodité du passage et les autres objets
énumérés en l'art. 3 du titre xɪ de la loi des

16-24 août 1790, il a qualité pour la soumettre à l'application des réglements de police qu'il fait sur ces divers points. Aussi avons-nous fait, N° 17 de ce pouvoir, l'objet d'une réserve exceptionnelle à l'incompétence qui, en thèse générale, frappe l'autorité municipale relativement au sol de la route.

Ce sont des principes fondés sur les dispositions de la loi et auxquels la cour de cassation a rendu hommage par différents arrêts, savoir : du 15 avril 1824, S. D. 24-1-334, dans lequel on lit cette profession de doctrine : « Que les « grandes routes, dans les points qui traversent « les villes, bourgs et villages, ne sont pas de la « grande voirie en tant qu'il s'agit de la commo-« dité, sûreté ou salubrité. » et des 8 avril 1839, S. D. 39-1-413.—23 avril 1839, S. D. 40-1-459

20. Mais il faut remarquer qu'il n'en est pas d'un chemin de fer comme d'une route ordinaire.

La nouvelle loi ayant pris soin de pourvoir elle-même relativement aux chemins de fer à une partie des objets confiés à la vigilance et à l'autorité des corps municipaux, par le N° 1er de l'article 3, titre xi de la loi des 16-24 août 1790, les maires doivent s'abstenir de toute mesure qui reproduirait ou qui contrarierait celles que la loi a établies.

Au premier cas, ce serait une répétition qui ne pourrait avoir aucun effet, notamment celui de changer l'ordre des juridictions et de transporter au tribunal de police, comme contravention de petite voirie, un fait qualifié par la loi délit de grande voirie, et attribué par l'art. 11 ci-après, à ce titre, au conseil de préfecture ; car s'il pouvait en être ainsi, il dépendrait d'un maire de déroger à la loi. Voir N° 18.

Au second cas, le maire, en établissant une règle contraire à celle de la loi, s'arrogerait le pouvoir législatif ; placé au dernier degré de l'échelle administrative, il exercerait une autorité que la Charte refuse au chef même de l'état.

C'est l'application de ce principe d'attribution négative que nous avons faite en l'exemple précité N° 18.

En effet, s'il est hors de controverse que les chemins de fer sont, comme voie publique et à ce titre seulement, soumis en certains points au pouvoir réglementaire que la loi précitée de 1790 confère aux maires dans leur traverse des communes ; d'un autre côté, il faut reconnaître que le législateur par la loi nouvelle, ayant pris soin de statuer lui-même relativement à ces sortes de voies d'une nature à part, sur quelques-uns des objets confiés aux municipalités en août 1790, leur a retiré ainsi tacitement, mais réellement, une partie de la délégation qu'il leur avait faite de ses pouvoirs de législature à cette époque. V. N° 21.

21. Mais à part l'observation de cette distinction restrictive. on ne peut se refuser à admettre en principe, relativement aux chemins
de fer, le droit pour les autorités chargées de
faire les réglements de police en matière de
petite voirie, d'en étendre l'application aux
parties de ces chemins formant le prolongement des rues et des places des villes, bourgs
et villages qu'ils traversent. Toutefois nous devons, par suite des explications du N° 20, signaler cette différence entre le cas où ces
réglements ont pour objet une route ordinaire
et celui où ils concernent un chemin de fer,
que dans la première hypothèse leurs dispositions prises dans les limites du cercle tracé par
la loi de 1790 relativement à la partie de la
route qui sert de continuité à une rue ou à une
place, sont valables non seulement pour les
parties de ces rues et places qui, quoique adjacentes à la route, sont néanmoins en dehors
des limites légales de celle-ci, mais encore pour
la fraction même qui forme le sol de la route;
tandis que dans la seconde, ils ne peuvent s'occuper du terrain même de la voie, et qu'ils
doivent en outre, quand ils prescrivent, comme
ils en ont le droit, des mesures qui atteignent
les constructions, ou les fractions de terrain
joignant le chemin de fer, les combiner avec
les dispositions de la loi nouvelle concernant
les lisières de ce chemin, de manière à ne pas

entraver l'exécution de celle-ci à cet égard.

Il résultera sans doute de cet état de choses fait par la loi nouvelle pour les chemins de fer, des difficultés et des restrictions dans l'application à ces voies du pouvoir réglementaire de petite voirie ; mais, comme il rencontrera toujours quelques causes d'application, par exemple, quand il s'exercera sur les bâtiments construits ou à construire le long du chemin de fer, le principe reste le même. V. Nᵒˢ 25, 99 et 110.

En effet, il nous paraît, en outre des raisons que nous venons d'exposer, ressortir plus explicitement encore d'une autre considération qui, seule, comme on va le voir, serait décisive.

22. On sait que le pouvoir de petite voirie, qui dans le reste de la France est attribué aux maires par les lois de 1790, 1791, et du 18 juillet 1837, est exercé à Paris exclusivement par le préfet de police en vertu des lois du 28 pluviôse an 8, article 16, et de l'arrêté du 12 messidor an 8, art. 21.

On n'ignore pas non plus qu'à la différence des rues et places des autres communes de France qui ne dépendent de la grande voirie qu'autant qu'elles forment le prolongement des routes, et que pour la partie desdites rues et places comprises dans les limites de largeur déterminées pour la route d'après la classe à laquelle elle appartient, toutes les rues et places de Paris font indistinctement partie de la grande voirie. Cette règle résulte d'un décret du 27 octobre 1808 et de divers documents de jurisprudence indiqués en notre Traité de l'expropriation pour utilité publique, pages 459 et 460.

Eh bien, il est certain que le préfet de police fait pour les rues et places de Paris tous les réglements qui lui paraissent nécessaires à la commodité, à la propreté, à la sûreté, à la salubrité et même à l'ornement et à l'embellissement de ces rues et places.

Ce droit est consacré en sa faveur par l'article 21 déjà invoqué de l'arrêté du 12 messidor an 8, réglant les pouvoirs du préfet de police sur la capitale. En effet, il le charge de tout ce qui a rapport à la petite voirie, et porte « qu'il a, à cet effet, sous ses ordres un com- « missaire chargé de surveiller, permettre ou « défendre l'ouverture des boutiques, étaux de « boucheries et de charcuteries, l'établisse- « ment des auvents ou constructions de même « genre qui prennent sur la voie publique, « l'établissement des échoppes ou étalages mo- « biles, d'ordonner la démolition ou la répa- « ration des bâtiments menaçant ruine. »

En conséquence, l'article 22 détermine, en ces termes, les divers autres objets qu'embrasse cette attribution du droit de petite voirie que vient de lui conférer l'article précédent :

« Le préfet de police procurera la liberté et
« la sûreté de la voie publique et sera chargé à
« cet effet :

« D'empêcher que personne n'y commette
« des dégradations, de la faire éclairer, de
« faire surveiller le balayage auquel les habi-
« tants sont tenus devant leurs maisons, et de
« le faire faire aux frais de la ville dans les pla-
« ces et la circonférence des jardins et édifices
« publics; de faire sabler, s'il survient du ver-
« glas, et de déblayer au dégel les ponts et
« lieux glissant des rues ; d'empêcher qu'on
« n'expose rien sur les toits ou fenêtres qui
« puisse blesser les passants en tombant.

« Il fera observer les réglements sur l'établis-
« sement des conduits pour les eaux de pluie
« et les gouttières.

« Il empêchera qu'on n'y laisse vaguer des
« furieux, des insensés, des animaux malfai-
« sants et dangereux; qu'on ne blesse les ci-
« toyens par la marche trop rapide des che-
« vaux ou des voitures, qu'on n'obstrue la libre
« circulation en arrêtant ou déchargeant des
« voitures et marchandises devant les mai-
« sons, dans les rues étroites, ou de toute autre
« manière.

« Le préfet de police fera effectuer l'enlève-
« ment des boues, matières malsaines, neiges,
« glaces, décombres, vase sur les bords de la
« rivière après les crues des eaux.

« Il fera faire les arrosements dans la ville,
« dans les lieux, et dans la saison convena-
« bles. »

23. Ainsi, par cette loi, le préfet de police
est spécialement chargé de procurer la liberté
et la sûreté de la voie publique dans Paris,
d'empêcher qu'on n'y commette des dégradations, de la faire éclairer.

C'est en vertu de ce droit que ce fonctionnaire a, par arrêtés des 6 septembre 1839,
8 septembre 1840, 19 septembre 1840, 29
avril 1843 et 3 mai 1843, prescrit relativement
aux chemins de fer de Versailles, rive droite et
rive gauche, à ceux d'Orléans, de Rouen, diverses mesures de police ayant pour objet entre autres prévisions, la sûreté, la commodité du
passage sur ces nouvelles voies.

Il est vrai, comme nous venons de le faire
pressentir, que les injonctions contenues en ces
arrêtés ou ordonnances de police ne sont pas
restreintes à la partie des voies de fer indiquées
établie dans l'intérieur de Paris; mais il faut remarquer que, pour la plupart des règles qu'elles
renferment, le préfet de police ne fait à cet
égard que publier, conformément aux dispositions de l'article 2 de l'arrêté du 12 messidor
an 8, et de l'article 475, N° 15 du code pénal,
sous forme d'arrêté à lui personnel, le réglement du ministre des travaux publics, ce qui
exclut tout reproche d'incompétence ou d'excès

de pouvoir qu'on aurait pu adresser avec raison à plusieurs des dispositions de ces arrêtés, lesquelles excèdent réellement le cercle de ses attributions.

24. Ainsi il nous paraît établi d'une manière incontestable, que l'autorité municipale, qui a dans les départements, pour la police de la voirie, les mêmes pouvoirs sur toute voie publique dans l'intérieur des communes, que le préfet de police l'a à Paris, peut, comme le fait ce fonctionnaire dans la capitale, prendre des arrêtés pour statuer sur ce qui, relativement aux chemins de fer, intéresse la sûreté, la commodité du passage dans les rues, quais, places et voies publiques, et pour publier, ainsi que le prévoit l'article 471, N° 15 du code pénal, les réglements légalement faits par l'autorité administrative dans les matières et sur des points placés en dehors de l'action municipale.

Voilà pourquoi nous avons dit N° 17 qu'encore bien que la loi nouvelle place les chemins de fer au nombre des choses qui dépendent de la grande voirie, et que par là elle ait exprimé positivement la volonté qu'ils fussent soumis au régime de la grande voirie; on ne devait pas en tirer la conclusion rigoureuse et absolue que le droit de petite voirie serait sans action sur eux.

Nous sommes autorisé maintenant, d'après la dissertation qui précède, à constater pour résultat légal et rationnel que le chemin de fer

est, comme toute autre voie publique qui traverse une commune, soumis, pour ce qui intéresse la sûreté, la commodité du passage, à
l'action du pouvoir municipal de cette commune, et que dès lors des réglements sur ces
objets peuvent être faits par le maire pour les
chemins de fer en particulier, comme pour
toute autre voie publique dans son trajet par la
commune en général; c'est d'ailleurs une conclusion applicable surtout, comme nous l'avons
dit N° 17, aux gares, stations, etc., à laquelle
rend tacitement hommage, ainsi que nous le
verrons, l'article 10 de la loi nouvelle, en reconnaissant que les chemins de fer sont, pour
les mesures d'urgence, régis par la loi de 1790,
qui confère au pouvoir municipal le droit de les
prescrire relativement à la voie publique de
l'intérieur de la commune sans distinction ni
restriction tirée de l'élément dont se compose
cette voie, que ce soit une route ou une rue.

§ 5. *De l'objet des mesures de police qui, relativement aux
chemins de fer, sont du domaine des autorités investies
du pouvoir réglementaire de petite voirie.*

25. Il résulte des explications auxquelles
nous venons de nous livrer, que les grandes
routes et par conséquent les chemins de fer ne
sont soumis au pouvoir réglementaire de la
petite voirie que dans les points qui traversent
des communes, soit qu'ils y forment des rues

nouvelles, soit qu'ils suivent des rues déjà existantes, ou des places, quais, etc.

On verra N° 48 *infrà* que le droit de concourir aux alignements des constructions à élever le long des chemins de fer, dans les rues, etc., des communes qu'ils traversent est une des attributions du pouvoir municipal.

Mais en ce qui concerne ses autres attributions, relativement à ces sortes de voie dans leur traverse des communes, le même pouvoir ne peut régler que les objets de police énumérés en l'art. 3 du titre XI de la loi des 16-24 août 1790 et notamment tout ce qui intéresse la sûreté, la commodité du passage, par exemple l'imminence du péril des bâtiments, N° 99, sauf : 1° à respecter les priviléges exceptionnels dont jouissent ces sortes de chemins d'après leur nature et les dispositions de la loi nouvelle; 2° à ne pas empiéter sur le domaine de la grande voirie (V. N°ˢ 17 et 18,) et 3° à se conformer aux observations faites, N°ˢ 20 et 21.

Quant aux mesures à ordonner, elles dépendent des besoins des localités, des circonstances d'utilité, d'opportunité ou de leur efficacité, dès lors on conçoit qu'il n'est pas possible de tracer sur ce point des règles méthodiques d'application.

Seulement nous avons fait pressentir N° 21, que la loi nouvelle, en plaçant dans le domaine de l'administration le chemin de fer, articles 5, 6, 7, 8, 9, 10, 12, 16, ainsi que le soin et le

droit de prescrire relativement à cette voie des
mesures de la nature de celles que la loi de
179.) confie aux maires sur la voie publique, il
en résultait que leur pouvoir de petite voirie se
trouvait réduit presque exclusivem nt aux bâtiments et constructions contigus au chemin,
ce qui comprend les gares et stations ; nous
ajouterons ici que même pour ces bâtiments et
constructions, etc., il devra respecter les dispositions de la loi nouvelle qui les régissent ou
qui attribuent le pouvoir de certaines prescriptions à cet égard à l'administration, tels sont
par exemple : les articles 7, 8, 9 et 10 de ladite loi.

Les mesures a ordonner par les maires dans
l'exercice de leur pouvoir de petite voirie sur les
chemins de fer, dépendent bien aussi des di-
positions des lois qui le leur confèrent.

Mais, sous ce rapport, il ne peut plus y avoir
de causes de variation tirées des circonstances,
car toutes ces dispositions sont fixes et reposent,
comme nous l'avons dit N° 22, dans les lois de
1790 et 1791, de messidor an 8 et de 1837. Nous
ajouterons que, encore bien que les unes se
soient exclusivement occupées des attributions
des maires, et que celle de messidor ne soit
destinée qu'à déterminer celles du préfet de police, cependant leurs dispositions sur la petite
voirie doivent être réputées communes aux différents fontionnaires qui sont chargés de cette

partie, et doivent servir concurremment et conjointement à établir leurs pouvoirs à cet égard. C'est en prenant cette analogie pour règle que la cour de cassation a jugé le 21 novembre 1834, que le préfet de police devait être réputé investi à Paris du pouvoir conféré aux corps municipaux, de faire des réglements sur les matières confiées à leur vigilance par les lois de 1790 et 1791, S. D. 34-1-802. Voir cependant le Traité de la voirie, N° 110.

L'exercice de toute espèce de fonctions se composant de deux parties ; l'une qui consiste à faire, et l'autre qui consiste à s'abstenir, nous ne croyons pas que l'impossibilité de donner des indications de détail sur l'une doive être un motif de ne pas nous expliquer sur l'autre.

Nous pensons au contraire rendre service à tous ceux qui désirent connaître le droit sur cette matière, et être éclairés sur les moyens d'en faire ou d'en subir une application légale, en les initiant aux solutions, soit de la loi, soit de la jurisprudence, sur les prescriptions dont l'autorité doit s'abstenir dans les réglements de petite voirie.

26. Ainsi, d'abord ces réglements ne peuvent porter que sur des objets de police que la loi a confiés à la vigilance du pouvoir municipal. Voir N° 25, 27, 28, et l'explication restrictive N° 34.

Ensuite, quand la loi a statué elle-même sur

des objets confiés à la vigilance des corps municipaux, ou qu'elle a délégué le pouvoir exclusif
d'y statuer à une autre corporation qu'à l'autorité municipale, celle-ci, dans ce second cas,
doit reconnaître son incompétence, et dans le
premier, elle ne peut qu'ordonner l'exécution
de la loi sans rien ajouter à ses dispositions et
sans rien en retrancher. Voir N°s 17, 18, 20,
31, 32, 33, 34.

En troisième lieu, les fonctionnaires qui prennent des arrêtés, même dans les limites du pouvoir qui leur est accordé à cet effet, ne peuvent
se permettre d'établir des peines pour en assurer
la sanction ; jamais la puissance législative ne
délègue à aucun corps de l'état, ni même au
chef du gouvernement, un tel droit, elle s'en
réserve exclusivement l'exercice. Voilà pourquoi, dans l'article 4 du code pénal, elle interdit
aux tribunaux d'appliquer une peine quelconque, autrement qu'en vertu de la loi. Voir N° 35.

27. La première de ces conditions ayant été
méconnue par un maire qui, dans un réglement
avait affecté au service exclusif d'une entreprise
industrielle un terrain dépendant du domaine
public, sous prétexte de mesures prises sur des
objets confiés à sa vigilance, et qui avait ainsi
créé un privilége au profit de cette industrie,
son arrêté se trouva vicié d'une illégalité flagrante. Aussi dut-elle être reconnue par l'autorité judiciaire et devenir un motif pour celle-ci

de se refuser à lui prêter appui : ce fut en effet ce qui détermina la cour de cassation à statuer en ce sens par arrêt du 18 septembre 1828, S. D. 28-1-361.

C'était encore en ne tenant pas compte de cette condition, qu'un autre maire avoit pris, sous la restauration, un arrêté prescrivant aux habitants d'arborer un drapeau blanc au devant de leurs maisons le jour de la Saint-Louis ; aussi cet excès de pouvoir détermina-t-il la cour de cassation à déclarer par arrêt du 27 janvier 1820, S. D. 20-1-158, qu'un tel réglement étant illégal ne pouvait autoriser les tribunaux à prononcer une condamnation contre les contrevenants.

28. Déjà elle avait par le même motif reconnu que les tribunaux ne pouvaient puiser le principe d'une condamnation dans l'infraction à un arrêté du maire prescrivant aux habitants de tapi-ser leurs maisons pour la procession de la fête Dieu. Arrêt du 20 novembre 1818, S. D. 18-1-412.

Un autre arrêté portant défense de blanchir extérieurement les cours des maisons ou de leur donner toute autre couleur, était également en dehors de la sphère des objets confiés à la vigilance des corps municipaux, et la cour de cassation à dû, comme elle l'a fait par arrêt du 25 août 1832, le déclarer sans force ni valeur obligatoire, S. D. 33-1-429. En effet, une telle mesure n'intéressait aucun des objets de police énumérés en l'article 3 du titre XI de la loi des 16-24 août 1790, comme étant confiés à la vigilance et à l'autorité des corps municipaux.

29. En règle de droit commun, l'administration municipale, sauf le cas où l'intérêt public provoque de sa part des injonctions ou des prohibitions individuelles et spéciales, ne peut et ne doit exercer le pouvoir dont l'investissent les lois de 1790 et 1791, messidor an 8, et juillet 1837, que par voie de disposition réglementaire et par conséquent générale, car c'est là le caractère distinctif qui sépare les lois des jugements ; et comme les statuts dont il s'agit, ne sont rendus qu'en vertu de la délégation du pouvoir législatif, les mesures prescrites doivent revêtir le même caractère que celles des lois. Voir N° 32.

Ensuite les réglements généraux que cette autorité municipale rend en vertu desdites lois sont obligatoires pour elle-même comme pour les citoyens qu'ils concernent, tant qu'ils n'ont pas été modifiés par des dispositions également générales.

Dès lors tout le temps que ces arrêtés subsistent, il n'est pas en son pouvoir d'y déroger par des décisions particulières, en permettant à un ou à plusieurs individus ce qu'elle a jugé utile et nécessaire d'interdire indistinctement à tous.

La cour de cassation a fait application de ces

principes en rejetant l'excuse tirée, par un habitant de Saint-Etienne, d'une permission particulière à lui accordée par le maire contraire à la disposition d'un réglement général antérieur émané du même fonctionnaire. Arrêt du 15 décembre 1836, S. D. 36-1-827.

Déjà elle avoit rendu semblable décision le 19 décembre 1833, S. D. 34-1-262.

30. L'autorité revêtue du pouvoir de petite voirie ne peut, par ses réglements, faire des dispositions qui porteraient atteinte au droit de propriété de ceux auxquels ces dispositions sont applicables, mais elle est libre de les soumettre à l'observation de certaines mesures dans l'intérêt de la sûreté, de la commodité du passage dans les rues, places, quais et voies publiques ; et quand même il leur résulterait de ces prescriptions des restrictions quelconques dans l'exercice de leur droit de propriété, ils devraient les souffrir comme des conséquences de la servitude légale de petite voirie à laquelle sont assujettis de plein droit les fonds qui touchent à la voie publique.

Conformément à cette distinction, la cour de cassation a jugé, d'abord le 3 mai 1833, S. D. 33-1-808, que les arrêtés d'un maire en matière de police ne peuvent porter aucune atteinte aux droits de propriété d'un particulier en lui imposant sur sa chose une servitude de faire ; ensuite, le 2 juin 1838, S. D. 38-1-936, que la disposition d'un réglement municipal qui prescrivait aux propriétaires de terrains traversés par un canal destiné à recevoir les eaux ménagères d'une ville, d'entretenir ce conduit, de le fermer en pierre et de le recouvrir de terre, impliquait l'existence d'une servitude dont les tribunaux civils peuvent seuls connaître, et que dès lors une telle disposition, étant illégale, ne pouvait motiver une condamnation contre ceux qui refusent de s'y conformer.

Mais aussi, et par la raison que ce vice d'illégalité n'atteignait pas la disposition de ce réglement qui défendait d'obtruer ce conduit ou canal, cette prohibition a par le même arrêt été reconnue obligatoire pour le tribunal comme pour les administrés.

31. Elle a également, et par une conséquence logique de la proposition de principe ci-dessus formulée, reconnu que l'arrêté du maire qui prescrivait la clôture d'un terrain touchant à la voie publique, rentrait dans l'exercice légal du pouvoir de petite voirie à lui confié par les lois. Ses arrêts des 19 août 1836 et 2 février 1837, S. D. 37-1-406 et 827, en offrent une preuve irrécusable. *Idem* pour l'ordonnance du préfet de police ayant semblable disposition : arrêt du 2 février 1837, S. D. 37-1-827.

Nous devons encore ranger au nombre des dispositions qu'il n'est pas permis au pouvoir de petite voirie de prendre par les arrêtés qu'il fait, celles qui, prévoyant un cas réglé par la loi, statueraient sur ce cas de manière à changer le droit qui résulte de la législation pour les administrés ; car si le réglement se contentait de reproduire la disposition de l'acte législatif, son illégalité le rendrait seulement inutile : la règle qu'il aurait ainsi établie serait obligatoire, non en vertu de l'arrêté municipal, mais en vertu de la loi. Ce serait d'après celle-ci qu'il faudrait en fixer la nature et déterminer la juridiction répressive. Nous allons donner les raisons de l'incompétence du pouvoir municipal et même de l'autorité administrative pour réglementer, de son chef, des objets sur lesquels le législateur a pris le parti de statuer lui-même, ou tout au moins pour le faire d'une manière opposée ou contraire aux dispositions arrêtées par celui-ci. Voir N° 18.

32. Quand les auteurs de la loi de 1790 et des autres lois constitutives des pouvoirs de l'autorité municipale en matière de petite voirie, lui ont accordé le droit de faire des réglements sur cette partie, ils ne lui ont délégué la faculté de statuer que sur les points qu'ils prévoyaient ne pouvoir réglementer eux-mêmes.

Mais le pouvoir législatif, conservant par sa propre essence le droit de modifier en tout temps une loi qu'il a faite, d'en restreindre l'étendue quand bon lui semble, est toujours maître par conséquent d'apporter des réductions à la délégation qu'il a primitivement faite de l'exercice de ses droits à l'un des corps de l'état. Il peut, par la même raison, transporter le pouvoir compris dans cette délégation et le retirer tacitement à l'un en le concédant pour l'avenir à un autre.

Ainsi, quand il dispose lui-même sur un des points dont il avait d'abord confié le réglement à ce corps, il lui retire par là sur ce point la concession qu'il lui avait primitivement faite.

33. Celui-ci reste donc sans attribution pour le réglementer, et c'est sur cette absence de capacité, en une telle hypothèse, qu'est fondée l'interdiction dont nous venons d'énoncer qu'é-taient frappés les maires dans ces circons-tances.

Ainsi, par exemple, l'article 471, N° 4, défend d'embarrasser la voie publique par des dépôts de matériaux sans nécessité; donc la nécessité suffit pour que le déposant ne soit pas en con-travention. Eh bien, un maire qui en son ar-rêté rappelle cette défense, ne peut modifier la loi en ajoutant à la condition de nécessité, qui suffit seule pour exonérer le déposant de la contravention à cette défense, celle qu'il soit tenu en outre d'obtenir la permission préalable de l'autorité.

C'est là commettre un excès de pouvoir; et dans une affaire soumise à la cour de cassation, cette éventualité s'étant présentée, elle a avec raison improuvé cet acte d'incompétence de la part du maire, par arrêt du 16 février 1833, S. D. 33-1-318.

Il en serait de même par une identité de motifs, du cas où, ainsi que nous venons de le dire, quelques-uns des objets de la délégation faite aux maires par la loi de 1790, auraient été attribués à une autre autorité par la nouvelle loi.

34. Ainsi, en prenant des arrêtés de police relatifs aux chemins de fer dans leur traverse des rues, places, quais, etc., de leur juridiction municipale, les maires doivent, d'après le principe posé ci-dessus, s'abstenir rigoureusement de statuer sur les objets que la loi nouvelle a pris soin de régler elle-même, ou pour le réglement desquels elle a transféré les droits de la puissance législative à l'autorité administrative. Par exemple : au cas prévu par le second paragraphe de l'art. 7, le maire ne pourrait soumettre l'exercice du droit que cet article accorde à tout riverain placé dans les conditions prévues, à l'accomplissement d'une formalité ou à l'obtention d'une permission quelconque.

En second lieu, il résulte de l'article 21 que des ordonnances royales peuvent régir la police, la sûreté, l'exploitation du chemin de fer; donc c'est à la couronne seule que ce droit est réservé; par conséquent le maire ne pourrait statuer sur aucun des objets ci-dessus, qu'elle a qualité exclusive pour régler. V. N° 144.

Quant aux autres points sur lesquels le législateur a entendu qu'il serait statué par ordonnances, et qui par conséquent seraient encore soustraits au pouvoir réglementaire des maires, le ministre des travaux publics a expliqué devant la chambre des députés, séance du premier février 1844, *Moniteur* du 2, que la loi de 1842 et toutes les lois relatives à des concessions de chemins de fer, ont dit qu'il serait pourvu à la sûreté publique, à celle de l'exploitation et à l'usage du chemin de fer, au moyen de réglements d'administration publique. V. N° 144.

Ainsi, c'est au pouvoir administratif, ajoute le ministre, qu'est délégué le soin de proposer les mesures nécessaires destinées à pourvoir à la sécurité de la circulation et à l'usage du chemin.

On voit par là quels objets il est réservé à l'administration supérieure de réglementer, et par suite quels sont ceux que la législation excepte des attributions des corps municipaux.

En conséquence il y aurait excès de pouvoir dans l'acte du fonctionnaire chargé de la petite voirie qui se permettrait de statuer sur un objet exclu de la sphère de son attribution réglementaire; son acte serait nul s'il prenait une disposition qui devancerait ou qui contrarierait celle de l'autorité indiquée par la loi, il serait inutile, s'il se bornait à reproduire le statut de cette autorité. V. N°ˢ 18 et 31.

La même distinction s'appliquerait à la juridiction répressive : ainsi, de ce qu'un arrêté de petite voirie porterait sur des points réglés par la loi nouvelle, et serait seulement frappé d'inutilité dans cette partie, il ne s'ensuivrait pas que les contraventions pussent être valablement déférées au juge des délits de petite voirie; car l'art. 11 de la loi nouvelle les soumet à la juridiction du conseil de préfecture. Et nous verrons, N°⁵ 20 et 38 et surtout N° 52, que, relativement à toutes espèces de contraventions, il suffit qu'elles intéressent un chemin de fer pour que ces conseils soient seuls compétents.

De cette disposition il résulte que le maire serait sans capacité légale pour établir, à titre de mesure de police, une règle dont l'exécution aurait pour effet, par exemple, d'arrêter ou simplement de retarder la marche des convois du chemin de fer dans leur passage en sa commune.

Mais, nous pensons qu'il aurait au contraire autorité compétente pour, le cas échéant où la fumée des locomotives nuirait aux bâtiments qui bordent une rue de sa commune traversée ou formée par le chemin de fer, ou bien incommoderait ceux qui les habitent, imposer par une disposition réglementaire aux exploitants de la voie, l'obligation de prendre à leur passage en sa commune certaines précautions qu'il déterminerait, afin de faire cesser l'effet dommageable produit par cette fumée. On trouvera un autre cas d'exercice du pouvoir municipal relativement aux chemins de fer, dans les paroles du rapport de la commission citées N° 99. Voir encore d'autres espèces, N°° 48, 99 et 110.

35. Les fonctionnaires chargés de la petite voirie ne doivent pas non plus établir des peines contre les contrevenants; au législateur seul appartient ce droit. En conséquence les tribunaux ne peuvent appliquer une répression qu'autant qu'elle est prononcée par la loi; code pénal, art. 4. V. *supra* N° 26.

Si donc un arrêté créait des peines quelconques contre les contrevenants, il serait illégal en cette disposition et les tribunaux ne devraient appliquer à la contravention que la peine prononcée par la loi et en vertu de la loi seule, sans égard à la répression déterminée par l'arrêté.

C'est sur le fondement de cette règle qu'a été rendu l'arrêt de cassation du 10 avril 1819, S. D. 19-1-310.

Enfin c'est une thèse que nous avons aussi établie et développée dans notre Traité de l'expropriation pour utilité publique, pag. 133, 458 et 459.

ART. 2. Sont applicables aux chemins de fer, les lois et réglements sur la grande

voirie qui ont pour objet d'assurer la conservation des fossés, talus, levées et ouvrage d'art dépendant des routes, et d'interdire sur toute leur étendue le pacage
des bestiaux et les dépôts de terre et autres
objets quelconques.

§ 1. Des fossés, talus, levées, et ouvrages d'art. — § 2. Interdiction du pacage des bestiaux.— § 3. Dépôts de terre, de
fumiers et autres objets quelconques.—§ 4. Mise en action,
en ce qui concerne la définition et la répression des contraventions relatives aux chemins de fer, des lois et réglements de la grande voirie.

36. *Observation préliminaire.* —Pour apprécier d'une manière exacte les effets de l'application prononcée par l'article 2, de la législation
de la grande voirie aux objets qui y sont énumérés, il est nécessaire de présenter les éléments
divers de cette législation et les dispositions
impératives, prohibitives et pénales sur chacun
des points prévus par cet article divisément
l'un de l'autre.

C'est là ce que nous nous proposons de faire,
en suivant dans le tableau que nous en donnons l'ordre tracé par la rédaction du présent
article 2.

Nous verrons donc, au point de vue que nous
venons d'indiquer, ce qui concerne en premier
lieu, les fossés, talus, levées et ouvrages d'art,
nous nous occuperons ensuite des prohibitions

touchant le pacage des bestiaux, nous traiterons en troisième lieu, de celles qui sont relatives aux dépôts de terre et autres objets quelconques, et nous terminerons par expliquer comment la législation de la grande voirie, touchant les contraventions, peut s'appliquer à celles qui sont commises sur les chemins de fer.

§ 1ᵉʳ. *Des fossés, talus, levées et ouvrages d'art.*

37. On doit entendre par ouvrages d'art, distinctement des fossés, talus et levées, en matière de chemins de fer, les ponts, aqueducs, viaducs, clôtures et autres travaux de main d'homme; d'où il suit que ces expressions désignent également les barrières, les embarcadères, les débarcadères, les gares et stations. Voir Nᵒˢ 8 et 9.

La législation qui protège ces sortes de dépendances des routes contre les entreprises dommageables dont elles pourraient être l'objet, se compose, 1° de l'ordonnance du 4 août 1731, 2° de l'arrêt du conseil du 16 décembre 1759, 3° de la loi du 29 floréal an X, 4° du code pénal du 12 février 1810, 5° du décret du 16 décembre 1811, 6° de la loi du 12 mai 1825, 7° enfin de quelques autres anciens réglements législatifs cités ci-après.

Il en résulte :

Premièrement, que toutes anticipations, détériorations commises sur les fossés, talus, levées et ouvrages d'art des grandes routes constituent des contraventions tant à l'ordonnance du 4 août 1731, qu'à l'arrêt du conseil du 16 décembre 1759, et que ces infractions sont, d'après l'article 1er de la loi du 29 floréal an X, des contraventions de grande voirie.

Secondement, que si les faits qui caractérisent ces sortes de contraventions présentent en même temps les éléments légaux de l'un des délits prévus par le code pénal de 1810, il y aura lieu à une double répression, savoir : 1° à l'application de la part du conseil de préfecture de l'amende prononcée par l'article 11 ci-après, qui remplace, pour la pénalité, les dispositions répressives des lois de la voirie, ainsi que nous l'établissons *infrà* dans le commentaire de cet article N° 119, 2° ensuite à la condamnation par le tribunal de police correctionnelle auquel la connaissance des faits de délits atteints par le code pénal devra être renvoyée, en conformité de l'article 114 du décret du 16 décembre 1811 et du second paragraphe de l'art. 11 ci-après, N° 120, aux peines qu'il a prononcées contre les auteurs de ces faits. *Sic* décidé par deux décrets rendus en conseil d'état les 21 mars 1807, 23 août 1807, S. D. 14-2 499 ; 2 février 1808, S. D. 16-2-313 : *vidè* comme argument d'analogie l'article 107 du décret du 16 mai 1811.

Mais l'article 27, introduit dans la loi nouvelle, ne déroge-t-il pas, en ce qui concerne les chemins de fer à l'action simultanée de cette double pénalité? Non. — La raison de cette solution se trouve dans le commentaire de l'article 27 *infrà*, N° 159; on y verra en effet que ce fut afin de soustraire les contraventions à l'application de la défense du cumul qu'on les retrancha du texte dans lequel on avait proposé de les comprendre.

Ainsi, on peut cumuler et la poursuite devant le conseil de préfecture pour la condamnation à l'amende répressive de la contravention, et la poursuite devant le tribunal correctionnel pour la punition du délit.

On avait douté, d'après la lettre des documents législatifs cités, que les dispositions de quelques-uns dussent étendre leur action du sol même de la route aux dépendances de celle-ci; mais ce doute devait cesser en présence du principe que l'accessoire, participant de la nature du principal, doit en suivre le sort.

Aussi la question a-t-elle été résolue en ce sens par plusieurs décisions du conseil d'état que l'on trouvera indiquées au Traité de la voirie, N°ˢ 24 et 55.

38. Troisièmement, nous n'avons pas à nous occuper ici des infractions aux prohibitions établies par le code pénal, ni du mode de répression, parceque c'est là un point de vue étranger à la voirie.

Pour nous renfermer dans des explications

concernant exclusivement celle-ci, nous devrons donc nous restreindre à ce qui touche la répression uniquement relative aux contraventions de voirie.

Sous ce rapport, nous dirons que les peines qui ne peuvent être prononcées que par le conseil de préfecture, d'après la compétence spéciale que lui ont faite à cet égard, d'abord l'art. 1er de la loi du 29 floréal an X, ensuite l'article 114 du décret du 16 décembre 1811, enfin l'article 11 de la loi nouvelle, ne peuvent jamais consister qu'en des amendes pécuniaires, et en même temps, selon l'exigence des cas, en des réparations civiles pour raison des dommages causés par les entreprises illicites, le tout néanmoins sauf le cas prévu N° 34 de la compétence du tribunal de police.

39. En ce qui touche la quotité des amendes il faut distinguer :

S'il s'agit de contraventions aux anciennes lois de la voirie dans les points déclarés applicables aux chemins de fer par l'article 2, par exemple : de trous, de fouilles, ou même de simple culture, d'extraction de pierre, de sable, ou d'autres matériaux faite à côté des chaussées ou accotements et sur les glacis ; ou si les œuvres constituent des contraventions aux prohibitions spéciales des articles 5, 6, 7 et 8 de la loi nouvelle ; la peine est de 16 à 300 fr. d'amende outre la réparation du dommage aux

termes de l'article 11 ci-après. Elle est la même
pour toute personne qui aura arraché ou en-
dommagé les haies plantées le long des chemins : réglements des 26 octobre et 19 novembre 1666, — 28 mars 1714, — 4 août 1731, —
17 mars 1739, — 23 août 1743 et 18 juin 1765 ;
sauf cependant le cas où le fait présenterait les
éléments du délit caractérisé par l'article 456
du code pénal. *Vide suprà* N° 37 *et infrà* N° 42.

Autrefois, quand la contravention consistait
en une construction faite dans les fossés de la
route, sur les accotements ou berges, elle était
passible d'une amende arbitraire suivant l'article 4 d'une ordonnance rendue par le bureau
des finances de la généralité de Paris le
2 août 1774, ou d'une amende fixe de 300 fr.
aux termes d'un arrêt du conseil du 27 février 1765 ; c'est même ce dernier réglement
qui a été déclaré applicable au fait par ordonnance en conseil d'état du 4 avril 1837,
S. D. 37-2-350 ; mais aujourd'hui la contravention dont il s'agit ne serait passible que de la
répression prononcée par l'article 11, car elle
rentrerait dans la prévision de l'art. 5.

Quand, au contraire, le fait illicite sera interdit par l'un des réglements autorisés par
l'article 21 ci-après, émanés ou de l'autorité
royale ou du pouvoir préfectoral dans les limites
du droit que lui confère cet article, alors il n'y
aura pas lieu de rechercher s'il constitue ou

non une contravention aux anciennes lois de la voirie; mais la répression pénale devra être régie purement et simplement par le même article 21 , et passible à ce titre d'une amende de ~~3oo~~ à 3ooo fr.

Il résulte de ces explications, que jamais il n'y aura lieu, en ce qui concerne les peines de la voirie applicables aux contraventions commises relativement aux chemins de fer, à invoquer la loi du 23 mars 1842, qui est venue modérer la rigueur des anciennes pénalités, en déclarant d'une manière générale que les amendes fixes établies par les réglements de grande voirie antérieurs à la loi des 19-22 juillet 1791, pourront être modérées jusqu'au vingtième desdites amendes, sans que ce minimum puisse descendre au-dessous de 16 f. , et que les amendes arbitraires pourront varier entre un minimum de 16 f. et un maximum de 3oo f. V. cepend. N° 4o.

4o. Avant cette loi, le conseil d'état, auquel sont déférés, comme tribunal d'appel et comme cour de cassation, les arrêtés des conseils de préfecture en matière de voirie, avait seul le pouvoir, non seulement de réduire les amendes prononcées par le conseil de préfecture, mais encore de déclarer, le cas échéant d'après les circonstances, que la condamnation prononcée par ce conseil serait réputée non avenue. Ord. en cons. d'ét. des 4 et 23 avr. 1837, S. D. 37-2-349, 35o.

Aujourd'hui, il conserve sans nul doute le

second de ces pouvoirs. Quant au premier, on pourrait objecter que plusieurs des contraventions de grande voirie ci-dessus énumérées étant prévues formellement par les articles de la loi nouvelle que nous avons cités N° 39, et les autres étant atteintes par la règle générale de l'article 11 qui embrasse sans aucune distinction toutes les contraventions qui peuvent être commises aux dispositions du titre premier, lesquelles prévoient celles dont il s'agit ici, il s'ensuit que le conseil d'état est dépouillé du droit de modérer les peines, et il faut convenir que la conclusion serait exacte, si on le considérait comme un tribunal judiciaire.

Mais toutes ses décisions étant en droit réputées émaner de la royauté, à qui la Charte reconnaît le pouvoir de faire grâce, il s'ensuit que ses arrêts, qui ne sont que des ordonnances rendues par la couronne conformément à son opinion sur la difficulté soulevée dans chaque espèce, pourront encore maintenant, sous l'empire de la loi actuelle, contenir une modération des peines de voirie qu'elle prononce en matière de police de chemins de fer. Il tient d'ailleurs ce droit, aussi bien que le conseil de préfecture, de la disposition nouvelle en cette matière de l'article 26 ci-après, V. N° 158 ; mais il a en outre un pouvoir de modération qui lui permet de descendre le chiffre de l'amende au-dessous du taux de l'article 463 , suivant que nous l'expliquons *infrà* N° 121.

§ 2. Interdiction du pacage des bestiaux.

41. Quant à l'interdiction du pacage des bestiaux, la prohibition y relative, en ce qui touche les terrains soumis à la grande voirie, est établie d'après la déclaration de M. le ministre des travaux publics et de M. le marquis de Barthélemy, auteur de l'introduction de l'amendement qui étend cette prohibition aux chemins de fer, par un arrêt du conseil du 16 décembre 1759 (discussion de la loi devant la chambre des pairs, *Moniteur* des 2 et 3 avril 1844, page 811, troisième colonne, et 825, deuxième colonne).

Cet arrêt fait défense aux pâtres et aux conducteurs de bestiaux de les conduire en pâturage ou de les laisser répandre sur les bords des chemins, à peine de confiscation des bestiaux et de 100 livres d'amende.

L'application en a été faite le 11 janvier 1837, par une ordonnance en conseil d'état, à trois particuliers dont les troupeaux avaient causé des dégâts au talus de la chaussée de Saint-Just, route royale de Lyon à Beaucaire. Cette ordonnance annule un arrêté du conseil de préfecture de l'Ardèche du 2 mai 1834 qui, soumettant l'espèce à une ordonnance du 17 juillet 1781

faite pour la généralité de Paris, les avait condamnés chacun seulement à 5o fr. d'amende
conformément à cette ordonnance. S. D.
37-2-25o.

42. Du renvoi fait par la loi nouvelle à cette
législation, il faut tirer la conséquence, par
rapport aux chemins de fer, que le pacage est
interdit sur le sol et sur les talus des parties
de chaussées en remblais, et sur les rampes de
celles qui sont en déblais, alors même que ces
talus s'étendraient au-delà de la clôture.

Nous disons le pacage simple, parceque l'introduction volontaire sur le sol même de la voie
de tout objet faisant obstacle à la circulation,
est prohibée par l'article 16 ci-après, qui lui
imprime le caractère d'un délit spécial, puni,
suivant les effets qui en ont été la suite, ou de
la réclusion ou des travaux forcés ou même de
la mort. Ensuite, toute inobservation des lois
et réglements qui cause un accident sur un
chemin de fer constitue une autre espèce de
délit moins grave prévue par l'art. 19.

Nous avons ajouté qu'il y aurait contravention à l'arrêt du conseil précité, alors même que
le pacage s'exercerait sur le talus en dehors de
la clôture, non pas pour marquer que le pacage
sur la portion du talus en dedans de la clôture
ne constituerait pas la contravention prévue
par cet arrêt du conseil, mais parceque là où il
y a clôture l'introduction sur cette fraction de

talus ne pouvant probablement avoir lieu que par bris ou destruction de la fermeture, le pacage aura presque toujours été précédé d'un délit primitif plus grave que la contravention secondaire, et qu'alors il y aurait lieu de frapper le coupable cumulativement et de la peine établie par la loi actuelle et de celles du code pénal article 456.

En conséquence, l'une, consistant en une amende pour raison de contravention aux lois de la voirie, sera prononcée par le conseil de préfecture en vertu de l'article 11, et l'application de l'autre appartiendra au tribunal de police correctionnelle selon la distinction que nous avons enseignée N° 37.

En ce qui touche le chiffre de l'amende et la réduction, appliquez ce que nous avons dit *suprà*, N°ˢ 39 et 40

§ 3. *Dépôts de terre, de fumiers et autres objets quelconques.*

43. Les dépôts dont il s'agit ne peuvent être ceux qui, comme pour les grandes routes ordinaires, sont faits sur le sol de la voie elle-même; car alors, relativement aux chemins de fer, un tel fait rentrerait dans la prévision spéciale de l'article 16, ou au moins de l'article 19 du titre 3 ci-après. La répression dès lors serait soumise aux règles de ces articles; on ne pourrait les traiter comme simples contraventions

aux règles de la voirie rappelées ès-articles 2 et 3, ni même comme contraventions aux articles 7 et 8, qui ne s'occupent, comme on va l'expliquer, que des dépôts faits à une distance trop rapprochée de la voie, quoique en dehors de celle-ci.

Quand donc on déclare applicables aux chemins de fer les lois de la voirie actuellement en vigueur, concernant les dépôts de terre, etc., il faut, pour se former une opinion rationnelle sur ceux de ces faits auxquels seront applicables les lois et réglements concernant les routes ordinaires, entendre cette disposition dans ce sens : qu'elle a pour objet, non les dépôts faits sur la voie elle-même, parceque le cas est spécifié et réprimé par le titre 3, mais que sa prévision a pour but d'atteindre ceux desdits dépôts qui seraient faits sur toute partie quelconque du chemin de fer et de ses dépendances, autres que celles qui sont défendues par les dispositions prohibitives du même titre 3. Alors les infractions aux défenses concernant ces dépôts sont régies par la pénalité de l'article 11 ou par celle de l'article 21, suivant la distinction expliquée *suprà*, N° 39.

Ainsi, par exemple, l'ordonnance du bureau des finances de la généralité de Paris du 2 août 1774, qui, par son article 3, défend aux propriétaires ou adjudicataires d'arbres le long des grands chemins de laisser séjourner le bois qui provient de ces arbres lorsqu'on les élague ou qu'on les coupe, soit sur la route, soit sur les accotements ou fossés, à peine d'amende arbitraire, ne reste plus applicable qu'au second fait.

Pour le premier elle est abrogée, en ce qui concerne les chemins de fer, par l'article 16 ci-dessus cité de la loi nouvelle, qui le prévoit et le déclare passible d'une peine plus sévère.

44. L'arrêt du conseil du 17 juin 1721 et l'ordonnance du roi du 4 août 1731, qui défendent de décharger aucuns gravois, fumiers, immondices et autres empêchements au passage public, tant sur les chaussées que sur les ponts et dans les rues, à peine de 500 fr. d'amende, recevront leur application. savoir : pour les dépôts faits sur les chemins de fer mêmes en vertu de l'article 16 qui, statuant sur ce fait, abroge les anciennes lois de la voirie qui s'en occupaient; et pour ceux qui auront lieu sur les accotements, les fossés et les talus qui sont réputés en droit dépendances des chemins de fer (ordonnance en conseil d'état du 16 mars 1836, S. D. 36-2-374), en vertu des articles 7 et 8, qui protègent ces dépendances.

Pour les routes ordinaires, la peine consistait en une amende arbitraire au premier cas, fixe au second, mais pour le chiffre desquelles le conseil de préfecture, chargé de les prononcer par la loi du 29 floréal an x, devait se renfermer dans les limites du minimum et du maximum déterminées par la loi du 23 mars 1842; actuellement, d'après la loi nouvelle, ce sera, ou dans l'article 11 ou dans l'article 19 qu'il devra puiser le chiffre de l'amende à prononcer, ainsi que nous l'avons établi *suprà*, N° 39, sauf le cas de perpétration du crime prévu par l'art. 16 dont la pénalité serait alors applicable par la justice criminelle.

45. Il s'est élevé, en ce qui concerne les dépôts de fumiers, etc., la question de savoir si, ce fait étant prévu positivement et réprimé par l'article 471, N° 4 du code pénal, cet article n'avait pas abrogé la pénalité portée par l'ordonnance du roi du 4 août 1731, et aujourd'hui, que le même fait est prévu par l'art. 11 de la loi nouvelle, ou par les articles 16 et 19 *quid juris?*

Sur le premier point, la négative a été jugée par trois ordonnances en conseil d'état des 22 août 1839, S. D. 40-2-187. — 14 janvier 1842, S. D. 42-2-335. — 30 décembre 1843, S. D. 44-2-140, et par un arrêt de cassation du 8 avril 1839, S. D. 39-1-413. Cependant ces solutions ne doivent être acceptées relativement aux routes ordinaires comme règles, qu'avec les distinctions et restrictions que l'on trouvera indiquées en notre Traité de la voirie, N°ˢ 62, 136, 149.

Enfin il a été également décidé que dans

l'étendue de la ci-devant généralité de Paris, le fait de dépôt de fumiers, etc., était passible de la peine de 100 fr. d'amende prononcée par le bureau des finances du 17 juillet 1781 et non de celle de 500 fr. établie par l'ordonnance du 4 août 1731 antérieure et conservant sa force seulement en dehors de la généralité de Paris. Ordon. en conseil d'état du 5 mai 1841, S. D. 41-2-322.

En ce qui touche le second point, nous ferons remarquer que ces décisions ne peuvent être présentées ici que comme des enseignements et des règles d'analogie auxquelles on est dispensé de recourir maintenant que la loi nouvelle, postérieure au code pénal, abroge à ce titre les dispositions de celui-ci sur les faits qu'il prévoyait et qu'elle a pris soin de réglementer elle-même par des statuts particuliers et spéciaux.

Aussi sommes-nous d'avis que la question que nous venons de rappeler ne pourrait plus être soulevée sous l'empire de la loi actuelle, parcequ'elle prévoit et réprime précisément les dépôts de toute matière quelconque qui seraient faits, soit sur le chemin même, soit sur ses dépendances. Voir N° 44.

§ 4. Mise en action en ce qui concerne la définition et la répression des contraventions relatives aux chemins de fer, des lois et réglements de la grande voirie.

46. Nous n'entrerons ici dans aucun détail sur le mode de mise en action des lois et réglements de la grande voirie, contre les contrenants, parceque c'est une matière qui fait l'objet de notre Traité de la grande et de la petite voirie.

En conséquence, nous renverrons à ce Traité ceux qui désireraient s'éclairer à cet égard.

Ainsi, par exemple : s'agit-il de savoir, en dehors des cas formellement prévus par la nouvelle loi (article 21), quelles sont de droit, comme en matière de grande voirie, les autorités investies maintenant du pouvoir d'établir des réglements généraux ou d'ordonner des mesures particulières en cette partie?

On en trouvera la désignation au Traité indiqué, N°s 9 et suivants.

Veut-on connaître, toujours pour les cas seulement qui sortent des prévisions de la loi nouvelle (article 11, 13 et 15), les autorités compétentes pour ordonner provisoirement la réparation et définitivement la répression des contraventions de grande voirie, laquelle comprend la suppression des excavations, couvertures, meules ou dépôts faits contrairement aux dispositions prohibitives de la loi (art. 11), et enfin le mode de saisir chacune d'elles des délits de sa compétence?

Il suffira de recourir au Traité ci-dessus indiqué, N°s 44 et suivants.

On trouvera bien à la même source, N° 72, les règles sur la procédure à suivre devant le conseil de préfecture, et N°s 73, 74, 75, les exceptions dont la poursuite peut être passible. Mais nous devons prévenir que les articles 12, 13, 14 et 15, formant le titre 2 de la loi nouvelle, réglementent cette partie pour les chemins de fer en ce qui concerne la répression des contraventions commises par les concessionnaires ou fermiers desdits chemins, et rendent inapplicable à ces sortes particulières de contraventions l'ancienne législation que nous venons de citer.

Les N°s 73, 74 et suivants du même Traité tracent les diverses voies de recours à employer contre ceux des arrêtés du conseil de préfecture qui font grief, soit aux parties, soit à l'administration. A cet égard, il n'y a pas de dérogation aux anciennes règles dans la nouvelle loi ; c'est donc aux explications produites sous ces numéros de notre Traité de la voirie qu'il faut se reporter pour les connaître et les appliquer.

ART. 3. Sont applicables aux propriétés riveraines des chemins de fer, les servitudes imposées par les lois et réglements de la grande voirie et qui concernent :

L'alignement,

L'écoulement des eaux,

L'occupation temporaire des terrains en cas de réparation,

La distance à observer pour les plantations et l'élagage des arbres plantés,

Le mode d'exploitation des mines, minières, tourbières, carrières et sablières dans la zone déterminée à cet effet.

Sont également applicables à la confection et à l'entretien des chemins de fer, les lois et réglements sur l'extraction des matériaux nécessaires aux travaux publics.

§ 1er. De l'alignement. — § 2. De l'écoulement des eaux. — § 3. De l'occupation temporaire des terrains en cas de réparation. — § 4. Des plantations et de l'élagage des arbres plantés. — § 5. De l'exploitation des mines, minières, tourbières, carrières et sablières. Nombre 1er des mines, nombre 2 des minières, nombre 3 des tourbières, nombre 4 des carrières et sablières. — § 6. De l'extraction des matériaux nécessaires aux travaux publics, — § 7. Question transitoire ou application des diverses dispositions de l'article 3 aux bâtiments et constructions existants sur les chemins de fer établis au moment de la promulgation de la loi nouvelle.

§ 1er. *De l'alignement.*

47. On entend en langage de voirie par alignement, la servitude à laquelle sont assujetties toutes les propriétés riveraines des voies publiques, et dont l'effet est que ceux à qui elles appartiennent ne peuvent y élever aucun bâtiment, aucune construction quelconque; sans avoir obtenu préalablement de l'autorité compétente le tracé de la ligne qu'ils devront suivre dans la partie contiguë à la voie. (**Arrêt du conseil du 27 février 1765 et loi du 16 septembre 1807**)

La servitude connue sous ce nom a encore d'autres effets, notamment : 1° celui d'imposer au propriétaire d'un bâtiment joignant la voie publique, la prohibition d'exécuter aux murs de face sur cette voie des travaux de construction, de reconstruction, de réparation et généralement sans exception tous ouvrages d'édification, de réédification, d'entretien quelconques (N° 5, article 9 du Traité de la voirie), sans la permission préalable de l'autorité ; et quand même il s'agirait d'ouvrages de simple réparation ajoutés à la façade d'une maison non sujette à reculement et que la permission aurait été accordée après le commencement et avant la fin des travaux, l'amende n'en serait pas moins encourue. (**Ordonnance en conseil d'état du 18 janvier 1845, S. D. 45-2-318,**) 2° celui de subir.

lorsqu'il reconstruira, un reculement propre·à
donner à la voie publique la largeur déterminée
par l'autorité d'après les plans par elle arrêtés
en la forme légale.

Ces diverses conséquences résultent et de
l'édit de décembre 1607, et de l'arrêt du conseil de 1765, et enfin de l'article 52 de la loi
de 1807 précités, dont les dispositions imposent
formellement ces sortes d'asservissements et
d'obligations aux terrains et bâtiments contigus des grandes routes.

Mais le riverain dont le terrain ne joint pas
la voie actuellement établie, ou n'atteint pas
la limite sur la rue qui est assignée à cette
voie par un plan d'alignement déjà arrêté par
l'autorité compétente, est-il tenu de demander un alignement pour construire en deçà de
la ligne, ou une permission pour faire exécuter
des travaux à une construction déjà existante
en retraite de cette ligne?

Nous pensons qu'il faut d'abord distinguer
entre une rue, place ou quai déjà livré à
la circulation selon sa destination, et une
voie nouvelle dont l'établissement, quoique
arrêté par l'administration, n'est pas encore
exécuté.

L'alignement déterminé à l'avance pour cette
voie future à ouvrir n'est pas obligatoire pour
les propriétaires des terrains qui en seront riverains quand le projet sera réalisé, c'est à dire

quand elle sera constituée à l'état de rue ou de place, etc.

En conséquence ils peuvent jusque là, soit édifier de nouvelles constructions, soit en réparer, entretenir ou même rebâtir d'anciennes sur leurs fonds, en deçà comme au-delà de la ligne fixée d'avance par l'autorité, sans obtention ni d'alignement, ni de permission d'exécuter des travaux quelconques à leurs bâtiments.

C'est en conformité de cette doctrine qu'ont été rendus les arrêts de cassation de 1837 et de 1838 cités sur ce point au Traité de la voirie, N° 102.

Quand il s'agit de voies ouvertes au public et à la circulation, constituées, en un mot, à l'état actuel de rues, alors il faut séparer celles-ci des routes.

En effet, pour les rues, places et quais des villes, bourgs et communes, le propriétaire d'un terrain joignant immédiatement la voie, ne peut bâtir sur ce terrain sans demander la fixation par écrit d'un alignement et sans se conformer à celui qui lui sera tracé, quand même il établirait sa construction en retraite de la ligne à suivre, le tout à peine d'amende et de démolition.

Par la même raison, il ne pourrait exécuter aucuns travaux au bâtiment élevé sur le terrain qu'il posséderait joignant la voie publique, quand même ce bâtiment se trouverait en retraite de la ligne, et quand encore dans les deux hypothèses, il clôrait son terrain sur ladite voie par un mur construit dans l'alignement.

Cette opinion est la conséquence de l'un des principaux motifs de l'édit de 1607, dans lequel on lit que : « l'obligation imposée aux riverains « de demander un alignement avant de bâtir et « une permission avant de réparer, a pour cause « la nécessité de mettre les officiers voyers qu'il « institue en situation de pourvoir à ce que les « rues s'embellissent et s'élargissent au mieux « que faire se pourra. »

Aussi la cour de cassation a-t-elle adopté cette interprétation et la portée que nous venons de donner aux expressions de l'édit, pour fondement d'un arrêt dans lequel elle en a formellement reconnu la légalité le 21 juin 1844, S. D. 45-1-141. *Vidè* le Traité de la voirie, Nᵒˢ 174 et 194.

Quant aux routes, le droit n'est plus le même, la raison en est que, comme nous l'avons expliqué en notre Traité de la voirie, Nᵒ 82, les termes de l'arrêt du 27 février 1765, relatif à l'alignement des routes, n'imposent l'obligation de demander ou une permission, ou une fixation par écrit d'un alignement, qu'autant qu'elles s'appliquent à des constructions le long et joignant les grandes routes, d'où il suit que ladite obligation n'atteint pas celles qui sont en retraite de la ligne. Ordonnances en conseil d'état des 6 décembre 1844 et 21 juin de la même année, S. D. 45-2-188 et 314, le tout sauf cependant l'exception prévue au N° précité et l'observation relative à la ville de Paris en particulier mentionnée à la fin du même N°.

Voilà pour les rues et routes ordinaires : quant aux chemins de fer, ils sont soumis sous ce rapport à une législation spéciale établie par l'article 5 de la loi nouvelle. Il en résulte : 1° que le riverain ne pourra jamais établir dans son terrain joignant le chemin une construction autre qu'un mur de clôture à une distance de moins de 3 mètres 50 centimètres d'un chemin de fer, tandis que, relativement à une rue ou à une route ordinaire, il peut élever un bâtiment contre la ligne divisoire de son fonds d'avec cette rue ou cette route, marquée par le tracé de l'alignement, V. N° 88 ; 2° que la ligne donnée aux riverains des routes ou rues marque la limite respective pour l'avenir d'entre la rue ou la route et les fonds riverains, tandis qu'en matière de chemins de fer l'alignement n'indiquera que les bornes jusqu'où s'étend la servitude active appartenant en vertu de l'article 5 à ces sortes de chemins sur les terrains limitrophes. V. N°⁰ˢ 86 et 87.

48. Quant au pouvoir chargé de donner l'alignement ou d'accorder la permission de travailler aux murs qui joignent la voie publique, c'est le préfet que la loi désigne à cet effet

pour ceux des alignements ou celles des permissions qui concernent la grande voirie. (Voir Traité de la voirie, N° 15), sauf cependant, pour les portions de routes qui forment le prolongement des rues, places et quais dans les communes, le concours du pouvoir municipal, Voir N°ˢ 16, 109 et 136 du même Traité, et celui de l'expropriation pour utilité publique, pages 132 et 133. En ce qui concerne les règles à suivre par l'une et l'autre de ces autorités pour leur détermination, et pour la nature des mesures à prescrire dans l'exercice du pouvoir d'alignement, ainsi que pour ce qui est relatif à cette matière, nous croyons devoir renvoyer à notre Traité de l'expropriation pour cause d'utilité publique.

On y trouvera expliquées et développées pages 117 à 141, toutes les règles de la législation et de la jurisprudence sur cette partie du droit, et comme il a été cité à titre d'autorité par un fonctionnaire éminemment compétent (M. Teste, ancien ministre des travaux publics et actuellement président à la cour de cassation), dans le cours de la discussion de la loi nouvelle devant la chambre des pairs; qu'il a déclaré positivement à la tribune (*Moniteur* du 2 août 1844, page 810, 3ᵉ colonne). que cet ouvrage avait parfaitement éclairé tout ce qui avait rapport à l'alignement, nous n'avons rien à ajouter à un tel suffrage pour justifier l'utilité et la nécessité de consulter cet écrit.

Enfin la question d'application de ces nouvelles dispositions aux bâtiments ou constructions existantes aujourd'hui, devant se reproduire relativement aux plantations, aux excavations, etc., nous nous réservons de la discuter et de la résoudre dans un septième et dernier paragraphe après nous être expliqué particulièrement sur chacune des servitudes qui, grévant les propriétés riveraines des grandes routes, sont déclarées par le présent article 3, appartenir aux chemins de fer sur les héritages contigus, sans préjudice en outre de celles qui résultent des articles 5, 6, 7 et 8.

49. Aux termes de l'arrêt du conseil précité du 27 février 1765, l'amende pour contravention à l'obligation d'alignement et aux divers engagements qui en résultent, est de 300 francs contre tous particuliers, propriétaires ou autres : le même arrêt prononce en outre contre les maçons, charpentiers, pareille amende et même plus grande peine encore, ajoute-t-il, en cas de récidive. Enfin il veut que la démolition des ouvrages et la confiscation des matériaux, soient également ordonnées. *Vidè* N° 119.

Nous ferons observer d'abord, en ce qui touche l'amende, que d'après l'article 11 de la loi nouvelle, toute contravention aux dispositions de titre 1er dont l'une, article 3, prescrit l'observation de la servitude d'alignement, étant passible d'une amende de 16 à 3oo francs, c'est à cette pénalité, qui est substituée à la répression de l'ancienne législation concernant les routes ordinaires, que l'on devra s'arrêter aujourd'hui pour les infractions à l'alignement commises au préjudice des chemins de fer.

Le tout sauf le cas où quelque statut touchant l'alignement aurait été établi en vertu des pouvoirs conférés à la couronne et aux préfets par l'article 21, car alors la contravention à cette nouvelle disposition serait passible, aux termes dudit article, de 16 à 3ooo francs d'amende.

Nous ferons remarquer ensuite pour ce qui concerne ceux qui sont tenus de l'amende, qu'il doit en être appliqué une au maître pour le compte duquel se fait la construction, propriétaire, usufruitier ou locataire, et une à l'entrepreneur, maçon, charpentier ou ouvriers qui exécutent ses ordres, même à l'architecte qui a dressé les plans et devis et qui surveille l'exécution. (Cassation 12 novembre 184o, 17 décembre 184o, S. D. 41-1-698.) Mais alors cette seconde amende étant unique pour tous ceux qui y sont assujettis, il s'ensuit, qu'encore bien qu'il soient solidairement obligés pour le paiement, il y a lieu entre eux à la division, Code pénal, article 55; cassation 3 novembre 1827, S. D. 28-1-104; Code civil 1213.

Enfin l'amende est encourue alors même que la construction est conforme à l'alignement, parceque la loi punit l'infraction à l'obligation de demander préalablement la permission, et il y a contravention par cela seul qu'elle n'a pas été obtenue préalablement. Ordonnances en conseil d'état des 29 juin 1842, S. D. 42-2-508, et 18 janvier 1845, S. D. 45-2-318.

Mais lorsqu'il s'agit de travaux à la façade d'une maison en retraite de l'alignement de la route, cette nécessité n'est plus applicable. Ordonnances en conseil d'état des 4 février 1824, 29 juin 1842, S. D. 42-2-509, et 21 juin, 6 décembre 1844, S. D. 45-2-188 et 314. *Vidè suprà* N° 47 et *infrà* N° 86. *Secùs* s'il s'agissait de travaux exécutés à une maison en retraite d'une rue ailleurs toutefois qu'à Paris. *Vidè* arrêt de cassation du 21 juin 1844, cité *suprà* N° 47, où les raisons de cette solution sont développées.

50. Quant à la démolition des constructions et ouvrages, il faut distinguer : si la construction n'excède pas la ligne donnée par l'alignement ou qui eût été tracée, s'il eût été demandé, il n'y a pas lieu à l'ordonner ; cette proposition est tellement équitable et rationnelle, qu'il doit paraître extraordinaire que son admission ait pu faire question au point de nécessiter une décision de l'autorité compétente pour la résoudre. C'est cependant ce qui a eu lieu, ainsi que le démontre la jurisprudence. Voyez ordonnance en conseil d'état du 17 juin 1818, S. D. 4-2-373, *idem* 29 août 1821,

Macarel, page 322, et deux autres ordonnances en conseil d'état du 29 juin 1842, S. D. 42-2-508.

Mais si elle se trouve en dehors de cette ligne, ou si elle a eu lieu à l'égard de bâtiments affectés, par suite d'un plan d'alignement, à subir un reculement et que les travaux exécutés au bâtiment qui se trouve en saillie de l'alignement arrêté soient déclarés confortatifs par l'autorité administrative, seule compétente pour en déterminer la nature, alors la démolition en doit être ordonnée. Ordon. en conseil d'état du 29 juin 1842, S. D. 42-2-508. V. Traité de la voirie, Nos 80 à 90, et surtout No 194.

Il n'en est pas de la suppression des constructions faites en contravention aux prohibitions de la servitude d'alignement, lorsqu'il y a lieu de l'ordonner, comme de l'amende; ce n'est pas en vertu de l'article 11 qu'elle doit être prononcée, mais bien en vertu des anciennes lois et réglements de la grande voirie ci-dessus rappelés. La raison en est que cet article 11 n'attribue aux conseils de préfecture que le pouvoir de condamner les contrevenants à la suppression des excavations, couvertures, meules, etc.; qu'ainsi ils ne peuvent y puiser le droit d'obliger les prévenus à la destruction des constructions exécutées contrairement à l'alignement. Voir *infrà* No 121.

La confiscation étant abolie par l'article 57 de la Charte de 1830, nous n'avons pas à nous occuper de la partie de l'arrêt du conseil de 1765 qui la prononçait, comme nous venons de le voir, pour contravention à l'obligation d'alignement.

51. Au surplus, cet arrêt du conseil interdisant tous travaux quelconques, on doit conclure de l'absolutisme de la prohibition qu'il n'en est aucuns d'exceptés, qu'ainsi, quels qu'en soient la cause, l'espèce et l'auteur, il ne serait pas permis à l'autorité chargée de la répression, de se dispenser d'appliquer les peines qu'il prononce au cas qu'il prévoit.

En conséquence, il a été, avec raison, jugé : 1° par la cour de cassation le 2 août 1839, S. D 40-1-190, et par le conseil d'état, ordonnance du 23 juillet 1841, S. D. 42-2-143, que l'interdiction de réparer, avant d'avoir obtenu la permission ou l'autorisation préalable, s'applique même aux cas où le dommage est le résultat soit de la malveillance, soit de l'imprudence des tiers.

2° Par une ordonnance en conseil d'état du 11 décembre 1838, S. D. 39-2-554, que le récrépissage d'un mur de face, construit en moellons, doit être considéré comme un travail confortatif; et par arrêt, S. D. 42-1-72 de la cour de cassation du 19 novembre 1840, qu'on ne pouvait gratter, blanchir et badigeonner les murs de face donnant sur la voie publique sans autorisation préalable.

3° Enfin que les travaux et ouvrages prohibés entraînaient, relativement à la chose, les mêmes conséquences pénales, lorsqu'ils étaient exécutés par un locataire ou par ses ordres et sans l'assentiment du propriétaire, que quand ils avaient lieu de l'aveu de celui-ci. Argument d'une ordonnance en conseil d'état du 23 février 1837, S. D. 37-2-302. Sauf, bien entendu, le recours en dommages-intérêts du propriétaire contre l'auteur de l'œuvre prohibée qui n'a pas obtenu au préalable son consentement pour la faire.

Quand une permission a été demandée et octroyée, celui à qui elle a été accordée doit rigoureusement se renfermer, lorsqu'il en use, dans les limites de l'autorisation. C'est en rendant hommage à cette règle qu'il a été décidé que la faculté de gratter, blanchir et badigeonner ne comprenait pas le droit de récrépir. Cass. 19 novembre 1840, S. D. 42-1-72.

Le pouvoir de prononcer les peines encourues pour raison de contraventions aux dispositions du droit concernant l'alignement, appartient en règle générale aux conseils de préfecture quand il s'agit d'une voie publique du domaine de la grande voirie, en vertu de la loi du 29 floréal an x, Conseil d'état, arrêts des 16 août 1811 et 5 septembre 1821, et loi nouvelle art. 11 précité.

Au contraire, il est dévolu, aux termes de l'article 471, N° 15 du code pénal, aux tribunaux de simple police, lorsque la contravention a été commise relativement à une voie du domaine de la petite voirie, et encore lorsque, pour ce qui concerne le cas particulier, il y a contravention à un arrêté d'alignement pris par l'autorité municipale spécialement pour la rue, quai ou place où l'œuvre contraire à cet arrêté a eu lieu.

52. Mais il a été décidé lors de la discussion de la loi devant la chambre des pairs, sur l'article 8 du projet devenu l'article 11 du texte, que toute contravention commise relativement aux chemins de fer serait, sans aucune distinction de l'autorité de laquelle émanerait le réglement violé, de la compétence des conseils de préfecture. Séance du 3 avril 1844, *Moniteur* du 4, pages 840, 841. Voir nos explications N° 119.

Ainsi, en quelque endroit que se commette la contravention à l'alignement, et de quelque autorité qu'émane le réglement qui exige le recours au pouvoir compétent pour obtenir le tracé de la ligne ou la permission de reconstruire, d'entretenir, de réparer, de faire des ouvrages quelconques, l'inobservation de la formalité requise entraînera toujours la dévolution de la répression au conseil de préfecture.

Cette conclusion est d'ailleurs la conséquence de la disposition du second paragraphe de l'article 11 précité, lequel, élevant à 16 fr. le chiffre du minimum même de l'amende pour raison de ces sortes de contraventions, en soustrait la connaissance aux tribunaux de simple police, puisqu'il excède les limites de leur compétence (code d'instruction criminelle, article 137), qui se détermine d'après le maximum des condamnations que peuvent entraîner les faits à eux déférés.

§ 2. *Ecoulement des eaux.*

53. La servitude qui, à cet égard, pèse sur les terrains riverains des routes, et à laquelle l'article assujettit ceux qui bordent les chemins de fer, résulte des dispositions des ordonnances des 13 février et 22 juin 1751 rapportées au Traité de la voirie, article 10 du N° 5.

Elle consiste en la défense faite par ces ordonnances aux propriétaires dont les héritages sont plus bas que la route et en reçoivent les eaux , d'en interrompre le cours soit par l'exhaussement, soit par la clôture de leurs terrains.

La peine imposée par ces ordonnances est

de 5o francs d'amende, outre la réparation des dommages et la démolition des ouvrages élevés en contravention ; mais l'article 11, en prononçant pour toute contravention aux dispositions du présent article 3, une amende de 16 à 3oo francs, abroge sur ce point la règle de pénalité des ordonnances dont il s'agit. Quant à la suppression des travaux prohibés, le droit de la prononcer résultera pour le conseil de préfecture, ou de la seconde parti de l'article 11, si le fait rentre dans la prévision de cette partie, ou des règles de l'ancienne législation dans le cas contraire. V. Nᵒˢ 49 et 5o.

Si donc, pour empêcher l'écoulement des eaux, il y a eu de la part du riverain soit excavations, soit dépôts de matériaux exécutés à une distance plus rapprochée du chemin que ne le permettent les articles 6 et 8, la contravention sera passible des modes de répression établis par l'article 11. Au cas contraire, le conseil ne pourra, en vertu de cet article 11, prononcer que l'amende; quant à la suppression, s'il juge à propos de la prescrire, ce sera en vertu des ordonnances ci-dessus énoncées qu'il aura le droit de le faire.

Remarquons, relativement à cette espèce de contravention en particulier, que si elle était commise par un concessionnaire ou fermier contrairement aux décisions rendues en exécution des clauses du cahier des charges, elle

serait passible, comme infraction d'une nature
spéciale, de la répression particulière à ce
genre de délit établie par l'art. 12. V. *infrà* N° 124.

§ 3. *Occupation temporaire des terrains en cas de
réparation.*

54. C'est là une servitude légale, c'est à dire
qui dérive de la loi seule.

Elle est établie en faveur des routes et des
grands travaux d'utilité publique par la loi du
16 septembre 1807, articles 48 et suivants, et
elle consiste en ce que tous les terrains que
l'administration juge à propos d'occuper momentanément pour l'exécution de ses travaux,
par exemple : pour le transport, pour le dépôt
des matériaux nécessaires aux mêmes travaux,
sont grévés de la charge de souffrir cette occupation. V. notre Traité de l'expropriation pour
utilité publique, pages 54 et 392, note 208 Dès
qu'elle s'applique à tous travaux d'intérêt
général, il faut en conclure qu'elle n'est pas
limitée au seul cas de réparation, et qu'au contraire elle s'étend à celui de construction primitive.

Elle diffère cependant de la servitude d'alignement , en ce que les riverains que celle-ci
empêche de construire sont tenus de s'y conformer, sans avoir pour cela droit à une indemnité, à moins qu'elle n'emporte concession
forcée de leur terrain en propriété à la voie

publique, tandis que l'article 56 de la loi de 1807 reconnaît aux propriétaires des terrains occupés pour la cause ci-dessus indiquée, le droit de réclamer des indemnités qui, aux termes de l'art. 57 de la même loi, sont réglées par le conseil de préfecture.

Elle en diffère encore sous un autre rapport, c'est que l'alignement ne grève que les propriétés contiguës aux routes et aux chemins de fer, tandis que la servitude d'occupation temporaire, objet du présent paragraphe, peut frapper des terrains distancés de la voie par de longs espaces.

La raison en est, que la première est fondée sur la contiguité, tandis que la seconde repose sur la destination qui motive l'usage qu'on veut faire du terrain asservi; voilà pourquoi la première n'atteint que les héritages limitrophes, tandis que la seconde s'étend à tous ceux dont l'occupation peut être utile à la confection des travaux, abstraction faite du lieu de leur situation.

55. Enfin cette servitude se distingue en outre de celle qui fait l'objet du paragraphe 6 ci-après, N°s 75, 76 et 77, en ce que cette dernière comprend l'extraction et l'enlèvement des matériaux pris dans le terrain fouillé, tandis que celle dont nous traitons ici, se réduisant à une simple occupation, ne cause au propriétaire que la privation de la possession et de la

jouissance, et rarement d'autres espèces de pré-
judices.

§ 4. *Des plantations et de l'élagage des arbres plantés.*

56. Les dispositions légales sur les plantations dans leur rapport avec la voirie sont
renfermées dans deux arrêts du conseil des
17 juin 1721, 4 août 1781, et dans les loi
du 9 ventôse an XIII, décret du 16 décembre 1811, et loi du 12 mai 1825.

Il en résulte : 1° que nul ne peut planter des
arbres sans distinction d'essence, ni de haute
ou de basse tige, qu'à six mètres au plus, près
de la ligne divisoire formant limite de sa propriété d'avec celle de la route, article 5 de la
loi du 9 ventôse an XIII. Mais le code civil
n'a-t-il pas dérogé à cette règle par son article 671, qui n'exige que deux mètres de distance?

Non; il réserve le droit consacré par les réglements, et il a été reconnu dans le cours de
la discussion du présent article 3 formant alors
l'article premier du projet, devant la chambre
des pairs, que la distance légale de deux mètres (*Moniteur* du 2 avril 1844, page 809),
était insuffisante relativement aux routes.
Que d'après l'article 5 de la loi du 9 ventôse an
XIII, nul ne pouvait planter dans un rayon de
moins de six mètres sans demander un alignement (*Moniteur* du 31 mars 1844, page 788.

6

2° colonne, et 825, 1ʳᵉ colonne). Il est vrai que dans la discussion, pages 790, 2° colonne, 791, 2° et 3° colonnes, quelques orateurs ont présenté la distance de deux mètres seulement comme légale, et qu'une ordonnance rendue en conseil d'état le 22 février 1838 , S. D. 3\-2-461, paraît consacrer implicitement ce système ; mais la réfutation de l'objection résulte de cette observation que, dans l'espèce, il s'agissait d'anticipation et non de contravention à l'obligation d'alignement pour les plantations, ou de distance à observer entre celles-ci et la voie publique.

2° Que le gouvernement peut assujettir, quand il le juge utile à l'intérêt général, le propriétaire riverain à planter des arbres sur les bords de son terrain joignant la route, et en cas de négligence, à souffrir que la plantation en soit faite à ses frais par l'administration départementale, conformément à l'alignement tracé par elle et approuvé par le ministre, et toujours, au moins dans ce cas, à la distance d'un mètre du bord extérieur des fossés et suivant l'essence des arbres ; articles 90. 91 et 95 du décret du 16 décembre 1811. Mais alors le particulier, qui n'a pas satisfait à l'injonction de planter à lui donnée par l'administration conformément à l'article 91 de ce décret, est passible d'une amende de 1 fr. par pied d'arbre, indépendamment du remboursement des frais de plantation d'après l'article 97. *Vidé*, pour l'inapplicabilité de cette obligation aux propriétaires riverains des chemins de fer, le N° 60 *infrà*.

3° Que les arbres plantés sur les terrains riverains de la route même antérieurement au décret du 16 décembre 1811, et par conséquent à une époque où la plantation n'était pas obligatoire, quoique déclarés appartenir au propriétaire du sol, article 87, ne peuvent, en quelque temps que ce soit, être coupés et arrachés qu'avec l'autorisation du directeur général des ponts et chaussées, accordée sur la demande du préfet, laquelle sera formée seulement lorsque le dépérissement des arbres aura été constaté par les ingénieurs, et toujours à la charge du remplacement immédiat, article 98 du décret précité, sous peine, aux termes de l'article 101 dudit décret, d'une amende égale à la triple valeur de l'arbre détruit.

4° Qu'ils ne peuvent les élaguer sans autorisation, sous peine d'être poursuivis comme coupables de dommages causés aux plantations des routes, art. 105.

Mais les arbres plantés avant le décret sur le terrain des particuliers le long des routes peuvent-ils être élagués par les propriétaires sans autorisation préalable?.. Non. — Articles 102 et 105 d'*idem* ; non encore d'après l'article 1ᵉʳ de la loi du 12 mai 1825 citée ci-après, qui en ce point n'a pas dérogé au décret.

Quant aux routes qui traversent des forêts, l'ordonnance de 1669, article 3 du titre 28, exige que les bois, épines et broussailles qui se trouvent sur le bord des grands chemins soient essartés à une distance de 60 pieds à compter des rives du chemin ; et comme l'article 1er de la loi nouvelle soumet les chemins de fer au régime de la grande voirie en ce qui concerne les plantations, on aurait pu croire qu'il comprenait sous cette dénomination, dont il se sert dans le texte, *toute espèce de plantations,* les bois mêmes, qu'ainsi il en résultait pour les forêts traversées la servitude de souffrir l'essartement.

Mais cette question ayant été soulevée devant la chambre des pairs lors de la discussion de la loi, M. le ministre des travaux publics répondit au nom du gouvernement, qu'il n'avait pas voulu appliquer à l'égard des chemins de fer, les bois, c'est à dire l'ordonnance de 1669 sur l'essartement (*Moniteur* du 2 août 1844, pages 811, 3e colonne).

5° La loi du 12 mai 1825, par son article 1er, déclare que les arbres actuellement existants sur le sol des routes royales et départementales et que des particuliers justifieraient avoir légitimement acquis à titre onéreux, ou avoir plantés à leurs frais en exécution des anciens réglements, seront reconnus leur appartenir.

Que néanmoins ils ne pourront être abattus

que lorsqu'ils donneront des signes de dépérissement et sur une permission de l'administration.

Que cette permission sera également nécessaire pour en opérer l'élagage.

Qu'enfin les contestations qui pourront s'élever entre l'administration et les particuliers, relativement à la propriété des arbres plantés sur
le sol des routes, seront portées devant les tribunaux ordinaires.

Et comme cette loi laisse subsister pour l'a-
battage et l'élagage les prohibitions du décret,
les peines établies pour la sanction de ces
prohibitions par les articles 101 et 105 du même
décret sont maintenues, ou plutôt elle ne sont
pas abrogées, sauf cependant pour l'élagage le
droit reconnu en faveur de l'administration et
énoncé *infrà* N° 60.

Ajoutons que sous l'empire de la loi nouvelle, l'amende pour contravention aux lois de
la voirie concernant les plantations près des
chemins de fer, sera de 16 à 300 francs par application de l'article 11 qui, pour ces sortes
d'infractions, remplace et abroge la pénalité de
la législation antérieure en se l'appropriant en
partie; voir N° 49. Quant à la suppression des
plantations, appliquez ici nos observations sur
ce chef de condamnation, N°ˢ 50 et 53.

57. Jusqu'ici nous avons supposé que la
plantation consistait en arbres, parceque c'est

uniquement de cette sorte de plantation que s'occupent la loi du 9 ventôse an XIII et le décret du 16 décembre 1811, qui seuls ont été indiqués dans la discussion devant la chambre des pairs comme renfermant toute la législation de la voirie sur les plantations.

Mais on peut très bien, au lieu d'arbres, planter une haie, et l'on doit se demander alors qu'elle sera la règle qui devra servir à déterminer la distance à observer entre cette espèce de plantation et le chemin.

S'il s'agissait d'examiner la question sous le rapport du droit résultant de la propriété, la solution se trouverait écrite dans l'article 671 du code civil, lequel veut que pour la distance à observer entre les arbres à basse tige ou les haies vives et le fonds voisin, le propriétaire planteur soit tenu d'observer les réglements et usages locaux sur ce point, sinon de laisser un intervalle d'un demi-mètre.

Mais la difficulté que nous venons de soulever consiste à préciser quelle distance est requise quand le fonds voisin de la plantation est un chemin public; car alors il ne s'agit plus d'une restriction à l'étendue de son droit de propriété imposée au propriétaire planteur, mais d'une restriction ou d'une espèce de servitude à laquelle il se trouve soumis par suite du droit de police et de voirie, en raison de la destination de la route dont il est riverain.

58. Or, il n'existe dans les lois et réglements sur la police de la voirie aucune disposition faite dans la prévision de ce cas, seulement on trouve dans l'ordonnance de 1669 sur les eaux et forêts, article 3, titre 28, la disposition ci-dessus rappelée N° 56, qui porte que les bois, épines et brousailles qui se trouvent dans l'espace de 60 pieds (20 mètres), de chaque côé des grands chemins, seront essartés et coupés, et l'exécution de cette m·sure a été de nouveau prescrite par l'article 1ᵉʳ d'un arrêt du conseil du 3 mai 1720.

En déduisant de cet arrêt, logiquement et rigoureusement, la conséquence qu'on est en droit d'en tirer, il en résulterait que puisqu'on ordonne l'essartement de chaque côté de la route, jusqu'à la distance de 20 mètres du bord, de toutes broussailles, les haies qui, dans le fait, ne forment que des broussailles, devraient être frappées de l'essartement et dès lors de la prohibition implicite mais forcée de la plantation.

Toutefois nous croyons qu'aujourd'hui cette conclusion ne serait pas admissible : d'une part, nous venons de voir N° 56, que le ministre des travaux publics avait déclaré positivement dans le cours de la discussion de la loi devant la chambre des pairs, que les lois de la voirie en ce qui concernait l'essartement, ne seraient pas applicables aux chemins de fer (*Moni-*

teur du 2 avril 1844, pages 811, 3ᵉ colonne).

En second lieu, l'essartement n'ayant pas été compris au nombre des servitudes de la grande voirie dont les règles sont déclarées, par l'article 3 applicables aux chemins de fer, il s'ensuit qu'on ne peut puiser dans l'obligation d'essartement qui n'existe pas en leur faveur sur les fonds riverains, le principe de décision de la question.

Il devient dès lors indispensable de recourir à l'argumentation par analogie, et la loi du 9 ventôse an XIII est la seule qui renferme, dans son article 5 relatif à la distance exigée pour la plantation des arbres, une disposition qui par induction puisse servir de règle ici.

59. En la prenant comme telle, nous sommes autorisé à considérer que le législateur qui permet les plantations à 6 mètres de la route en telle quantité, de telle hauteur et suivant telle disposition que le propriétaire jugera convenable, l'autorise virtuellement à les former s'il le veut, en rideau, en haie continue, etc.

Il est vrai que le code, par son article 671, distingue les arbres à haute tige des autres auxquels il assimile les haies, et qu'il réduit en faveur de ceux-ci, à moitié de son étendue la distance exigée pour les premiers, d'où l'on pourrait être tenté de prétendre appliquer par analogie cette distinction à l'espèce qui nous occupe.

Mais ce système est improposable en présence de la loi de ventôse, dont les termes sont d'une généralité tellement absolue, qu'ils excluent toute exception et ne permettent pas de réduire en faveur des arbres d'une espèce l'éloignement de la route qu'elle impose à tous indistinctement, et qui dès lors frappe les uns comme les autres.

De cette discussion il résulte que, d'après l'état actuel du droit de voirie, en ce qui concerne les plantations, nul ne peut planter une haie vive à moins de 6 mètres de distance de la route, et que celui qui veut le faire dans une zone plus rapprochée, doit préalablement demander un alignement : en un mot, que l'article 5 de la loi du 9 ventôse an XIII doit être étendu à la plantation des haies.

60. Mais ces règles, faites pour les routes ordinaires, devront-elles être appliquées aux chemins de fer? Oui, toutefois cependant avec des exceptions et des modifications que nous allons indiquer.

D'abord, nous ne croyons pas que l'on puisse avec avantage argumenter des termes du premier paragraphe de l'art. 5 de la loi nouvelle, pour prétendre que, puisqu'il permet d'établir un mur de clôture à la distance de moins de 2 mètres du franc bord du chemin de fer, la faculté de planter une clôture en arbres ou en haies à cette distance, se trouve par là implicitement accordée aux riverains.

En effet, il faut remarquer que cette latitude réservée au riverain du chemin, d'user de son droit de propriété dans le sens de la définition qu'en donne l'article 552 du code civil, est limitée exclusivement à la faculté de construire un simple mur de clôture, et qu'il ressort de la circonscription de cette latitude dans ce cercle étroit, la prohibition de tous autres travaux et œuvres quelconques, soit de construction, soit de plantation. Raisonner autrement ce serait substituer à l'acception de ces termes, *mur de clôture*, une interprétation extensive; ce serait méconnaître la volonté du législateur manifestée par les expressions dont il s'est servi, et détruire la restriction qu'il a entendu imposer. *Vidè* en ce sens, N° 87 *infrà*. Après avoir décidé que l'on comprendrait sous cette dénomination une clôture en haie, il n'y aurait pas de raison pour se refuser à étendre dans l'application la faculté à une clôture en fossés, en arbres, etc., et par conséquent à violer la loi dans sa disposition qui règle le mode de clôture permis.

D'ailleurs, indépendamment de ce raisonnement qui, au besoin, justifierait la légalité de notre opinion, nous trouvons une preuve de sa conformité à l'intention des auteurs de la loi, dans la discussion qu'elle a subie devant

la chambre des députés en janvier et février 1845. Il en résulte qu'il est entré dans
leur intention que les riverains, s'ils veulent
planter, ne puissent placer leurs plantations
qu'à la distance qui sera réglée suivant l'essence
des arbres et la situation du chemin. (Explication donnée par le ministre des travaux publics
dans le discours de présentation du projet de
loi amendé à la chambre des pairs le 13 février
1845, *Moniteur* du 15, page 334).

Une autre exception aux règles générales de
la voirie, en ce qui concerne leur application
aux chemins de fer, exception qu'il est également entré dans les volontés de la chambre
des députés d'introduire à cette législation par
la loi nouvelle, est relative à l'obligation de
planter que le droit actuel de la voirie des routes fait peser, ainsi que nous l'avons vu *suprà*
N° 56, 2°, à titre de servitude légale sur les fonds
riverains. Car il a été déclaré et entendu dans
la discussion devant la chambre, que les propriétés limitrophes des chemins de fer n'y seront pas assujetties, que dès lors si une plantation est reconnue nécessaire, ce sera aux frais
de l'état ou du concessionnaire mis à sa place
qu'elle devra avoir lieu et après acquisition du
terrain contigu à la voie sur lequel elle sera
effectuée. (Voir le discours de présentation
ci-dessus énoncé du 13 février 1845, *Moniteur*
du 15, page 334).

Enfin, il a été reconnu que sous l'empire de la nouvelle loi, l'administration aurait le droit de requérir l'élagage des branches des arbres dont elle aurait permis la plantation ou qui existeraient sur les rives des chemins de fer, lorsque ces branches s'étendraient d'une manière nuisible à la sûreté ou même à la facilité de la circulation. (Même discours du ministre des travaux publics.) Voir N° 56.

Concluons donc, en ce qui concerne l'assujettissement des terrains riverains du chemin de fer à la servitude de voirie sur les plantations :

1° Que contrairement aux dispositions qui viennent d'être rappelées du décret de 1811, les propriétaires riverains ne sont pas tenus de planter des arbres sur leur terrain le long de ce chemin, quand même ils en seraient requis par l'administration, ni à souffrir que celle-ci fasse exécuter ces plantations à leurs frais sur leur terrain, comme cela se pratique pour les routes ordinaires, N° 56, 2°.

2° Que ceux qui veulent faire des plantations quelconques spontanément sur leurs héritages joignant la voie, doivent, conformément à l'article 5 de la loi du 9 ventôse an XIII, laisser une distance de 6 mètres au moins, entre ces plantations et la limite du chemin de fer, déterminée selon les règles établies *infrà* N° 86.

3° Que, quand ils veulent planter à une distance plus rapprochée, ils doivent demander un alignement.

4° Que les plantations enfin, seront toujours subordonnées à l'application de l'article 10 ci-après, soit pour le tronc, soit pour les branches, c'est à dire, à l'abattage du corps même ou seulement à l'élagage des branches, selon l'exigence des circonstances.

61. Aucune des lois précitées ne détermine la peine qui devra être infligée aux contrevenants qui auront fait des plantations dans le rayon de 6 mètres du bord de la route, quoique sur leur terrain, sans avoir demandé, comme les y oblige en ce cas l'article 5 précité de la loi du 9 ventôse an XIII, un alignement de la préfecture du département.

Sans doute ils doivent être condamnés à détruire la plantation, mais ce n'est là qu'une réparation civile du dommage, réparation analogue à peu près à celle qu'on impose à l'individu qui construit au-delà des limites de l'alignement, en le contraignant à démolir. Voir N° 50.

Mais la contravention à la prohibition de la loi relativement aux routes ordinaires restera impunie si l'on n'admet pas, ce que nous croyons rationnel, que, comme il y a en pareil cas contravention à la règle de l'alignement, c'est l'amende prononcée par l'arrêt du conseil du 27 février 1765, général en cette matière, qui doit être appliquée. Quant aux chemins de fer, l'amende encourue devra être cell de 16 à 300 francs prononcée par l'article 11 de la loi nouvelle par les motifs développés *suprà* N° 49.

Pour ce qui est de l'autorité juridictionnelle compétente, nous nous en référons à ce que nous avons dit ci-dessus N° 51, relativement à la répression des contraventions à la loi de l'alignement, et nous faisons remarquer en outre sous ce rapport, que la circonstance que le fait incriminé ne constitue qu'une contravention au code pénal, ne fait pas obstacle, quand il réunit en même temps les caractères d'une contravention de grande voirie, à ce que le conseil de préfecture soit compétent pour connaître de l'action en répression et pour faire l'application de l'amende établie par ce code seul; ordonnance en conseil d'état, 14 janvier 1839, S. D. 39-2-219, le tout, sauf l'application des règles établies ci-après N°ˢ 62 et 63.

62. Quant aux malveillants, ou aux tiers en général qui pourraient endommager les plantations faites sur la route ou sur les terrains riverains, mais pour la route et dans son intérêt en exécution des articles 88 et suivants du décret de 1811 sus rappelé, le fait pourrait sans doute constituer le délit prévu et réprimé par les articles 445 et 446 du code pénal; mais, envisagé au point de vue du préjudice qui en résulterait à l'égard de la route

elle-même, il caractérise pour les routes aux termes des articles 106 et 108 du même décret et relativement aux chemins de fer, d'après le présent article 3 de la loi nouvelle, une contravention de grande voirie. C'est sous ce rapport seulement que nous avons à nous occuper de la pénalité qui lui est réservée.

Nous faisons à dessein remarquer que les dispositions du code pénal, comprenant dans leurs prévisions, l'abattage, la mutilation, l'écorçage des arbres en général appartenant à autrui, et par conséquent ceux des arbres plantés sur le bord des routes, soit qu'ils appartiennent au sol de la route, soit qu'ils soient crus sur le terrain riverain, n'ont pas pour cela abrogé les peines pécuniaires prononcées pour les mêmes causes par les réglements antérieurs sur la voirie.

La raison s'en trouve, d'abord dans l'article 484 du même code, qui réserve vie et force obligatoire aux lois sur les matières qui n'ont pas été réglées par ce code et qui sont régies par des lois et réglements particuliers.

Or, la législation sur la voirie étant de ce nombre, a pu et dû continuer à subsister dans toute sa vigueur depuis la promulgation du code, simultanément avec celui-ci.

Nous trouvons la preuve de la légalité de cette conséquence dans l'article 107 du décret de décembre 1811, lequel déclare d'une manière expresse que les dommages causés aux plantations des grandes routes entraînent, à titre de peine, une amende. Ensuite, comme le code pénal dans les articles précités 445 et 446 ne prononce que des peines corporelles, il y a preuve, par une conséquence forcée, que le législateur a consacré par cette disposition le principe que les amendes de voirie, pour raison de ces mêmes faits, devaient encore être prononcées indépendamment des peines corporelles nouvellement créées par le code.

En effet, le délit porte préjudice à la route et au propriétaire de l'arbre ; considéré sous le premier rapport, il constitue une contravention de grande voirie, sous le second, il caractérise une atteinte à la propriété, il n'est donc pas étonnant qu'à chacune de ces infractions les lois citées réservent une répression particulière.

63. Ce point établi, il ne s'agirait plus que de rechercher quelles sont les amendes prononcées par les réglements sur la voirie contre ceux qui détruisent ou endommagent les plantations existantes sur le sol ou sur les bords des grandes routes, et nous le ferions volontiers, si la mission que nous remplissons ne nous imposait le devoir de resserrer le cercle de notre investigation, et de la limiter au droit consacré à cet égard par la loi nouvelle relativement aux chemins de fer en particulier.

Or, il est certain que les plantations faites près des chemins de fer sont protégées par les dispositions du présent article 3, que toute contravention à ces dispositions est atteinte par les prévisions de l'article 11, donc c'est la pénalité de cet article qui doit être appliquée pour l'amende, et conformément à la réserve du même article, celle du code pénal pour la condamnation à la peine corporelle que peut entraîner le délit que le fait caractérise d'après les circonstances. *Vidè* N° 119.

§ 5. *De l'exploitation des mines, minières, tourbières, carrières et sablières.*

Nombre 1er. — DES MINES.

64. Dans le cours de la discussion de la loi devant la chambre des pairs, il a été déclaré par M. Dumon, ministre des travaux publics, à la séance du 1er avril 1844, *Moniteur* du 2, page 811, 3e colonne, que la législation spéciale de la voirie dans ses rapports avec les mines était renfermée en un arrêt de 1772 et en une loi récente de 1810.

De son côté, M. le marquis de Barthélemy, auteur de l'amendement qui a introduit en la loi le paragraphe que nous commentons, expliqua à la séance du lendemain 2 avril, *Moniteur* du 3, page 825, 2e colonne, qu'il entrait dans son intention, en y comprenant les mines , etc. , de rendre à cet égard applicables aux chemins de fer les arrêts du conseil des 14 mars 1741 , 5 avril 1772, la loi du 21 avril 1810 et les réglements spéciaux concernant l'exploitation des carrières et sablières, mines, minières , tourbières. Nous ajouterons que les réglements dont parle M. de Barthélemy sans en citer le nombre , ni la date , consistent : 1° en un décret du 22 mars 1813, particulier aux carrières de pierre à plâtre dans les départements de la Seine et de Seine - et - Oise. Et 2° en une ordonnance du 21 novembre 1821 relative aux mines de houilles du département de la Loire. Enfin, nous dirons que dans la discussion à la chambre des députés , séance du 1er février 1845, *Moniteur* du 2 , page 226, il fut déclaré par M. le rapporteur conjointement avec M. Legrand , que l'exploitation des terrains à tourbe était comprise dans l'article 3 , et que la distance à laquelle il était interdit ou bien permis de les exploiter était déterminée par l'ordonnance de 1669.

65. Voici en résumé le droit que ces divers documents législatifs ont consacré en ce qui touche les rapports de l'exploitation de ces divers objets avec la voirie.

Quant aux mines, il est défendu , par l'article 11 de la loi du 21 avril 1810 , de faire des sondes et d'ouvrir des puits ou galeries, d'établir des machines ou magasins dans les ter-

rains attenant aux habitations et clôtures mu-
rées dans la distance de 100 mètres desdites
clôtures et habitations.

Or, tout chemin de fer devant être clos aux
termes de l'article 4 ci-après , il se trouve protégé par cette disposition , et dès lors nous devons en conclure qu'on peut invoquer en sa
faveur la prohibition de distance qu'elle établit,
et cela encore bien que l'on trouve dans le
texte de la loi de 1810 l'expression *murée* et
qu'on puisse en induire une restriction aux
seules clôtures formées de murs , parcequ'il
est évident que cette expression est employée
là dans un sens démonstratif et non limitatif.
Concluons donc, qu'en appliquant les regles de
la loi de 1810 à l'hypothèse dont nous nous
occupons, on doit tenir pour certain qu'elles
prohibent les travaux énumérés en l'article 11
de ladite loi précité dans une zone de 100 mètres sur les terrains extérieurs attenant à la
clôture du chemin de fer, de quelques éléments
qu'elle soit formée.

Nec obstat que l'article 6 ci-après n'interdit
les excavations que dans une zone moins étendue, car de sa combinaison avec l'article 3 il
résulte que ces excavations sont autres que
celles qui constituent l'exploitation des mines
prévue spécialement par l'article 3. *Vide
infrà* N° 96.

Il est essentiel toutefois de faire remarquer

que cet article et la conséquence que nous en tirons, ne sont applicables qu'à l'emplacement de l'ouverture de la mine et aux travaux de construction extérieurs que son exploitation peut nécessiter. La question de savoir si l'exploitation souterraine peut s'étendre au dessous d'une voie de fer déjà établie, ou si l'on est en droit de la construire et de faire passer cette voie sur le terrain compris dans le périmètre de la concession de la mine, ne peut donc recevoir sa solution du principe consacré par l'article 11 précité de la loi de 1810.

66. Sur ce point en particulier, nous dirons qu'il résulte de l'article 15 de la même loi, que le gouvernement peut comprendre dans le périmètre de sa concession des terrains déjà couverts à leur surface de maisons, de lieux d'habitation, et à plus forte raison d'autres espèces de constructions, et que d'un autre côté, la circonstance de concession ne frappe pas la surface de la servitude de *non œdificandi*, car cet article prévoit le cas où des travaux seront à faire sous des maisons, etc, sans distinction de l'époque de la construction desdites maisons. Cette dernière conséquence est au surplus tacitement reconnue par l'arrêt ci-après rapporté de la cour de cassation du 3 mars 1841.

Ainsi, on peut concéder une mine sous un chemin de fer déjà existant, *et vice versâ*, on peut faire passer un chemin de fer sur le sol dans les entrailles duquel est déjà établie une exploitation de mine.

On doit seulement dans l'un et l'autre cas prendre les précautions nécessaires pour prévenir tout accident, et à plus forte raison est-il indispensable de réparer tous dommages.

Mais à la charge de qui seront exécutés les travaux préservatifs ou réparateurs?

Dans une affaire portée devant la cour de cassation, chambres réunies, à son audience du 3 mars 1841, M. le procureur général Dupin a soutenu, avec cette puissance de logique et cette profonde instruction qui le place au premier rang des jurisconsultes de l'époque, que la concession d'une mine ne privait le propriétaire de la surface que d'un seul des attributs de son droit de propriété déterminés par l'article 552 du code civil, celui de pouvoir faire au-dessous de la surface et dans l'intérieur du sol toute espèce de fouilles et de constructions que bon lui semblerait, et à telle profondeur qu'il jugerait convenable ; de cette doctrine il a conclu que le concessionnaire de la mine était tenu de supporter toutes les conséquences de l'usage que pourrait faire le propriétaire de la surface du droit que la loi lui accordait à ce titre. Qu'ainsi on devait le considérer comme s'étant soumis relativement à la superficie à la servitude *onus ferendi*, puisqu'elle résultait d'un des droits inhérents à cette superficie, droit que la cession de la mine n'en avait pas détaché.

Mais, par arrêt du même jour, rapporté au recueil de S. D. 41-1-259, la cour de cassation a repoussé ce système, en décidant que des dommages-intérêts étaient dus au concessionnaire d'une mine, quand l'établissement d'un chemin de fer formé sur la surface du sol dans l'intérieur duquel il exploitait cette mine, lui causait un préjudice quelconque.

67. Quant à nous, s'il nous était permis de garder la neutralité, nous nous contenterions de dire, *per me non licet*, etc., et nous nous abstiendrions d'émettre notre opinion personnelle sur la difficulté ; mais on nous reprocherait avec raison d'avoir, en adoptant le parti commode et peu compromettant de l'abstension, failli au devoir que nous nous sommes imposé d'éclairer les parties intéressées de nos réflexions sur toute controverse que peut faire naître la loi.

Nous pensons donc, et en cela nous avons le suffrage implicite de la cour de cassation exprimé tacitement par son arrêt précité, que l'obligation, soit de faire des travaux préservatifs ou réparateurs, soit d'indemniser du dommage causé ou par accident ou par l'exécution des mesures prohibitives arrêtées préventivement par l'autorité administrative, doit être mise à la charge de celui des deux propriétaires de la surface ou du fonds dont les ouvrages postérieurs aux droits conférés antérieurement par la concession du chemin ou de la mine et dès lors acquis au concessionnaire, auront nécessité cet ouvrage ou provoqué l'interdiction, ou occasionné le préjudice.

La peine prononcée pour raison d'ouverture des travaux d'exploration ou d'exploitation des mines à distance prohibée par l'article 11 précité de la loi du 21 avril 1810, est, aux termes de l'article 96 de la même loi, de 100 francs au moins et de 500 francs au plus, elle est double en cas de récidive. Mais sera-ce cette peine qui devra être prononcée pour raison de la contravention dont il s'agit, commise relativement à un chemin de fer ? — Nous ne le pensons pas. La loi actuelle est une loi spéciale, elle déroge à ce titre aux dispositions des lois générales et antérieures sur les matières dont elle s'occupe. Nous estimons donc que par les motifs développés sur le commentaire de l'article 11, *infrà* N° 119, c'est la pénalité de cet article qui devra être appliquée, le cas échéant, à la contravention dont nous nous occupons.

Cette opinion puise, à notre avis, un argument décisif dans la considération que les excavations de quelques espèces qu'elles soient et quel qu'en soit l'objet, car la loi ne distingue ni ne restreint, faites dans une certaine zone mesurée à partir du pied du talus d'un chemin de fer, c'est à dire quand on laisse une distance égale à la hauteur verticale des remblais, sont permises. Or, jamais cette distance n'égalera celle qu'exige la disposition précitée de la loi de 1810. Cependant l'inobservation de l'éloignement du chemin, exigé par l'article 6, n'est passible que de la peine établie par l'article 11, d'où il faut conclure qu'il n'a pu entrer dans la pensée du législateur de maintenir une répression plus sévère pour excavations faites à de plus grandes distances du chemin de fer, et dès lors d'une nocuité moins dangereuse, moins imminente et surtout moins prochaine pour ce chemin.

68. Quoiqu'il soit dit en l'article 95 de la même loi de 1810, que les contrevenants seront à requête du ministère public traduits, en répression des infractions par eux commises aux prohibitions de la loi, devant les tribunaux de police correctionnelle, nous croyons devoir proposer ici comme autorité juridictionnelle compétente le conseil de préfecture, toutes les fois que le délit aura sa cause dans la nécessité de ne pas porter atteinte à la voie publique; toutes les fois, en un mot, que l'inobservation de la distance légale des travaux au chemin de fer sera l'élément caractéristique du délit.

Nous fondons notre opinion, non seulement sur la loi du 28 pluviôse an VIII, qui attribue aux conseils de préfecture le jugement de toutes les difficultés qui s'élèvent en matière de grande voirie , mais encore sur celle du 29 floréal an x, qui, article 1ᵉʳ, dispose que les contraventions de grande voirie seront constatées, poursuivies et réprimées par voie administrative ; et enfin sur l'article 114 du décret du 16 décembre 1811, qui désigne pour juge de ces sortes d'infractions le conseil de préfecture.

Ajoutons que la loi nouvelle, loin de déroger pour les chemins de fer à cette règle d'attribution , la confirmerait au contraire au besoin en ses articles 11 et 13, qui en ont fait une disposition formelle et impérative , ainsi que nous le verrons en nous expliquant sur ces articles, Nᵒ 119 et 123.

Quand donc , d'après les indications que nous venons de donner , le fait, par ses éléments et ses conséquences prévisionnelles, présentera une contravention de grande voirie, la répression en appartiendra au conseil de préfecture.

69. Or, il aura ce caractère toutes les fois que le préjudice causé, ou que le dommage à craindre devra produire l'eff t nuisible, prévu, actuel ou futur sur la voie de fer : toutes les fois, en un mot, que la conservation de celle-ci sera menacée dans un temps plus ou moins éloigné par l'exploitation trop rapprochée de la mine.

Ainsi, la question de compétence entre le

conseil de préfecture et le tribunal correctionnel dépendra de la constatation et de la preuve
de l'influence prévue et prohibée de cette exploitation par rapport, soit au chemin de fer,
soit à toute autre espèce de propriété.

En ce qui touche les peines établis par la loi
de 1810, nous ajouterons aux observations ci-
dessus faites N° 67, concernant la quotité de
l'amende, que le conseil de préfecture n'a dans
aucun cas le pouvoir de prononcer sur la liberté
des justiciables placée sous la sauvegarde des
tribunaux : qu'ainsi, il doit renvoyer aux magistrats de l ordr judiciaire l'application des
peines c rporelles; article 114 du décret du 16
décembre 1811.

Enfin, il ne faut pas perdre de vue que si les
travaux d'exploration ou d'exploitation des
mines présentaient une des entreprises expressément prévues par les articles 5, 6. 7 et 8 de
la loi nouvelle, alors à ce titre ils constitueraient, comme nous venons de le dire N° 68 ,
des contraventions passibles de la pénalité de
l'article 11 de la loi actuelle.

Nous disons, à ce titre, pour marquer la différence qui divise, relativement aux chemins de
fer, les contraventions aux l is de la voirie
énumérées en l'article 3, de celles qui résulter ient d'infractions aux autres dispositions
spéciales et prohibitives de la loi nouvelle,
et non pour apporter la plus légère modifi-

cation à l'opinion émise N°ˢ 68 et 119, que les contraventions à l'article 3 ne devaient être réprimées que comme toutes les autres infractions au titre 1ᵉʳ, c'est à dire par les seules pénalités de l'article 11.

Nombre 2. — DES MINIÈRES.

70. En ce qui touche les minières, deux circonstances peuvent se présenter : ou l'exploitation peut avoir lieu et se fait réellement à ciel ouvert, ou elle ne peut s'effectuer qu'au moyen de l'établissement de puits, galeries et travaux d'art : cette distinction est consacrée par les articles 68 et 69 de la loi de 1810.

Dans ce second cas, le régime des mines est applicable aux minières, l'article 68 de la loi du 21 avril 1810 le déclare expressément; il faut donc, cette hypothèse venant à se produire, se reporter à ce que nous venons de dire relativement aux mines, N°ˢ 64, 65 et suivants.

Mais, tout le temps que les exploitants ne sont pas obligés de pousser, (pour employer les termes de l'article précité), des travaux réguliers par des galeries souterrains, alors ils ne sont pas soumis aux prohibitions établies relativement à la recherche et à l'exploitation des mines.

On ne pourrait donc leur opposer l'article 11 de la même loi, pour les obliger à éloigner leurs travaux de sonde, l'ouverture de leurs exploitations, l'emplacement de leurs machines ou

magasins, de 100 mètres au moins de la clôture du chemin de fer.

M*ais, de ce que cette prohibition, créée exclusivement pour les mines, n'est pas opposable à celles des minières qui sont exploitables à ciel ouvert, et de ce que la loi actuelle a, comme la loi de 1810 précitée, omis de fixer la distance que doit observer tout exploitant entre le lieu d'extraction et la voie publique voisine, doit-on conclure que dans son intention ce silence a eu pour cause le motif d'abandonner la détermination de cette distance au libre arbitre des exploitants, et par une conséquence nécessaire de consacrer, relativement aux chemins de fer, le droit pour ces exploitants de s'approcher de la clôture jusqu'à la limite de la zone déterminée par l'article 6 ci-après.

71. Nous ne le pensons pas; la raison en est, qu'une telle conséquence produirait un effet contradictoire à celui que s'est proposé nécessairement le législateur en déclarant applicable à la voirie des chemins de fer, les prohibitions qui pour les carrières régissent celle des grandes routes. *Vidè*, comme raison d'analogie, la déclaration de M. Legrand et celle du rapporteur. *Infrà* N° 72.

Le silence gardé à cet égard dans la loi de 1810 s'explique par la similitude de l'exploitation des minières à ciel ouvert avec celle des carrières, et par l'induction qu'elle appelle, de rendre les règles des unes communes aux autres.

On doit donc admettre comme principe en cette matière : 1° que l'on ne pourra ouvrir l'exploitation d'une minière à une distance plus rapprochée du mur de clôture du chemin de fer, qu'on ne pourrait le faire pour celle d'une carrière, distance qui va être déterminée *infrà*, nombre 4, N°ˢ 73 et suivants.

2° Que la contravention commise par l'ouverture d'une minière à la distance du chemin qui est prohibée pour celle d'une carrière, serait passible des mêmes peines que l'infraction qui résulterait de l'ouverture d'une carrière à distance également prohibée du chemin de fer ; c'est à dire, des amende et suppression prononcées par l'article 11 pour contravention, soit à l'article 3, soit à l'article 6, ainsi que cela est expliqué *infrà* N° 74.

Nombre 3. — Tourbières.

72. Pour ce qui concerne les tourbières, quoique l'article 83 de la loi du 21 avril 1810 donne au propriétaire un pouvoir absolu tant sur le produit que sur le droit d'exploiter, nous les croyons néanmoins soumises à l'observation des mêmes restrictions que les minières exploitées à ciel ouvert, en ce qui touche la distance à laisser entre le lieu où les travaux doivent s'exécuter et la clôture du chemin; elles

seront donc régies par les principes posés ci-dessus, N° 71 et *infrà* N° 73.

Voilà pourquoi nous avons rappelé N° 64, la déclaration du rapporteur de la commission et de M. Legrand, sous-secrétaire d'Etat au ministère des travaux publics, devant la chambre des députés, portant que les tourbières ne pourraient être établies près des chemins de fer à la simple distance requise par l'article 6 de la loi nouvelle, et que l'on devrait observer sur ce point l'ordonnance de 1669.

Or, aux termes de l'article 12 du titre 27 de ladite ordonnance; il est défendu d'enlever dans l'étendue et aux rives des forêts royales, des sables, terres, marnes ou argiles à 100 perches de distance, ce qui, à raison de 22 pieds ancienne mesure par perche, forme une zone d'environ 700 mètres; mais cette distance a été réduite pour les carrières et sablières, par des arrêts de réglements postérieurs énoncés *infrà* N° 73, et elle n'est plus aujourd'hui que de 10 mètres : dès lors, par les motifs ci-dessus développés, nous pensons que cette disposition devra être appliquée actuellement aux tourbières.

Nombre 4. — CARRIÈRES ET SABLIÈRES.

73. Nous arrivons aux carrières et aux sablières. Les règles qui les gouvernent dans leurs rapports avec la grande voirie sont établies par un arrêt du conseil du 23 décembre 1690, cité *suprà* N° 72 ; par d'autres arrêts de la même

autorité des 14 mars 1741, 5 avril 1772, et par la loi du 21 avril 1810.

Voici en ce qui touche les carrières et au point de vue dont nous nous occupons ici, quelles sont les prescriptions qui résultent de leurs dispositions diverses.

1° Aux termes de l'arrêt du Conseil du 14 mars 1741, les carrières de pierres de taille, moellons, glaises, marnes et autres matériaux ne peuvent être ouvertes qu'à 30 toises (60 mètres) de distance du pied des arbres plantés le long des grands chemins, et à 32 toises (64 mètres) du bord des chemins non plantés d'arbres, à moins qu'on n'ait obtenu une permission expresse pour en ouvrir à une moindre distance. Cet arrêt veut que, au surplus, les rameaux ou rues des carrières ne puissent point être poussés du côté des chemins ; le tout, d'après le même arrêt, sous peine contre les contrevenants d'une amende de 300 livres et de confiscation des matériaux, outils et équipages.

2° D'après l'arrêt de réglement du 5 avril 1772, la distance entre le pied des arbres plantés le long des grandes routes et l'emplacement de l'ouverture des carrières, est réduite à 30 pieds (10 mètres); mais les entrepreneurs d'une carrière ne peuvent pousser aucune fouille ou galerie souterraine du côté de la route qu'il n'y ait 30 toises (60 mètres) de distance, soit de la plantation, soit du bord extérieur de la route, conformément à ce qui est prescrit par l'arrêt du Conseil du 14 mars 1711 et par l'ordonnance du bureau des finances du 29 mars 1754 concernant la police générale des chemins, le tout à peine de 500 fr. d'amende.

Nota. Cet arrêt n'a pas été abrogé par la loi du 21 avril 1810 : Ordonn. en conseil d'état du 27 octobre 1837, S. D. 38-2-139.

3° Enfin l'article 82 de ladite loi du 21 avril 1810 porte que, quand l'exploitation des carrières aura lieu par galeries souterraines elle sera soumise à la surveillance de l'administration qui, comme en matière de mines, aura, d'après l'article 50 de la même loi, le droit, en cas où l'exploitation compromettrait la sûreté publique, de pourvoir par le ministère du préfet à tout ce que les circonstances réclameront pour écarter, faire cesser, ou prévenir tout danger : cette hypothèse venant à se produire, le droit de voirie, en ce qui touche la carrière, serait régi par les dispositions que nous avons rappelées relativement aux mines, et il faudrait s'y reporter. *Vidè suprà* N°° 64 et suivants.

74. Ainsi, dans l'état actuel de la législation de la voirie pour ce qui concerne les carrières, on ne pourrait en ouvrir aucune à une distance inférieure à dix mètres du pied des arbres plantés le long d'un chemin de fer, ou à défaut

d'arbres à partir de la clôture ou du franc-bord de ce chemin, déterminé conformément aux distinctions posées dans le commentaire de l'article 5 de la présente loi *infrà* N° 86.

S'il s'agissait d'une carrière ouverte, on ne pourrait diriger aucune galerie ou fouille souterraine du côté du chemin qu'il n'y ait un espace de 5o mètres entre ces galeries et les arbres ou limites de la voie de fer, à moins que l'exploitation ne rentrât dans l'éventualité prévue ci-dessus N° 73, 3°, auquel cas elle serait régie par les observations que nous avons présentées *suprà* N°s 66, 67 et s.

Quant aux peines prononcées par ces anciens réglements, et que nous venons de rappeler, elles subiraient des modifications.

D'abord, la confiscation étant abolie par l'article 57 de la charte, il n'y aurait plus lieu à s'en occuper ; ensuite, par les motifs expliqués N° 119 et suivants, l'amende ne pourra plus être autre en matière de chemin de fer, que celle de 16 à 3oo francs, réglée par l'article 11 ci-après, indépendamment de la suppression qu'il autorise à ordonner.

§ 6. *Extraction des matériaux nécessaires aux travaux publics.*

75. La législation qui établit en faveur de la construction et de la réparation des routes, cette espèce de servitude dont nous allons ex-

pliquer les effets qui sont plus étendus que ceux de la simple occupation, définis *suprà* Nᵒˢ 54 et 55, se compose d'abord, de deux arrêts du conseil des 7 septembre 1755 et 20 mars 1780, rapportés au Traité de la voirie 14ᵒ du Nᵒ 5. — Ensuite du code rural du 28 septembre 1791, titre Iᵉʳ, section 6, article Iᵉʳ. — Enfin de la loi du 16 septembre 1807, article 55.

Et il en résulte :

1ᵒ Que les entrepreneurs de travaux de route, soit qu'il s'agisse de construction ou simplement d'entretien, ont le droit de prendre des grès, pierres, sables, terres et autres matériaux nécessaires à ces travaux dans tous les lieux qui leur auront été indiqués par les devis et adjudications.

Ainsi, il faut que les lieux à fouiller pour extraction de matériaux propres à la destination dont il s'agit, soient désignés par l'administration ; voir notre traité de l'expropriation pour utilité publique, pages 54 et 394, note 10.

En second lieu, on ne peut fouiller les lieux clos de murs, et l'on doit considérer comme tels, les cours, jardins, vergers et autres terres de même nature closes.

En troisième lieu, les propriétaires des terrains à fouiller doivent être préalablement avertis, afin qu'ils puissent présenter leurs réclamations à l'administration.

Enfin, les entrepreneurs doivent justifier de

la destination des matériaux qu'ils veulent extraire.

2° Que les propriétaires ne peuvent s'opposer à la fouille, à l'extraction et à l'enlèvement de l'intérieur de leurs terrains des matériaux nécessaires à la construction et à la réparation des routes, à peine d'une amende qui, fixée à 5oo fr. par l'arrêt du conseil du 7 septembre 1755, devra subir pour les routes ordinaires la modification réglée par la loi du 23 mars 1842, rapportée au Traité de la voirie 13° du N° 7, et qui, pour les chemins de fer, devra être déterminée par l'article 11 de la loi nouvelle conformément aux explications et motifs que nous donnons de cette solution, *infrà* N° 119 et suiv.

3° Quant au mode d'indemniser les propriétaires des terrains où s'exécutent les extractions ; il faut d'abord remarquer que, si l'occupation se prolonge de manière à priver le propriétaire de la jouissance de sa chose, il aura le droit d'exiger que l'administration acquière le terrain, conformément à la disposition du premier paragraphe de l'article 55 de la loi du 16 septembre 1807.

76. Mais de combien de temps faudra-t-il que l'occupation se soit prolongée pour qu'il puisse user de ce droit ?

La loi ne le dit pas ; nous avons discuté cette question dans notre Traité de l'expropriation pour utilité publique, page 395, et nous y avons emis l'opinion qu'il ne pouvait le faire avant au moins une année.

Ensuite, on doit, par rapport aux terrains fouillés, les diviser en deux classes.

Dans la première, nous placerons les carrières; aux termes de l'article 55 précité de la loi de 1807, si la carrière est déjà en exploitation au moment de l'occupation, l'indemnité se compose de la valeur des matériaux que l'on y prend.

Dans le cas contraire, on n'a nul égard à la nature de la carrière future dont le sol fouillé présente la perspective, et l'indemnité se compose uniquement, tant de la privation des produits que la jouissance eût donnés au propriétaire, que de la détérioration et de la dépréciation que son terrain à subies.

Enfin la fixation, en cas de cession de terrain, est faite par le jury si le propriétaire et l'administration sont en désaccord sur le prix. Voir le Traité précité d'expropriation, page 393, note 208.

Tandis que s'il ne s'agit que du réglement de l'indemnité due pour dommages causés par l'occupation temporaire, c'est au conseil de préfecture que renvoie l'article 57 de la loi du 16 septembre 1807. Cette distinction est aussi admise par le second paragraphe de l'article 10 de la loi nouvelle pour le cas qu'il prévoit.

77. En parlant de la peine à laquelle s'expo-

sent ceux qui refusent aux entrepreneurs de travaux publics l'exercice du droit d'extraire de leurs terrains les matériaux propres à la construction et à la réparation des routes, nous avons dit, N° 75, qu'elle consistait en une amende, parceque nous avons supposé qu'il y avait de la part de ces propriétaires, simple refus de souffrir un acte d'usage de la servitude légale dont sont grévés leurs héritages.

Mais, si la résistance ou l'opposition s'était produite par des voies de fait, cette circonstance ajouterait à la contravention de grande voirie, le délit prévu par l'article 438 du code pénal, et le conseil de préfecture devrait, après avoir prononcé la peine pécuniaire d'amende, renvoyer, conformément à la règle de l'article 114 du décret de 1811, et surtout du second paragraphe de l'article 11 de la loi nouvelle, au tribunal correctionnel pour l'application de la répression corporelle.

§ 7. *Question transitoire ou application des diverses dispositions de l'article 3 aux bâtiments, constructions, plantations, excavations, amas de matériaux existants près des chemins de fer établis au moment de la promulgation de la loi actuelle dans les zones prohibées, soit par les lois générales de la grande voirie, soit par les dispositions spéciales de la loi nouvelle.*

78. L'action des six servitudes légales que l'article établit en faveur des chemins sur les propriétés riveraines de la voie de fer et même

sur des terrains qui peuvent en être séparés par de grandes distances, est de nature à présenter quelques difficultés dans son application suivant que le chemin de fer qui doit en profiter, a une existence antérieure ou postérieure, soit à ces œuvres, soit à la loi nouvelle.

En effet, ne pourra-t-on pas opposer de la part de ceux dont les œuvres ont précédé, soit la création du chemin, soit la publication de la loi nouvelle, que les soumettre aux prohibitions de celle-ci ce serait donner à la mesure une interprétation rétroactive?

Nous pensons que si on voulait mettre en vigueur dès maintenant la loi à leur égard et provoquer la suppression de leurs ouvrages en vertu de l'article 11, 2ᵉ paragraphe, ils seraient fondés à se plaindre.

Dès lors nous ne croyons pas que l'intention des auteurs de la loi ait été qu'elle soit ainsi entendue et exécutée, et nous trouvons dans l'article 10 la preuve de la conformité de la doctrine des rédacteurs sur ce point avec l'opinion que nous professons ici.

On ne pourra donc les obliger à la suppression, qu'en usant contre eux du droit exorbitant conféré à l'administration par ce même art. 10 ci-après et qu'à la charge d'une indemnité.

Quant à ceux dont les ouvrages sont postérieurs à la création du chemin de fer, mais antérieurs à la loi nouvelle, comme elle est intro-

ductive du droit qui place les chemins de fer
sous la protection de la législation spéciale de
la grande voirie, ils nous paraissent devoir être
rangés dans la même position que les précédents et devoir jouir des mêmes droits. C'est
encore dans l'article 10 déjà cité en faveur des
premiers que l'on trouve un argument qui justifie notre opinion sur ce second point.

Néanmoins les uns et les autres ne pourront
à l'avenir, ni réparer, ni reconstruire, mais
seulement entretenir les travaux frappés de
prohibition. Cette solution repose sur un argument *à pari* tiré de l'article 5, qui le permet
pour les constructions placées dans une position identique. Voir N° 90.

Voilà pour les ouvrages en général qui sont
contraires aux six servitudes dont nous venons
de nous occuper dans les six paragraphes ci-
dessus; quant aux constructions en particulier,
la chambre des députés avait d'abord adopté,
en ce qui les concerne, une règle exceptionnelle
dans l'article 5, par laquelle elle permettait de
les entretenir, réparer et reconstruire ; mais
cette dérogation fut en définitive restreinte par
suite de nouvelles discussions dans les deux
chambres, à la simple faculté d'entretenir
ainsi qu'on le verra dans le commentaire de
l'article 5, *infrà* N° 90, auquel nous devons
renvoyer pour la solution des questions que
peut faire naître l'exercice de cette faculté.

ART. 4. Tout chemin de fer sera clos des deux côtés, et sur toute l'étendue de la voie.

L'administration déterminera, pour chaque ligne, le mode de cette clôture, et, pour ceux des chemins qui n'y ont pas été assujettis, l'époque à laquelle elle devra être effectuée.

Partout où les chemins de fer croiseront de niveau les routes de terre, des barrières seront établies et tenues fermées, conformément aux réglements.

§ 1er. Clôture des chemins de fer, titre auquel elle sera établie sur le sol qui la recevra. — § 2. Détermination du mode de la clôture pour chaque ligne. — § 3. Fixation de l'époque à laquelle devra être effectuée la clôture pour ceux des chemins qui n'y ont pas été assujettis. — § 4. Protection de la clôture des chemins de fer et obligation d'établir des barrières et de les fermer.

§ 1er. *Clôture des Chemins de fer ; titre auquel elle sera établie sur le sol qui la recevra.*

79. La loi rend la clôture obligatoire pour tout chemin de fer sans distinction, et par conséquent elle y soumet ceux qui existent actuellement aussi rigoureusement que ceux qui seront créés à l'avenir, sauf la différence expliquée *infrà* N° 82. Mais elle ne détermine pas d'abord, si le terrain sur lequel on l'établira devra né-

cessairement appartenir comme celui de la voie elle-même à l'Etat, ou si le propriétaire riverain sera tenu de la souffrir sur son fonds contigu à ladite voie à titre de servitude. Ensuite, l'article ne fait pas connaître non plus à la charge de qui sera la clôture, qui ordinairement aura lieu en murs, haies. poteaux avec lisses, barrières ou fossés. *Vidè* Nº 81.

Examinons séparément les difficultés nées de cette lacune dans la loi.

Premier point.—A qui devra appartenir le sol sur lequel sera établie la clôture?

Il suffit, pour indiquer la solution que recevra forcément la question, de faire remarquer que la clôture occupe le terrain sur lequel elle est assise d'une manière aussi absolue que le fait la voie elle-même pour le sol qui la reçoit, qu'elle prive le maître de ce terrain de tous les attributs de la propriété sans aucune exception ni réserve, qu'on ne peut concevoir sur une chose l'exercice d'un droit, autre que celui de propriété, qui puisse légitimer un pareil usage: qu'il ne serait pas possible non plus, de ne considérer que comme servitude à l'égard du possesseur du fonds, l'obligation de souffrir à perpétuité une charge dont les effets le dépouillent entièrement et irrévocablement de ce fonds.

Ainsi, il en doit être du terrain employé à la clôture, il en serait du terrain intermédiaire entre cette clôture et le chemin de fer, comme il en est de celui qu'occupent les talus de remblais et de déblais, les fossés élevés ou creusés pour l'établissement de ce chemin, les embarcadères, les débarcadères, les gares, les stations, etc. Il faut qu'il soit acheté à l'amiable du riverain, ou que celui-ci en soit exproprié pour cause d'utilité publique en vertu et par une conséquence du droit qui autorise à user de ce mode pour obtenir la cession volontaire ou forcée de l'emplacement du chemin lui-même, dont la clôture est un accessoire aussi indispensable que tous ceux qui viennent d'être énumérés. V. N° 80.

Il est inutile assurément de faire remarquer l'absence de toute espèce d'analogie entre le mur de clôture du chemin dont il s'agit ici et celui de la clôture de son terrain, que l'article 5 permet au riverain d'élever pour fermer sa propriété et dont nous nous occupons *infrà* N° 86.

Deuxième question.—Qui devra faire la dépense d'achat du terrain et de construction de la clôture?

Quand la construction et l'exploitation de la voie sont concentrées en une seule et même main, il ne peut y avoir de difficultés sur celui qui sera chargé de la clôture.

Mais lorsque, comme cela se présentera pour les chemins votés en 1842 et 1844, il y aura partage entre l'Etat pour la construction et les concessionnaires pour l'exploitation, il sera possible, en cas de silence sur l'accomplissement de cette formalité dans les clauses des cahiers de charges, que l'absence d'indication précise de celui qui doit faire la clôture laisse prise à la controverse.

Il suffit sans doute d'appeler l'attention du gouvernement sur cette éventualité, pour qu'il la prévienne à l'avenir par une stipulation prévisionnelle insérée dans la concession, soit en déclarant qu'il en reste chargé, soit en la mettant au compte des concessionnaires, soit en la partageant avec eux.

Mais, en cas d'omission de sa part sur l'indication du grévé de cette charge, la question reste entière, et dès lors nous devons faire connaître notre opinion sur la solution qu'elle pourrait être appelée à recevoir. *Vidè* N° 83.

80. Pour les chemins qui seront établis à dater de la promulgation de la loi, l'obligation qu'elle impose doit être remplie par le constructeur de la voie et non par l'exploitant, à moins que le concessionnaire ne cumule ces deux qualités.

La raison en est, que la clôture est le complément de la construction; car, d'une part, l'exploitation ne peut avoir lieu avant la clôture, et de l'autre, cette clôture ne peut entrer comme élément dans ce qui compose l'exploitation.

En effet, le constructeur d'un chemin de fer doit, pour remplir ses engagements, livrer la voie en état de pouvoir être immédiatement exploitée pour le service du public; or, elle n'est en cet état que lorsqu'elle est close.

Voilà pour l'avenir ; voici pour le passé.

Quant aux chemins dont la construction, la concession et la mise en activité ont précédé la nouvelle loi, nous pensons que la dépense de la clôture doit être supportée exclusivement par le propriétaire de la voie, c'est à dire, par l'Etat.

La raison de douter est, que la servitude de clôture est une charge imposée sur la propriété, et qu'aux termes de l'article 609 du Code civil, quand la chose soumise à l'usufruit vient à être grévée d'une charge quelconque pendant la durée de l'usufruit, le propriétaire ne la supporte pas seul, il a droit d'y faire contribuer l'usufruitier dans les proportions et de la manière réglées par cet article.

Mais la raison de décider est, que le concessionnaire de l'exploitation d'un chemin de fer n'est qu'un fermier , et que la disposition dont il s'agit, particulière à l'usufruit, ne s'applique pas au louage.

Dans cette dernière espèce de contrat, le bailleur, aux termes des articles 1719, 1720 et 1724 du Code civil, est seul chargé de *mettre* et *d'entretenir constamment* pendant la durée du bail, la chose en état de servir à l'usage pour lequel elle a été louée.

Comme cette décision n'est fondée que sur la distinction que nous venons de faire entre l'usufruit et le louage, et sur la supposition que la question se présenterait au point de vue théorique pur, dégagée de l'influence de toute stipulation particulière , dérogatoire au droit commun, il nous paraît inutile de faire remarquer que la conclusion changerait si la convention contenant concession, attribuait un droit d'usufruit et non de simple bail au preneur, ou si elle renfermait quelque clause modificative : car alors l'article 1134 régirait les parties.

Nota. La durée de la concession ne serait pas une circonstance, quelque longue qu'elle soit, de nature à imprimer à la jouissance le caractère d'un usufruit au lieu de celui d'un louage.

Voir pour la juridiction à laquelle serait soumis le jugement de la contestation , le paragraphe 3 ci-après, N°s 82 , 83.

§ 2. *Détermination du mode de la clôture pour chaque ligne.*

81. La loi dit que cette détermination sera faite par l'administration, mais elle ne s'explique pas sur la nature de l'acte par lequel celle-ci accomplira cette mission. Toutefois nous pouvons proclamer que ce ne sera pas par un réglement d'administration publique.

La raison de cette proposition est, que le projet soumis à la chambre des députés exi-

geait pour la fixation du mode de clôture un
réglement d'administration publique, et que
dans la séance du 3i janvier 1845, on substi-
tua à cette forme, celle d'un simple acte administratif. Sous cette désignation on comprend à la vérité les ordonnances royales, les
arrêtés ministériels et préfectoraux; et un réglement d'administration est bien une ordonnance
royale, mais celle-ci diffère des autres ordonnances ordinaires, en ce que ces dernières sont
rendues sur le rapport du seul ministre dans le
département duquel se place l'objet de l'ordonnance, tandis que la première n'intervient
qu'après avoir entendu le conseil d'état. Cette
forme est déterminée par l'article 52 de l'acte
constitutionnel du 22 frimaire an VIII, lequel
sur ce point n'a été abrogé par aucune loi postérieure, et vient d'être reconnu par la cour
de cassation dans un arrêt du 14 juin 1844,
comme étant encore aujourd'hui en vigueur.

Ce ne sera pas non plus par un arrêté préfectoral que cette détermination pourra légalement être faite.

D'abord, ce mode aurait le grave inconvé-
nient d'exposer cette mesure à manquer d'u-
niformité; ensuite, il serait contraire à l'intention des chambres qui, dans le cours de la discussion ont, chacune de leur côté, exprimé
la pensée que le soin de régler le genre de clôture appartînt au gouvernement.

Malgré l'uniformité de temps, la nature de la clôture ne reste pas moins subordonnée aux besoins et aux ressources de chaque localité : mais par qui le gouvernement exprimera-t-il sa résolution sur ce point?

On voit que dans la séance précitée du 31 janvier, il y eut discussion sur la désignation de celle des autorités de la hiérarchie administrative qui aurait le droit de déterminer le mode de clôture des diverses parties de la ligne. (*Moniteur* du 1ᵉʳ février 1845, p. 218.)

Certains membres trouvaient qu'exiger une ordonnance royale pour la fixation du genre de clôture convenable à chaque localité, ce serait vouloir une formalité inutile : d'autres, pensaient qu'on devait laisser ce soin au conseil général des ponts et chaussées, enfin quelques-uns proposaient de le faire régler par les autorités supérieures locales.

Au milieu de cette divergence d'opinions, le ministre des travaux publics demanda que, sans attribution spéciale à aucun de ses rouages, on confiât ce pouvoir à l'administration, et la chambre accueillit ce *mezzo termine.*

Ainsi, cette indication n'a été présentée et acceptée à titre de conciliation, que parceque l'élasticité des termes de la rédaction n'excluant l'action d'aucun des corps de l'administration, conférait au gouvernement la faculté de procéder à son choix, par ordonnances simples.

par décisions ministérielles, par réglement du conseil général des ponts et chaussées, ou enfin par arrêtés préfectoraux soumis ou non à l'approbation du ministre.

Dans le projet primitif adopté en 1844 par la chambre des pairs, l'article 2 déterminait les différents modes de clôture en laissant au gouvernement le choix entre tous pour les applications particulières à en faire.

Ainsi, il portait que la clôture pourrait être formée par des murs, haies, poteaux avec lisses, barrières, grillages, fils de fer, ou par des fossés avec levées en terre. *Vidè* N° 79.

La chambre des députés a pensé qu'il pourrait être plus utile de ne pas circonscrire dans une énumération restrictive et infranchissable la latitude du gouvernement, et qu'il valait mieux abandonner à sa discrétion le choix du mode de clôture convenable et possible pour chaque localité.

Toutefois l'indication reste à titre de vœu législatif.

§ 3, *Fixation de l'époque à laquelle devra être effectuée la clôture pour ceux des chemins qui n'y ont pas été assujettis.*

82. Il faut bien remarquer ici la nature et les limites du pouvoir que la loi donne au gouvernement.

Elle ne l'autorise qu'à déterminer l'époque,

à laquelle devra être exécutée la clôture dé-clarée, par le paragraphe 1er, obligatoire pour tous les chemins de fer sans exception, ni exemption.

L'administration ne pourrait donc, sans excé-der les bornes du pouvoir qui lui est conféré, prendre dans le réglement qu'elle fera en exé-cution de l'article 4, des dispositions qui au-raient tout autre objet que celui dont la déléga-tion lui est attribuée par ces articles.

Ainsi, par exemple : elle sortirait de l'attri-bution qui lui est faite, si elle se permettait de déterminer en l'absence de stipulations sur ce point dans les cahiers de charges, au compte de qui, ou du propriétaire foncier de la voie, ou du fermier exploitant, seront mises l'exécu-tion et la dépense de cette clôture.

Ce serait là s'écarter de la ligne qui lui est tracée dans l'exercice du pouvoir qui lui est conféré, et en outre s'immiscer dans les fonc-tions de l'ordre judiciaire auquel seul appar-tient la décision des questions de propriété ou de servitude.

Elle commettrait une illégalité non moins flagrante, si elle exonérait par une déclaration directe ou par un moyen indirect quelconque, une voie de fer de l'obligation de clôture.

83. Cependant nous n'entendons pas que de la première des conséquences ci-dessus mises en relief, on doive tirer l'induction que nous

voulons professer le système de compétence exclusive des tribunaux pour la solution de la difficulté née du refus de supporter la dépense, car si elle résidait dans l'interprétation du traité passé avec le gouvernement, la décision en appartiendrait au conseil de préfecture. *Vidè* N° 79 et 80.

Nous avons seulement eu l'intention de repousser l'idée que le gouvernement pût la trancher légalement et compétemment par un réglement administratif.

En effet, le conseil de préfecture ne statue qu'après avoir entendu les parties intéressées, tandis que le gouvernement arrète son réglement en l'absence de ceux que son exécution peut atteindre.

En second lieu, la décision du conseil de préfecture est passible de la voie de l'appel et de l'annulation au conseil d'état; *secùs* d'un réglement administratif dont la réformation ne peut être demandée que par voi gracieuse.

§ 4. *Protection de la clôture des chemins de fer et obligation d'établir des barrières et de les fermer.*

84. Nulle disposition spéciale de la nouvelle loi ne s'occupe de protéger la clôture qu'elle prescrit contre les entreprises malveillantes dont elle pourrait être l'objet.

La raison de cette omission, se déduit de la disposition générale de l'article 2.

En effet, nous avons fait remarquer § 1ᵉʳ du

commentaire de cet article N° 37. que la clôture étant un ouvrage d'art relatif au chemin de fer, se trouvait, à ce titre d'après cet article, protégée par les lois et réglements de la grande voirie, qui ont pour objet d'assurer la conservation de tous les ouvrages d'art dépendant des routes.

En conséquence, les peines établies pour préserver ces objets de toute atteinte de la malveillance ou de l'imprudence seront applicables aux mêmes faits, quand ils s'attacheront à la clôture. Voir § 1er du commentaire de l'article 2, Nos 37, 38, 39 et 40

Cette conclusion recevrait son application, quand même il ne serait pas aussi clairement démontré qu'il vient de l'être, que toute espèce de clôture rentre dans les prévisions de l'article 2 ; car on ne pourrait disconvenir qu'elle ne forme une dépendance légale et forcée de la voie de fer. Or, à ce titre, elle se trouverait comprise dans la législation de celle-ci comme accessoire suivant le sort du principal.

Ce que nous venons de dire ne concerne les dégradations ou destructions de clôture, que considérées au point de vue de la voirie, et comme caractérisant uniquement sous ce rapport une contravention de cette nature, passible de la pénalité ci-après.

Mais comme ces mêmes faits constitueraient aussi en même temps le délit prévu par l'article 456 du code pénal, le conseil de préfecture, après avoir prononcé l'amende, devrait, conformément d'ailleurs au vœu de l'article 11 précité, renvoyer l'auteur devant le tribunal correctionnel pour y subir l'application de la peine corporelle ; *nec obstat* la disposition de l'article 27. *Vidè* N° 159.

En ce qui touche l'obligation d'établir des barrières et de les tenir fermées, obligation que le dernier paragraphe de l'article impose à tout exploitant d'un chemin de fer, il faut remarquer : 1° que l'exécution n'en peut être réclamée qu'autant que la voie de fer croise de niveau une route de terre, expression d'une acception générale qui embrasse par conséquent tous chemins publics à quelque classe qu'ils appartiennent ; 2° que, quand même le chemin de terre ne serait pas au niveau de la surface de la voie de fer, l'article n'en serait pas moins applicable, si par sa construction ou en raison de la disposition des lieux, il n'avait pas été établi de viaduc sous ou sur ladite voie pour former un passage à la route de terre.

3° Que le temps et les circonstances de la fermeture devant être préalablement déterminés par des réglements, il ne peut y avoir contravention à cet égard à la charge de l'exploitant, qu'autant qu'il en a été publié un, et qu'il y a eu de sa part inobservation des prescriptions qu'il contenait.

ART. 5. A l'avenir aucune construction autre qu'un mur de clôture ne pourra être établie dans une distance de deux mètres d'un chemin de fer.

Cette distance sera mesurée soit de l'arête supérieure du déblai, soit de l'arête inférieure du talus du remblai, soit du bord extérieur des fossés du chemin ; et, à défaut d'une ligne tracée à un mètre, cinquante centimètres à partir des rails extérieurs de la voie de fer.

Les constructions existantes au moment de la promulgation de la présente loi, ou lors de l'établissement d'un nouveau chemin de fer pourront être entretenues dans l'état où elles se trouveront à cette époque.

Un réglement d'administration publique déterminera les formalités à remplir par les propriétaires pour faire constater l'état desdites constructions, et fixera le délai dans lequel ces formalités devront être remplies.

§ 1ᵉʳ. Prohibition des constructions futures près des chemins de fer. — § 2. Détermination de la limite ou plutôt de la ligne à partir de laquelle se calcule la distance de l'étendue des servitudes imposées sur les fonds riverains d'un chemin de fer. — § 3. Du sort des constructions existantes au moment de la promulgation de la loi, ou lors de l'établissement d'un nouveau chemin de fer, et de la nécessité et du mode d'en constater l'état.

§ 1ᵉʳ. *Prohibition des constructions futures près des chemins de fer.*

85. La loi, comme le texte l'exprime en termes formels, ne dispose que relativement aux constructions que les riverains d'un chemin de fer voudraient élever par la suite et à dater de sa promulgation, dans la zone réservée.

Elle suppose par conséquent dans sa première partie, que la construction n'existera pas encore au moment de la publication de cette nouvelle règle prohibitive.

Mais si l'édification était commencée, pourrait-elle être continuée jusqu'à perfection de l'ouvrage ? Non : la prohibition saisit les choses dans l'état où elles se trouvent, la loi rétroagirait si la défense s'appliquait à une construction ou à une fraction de construction déjà élevée lors de l'intervention de la loi, mais d'un autre côté elle resterait sans exécution, la défense qu'elle établit serait violée, si l'édification n'était pas rigoureusement arrêtée au point où elle se trouve au jour de la promulgation. Cette doctrine a été adoptée par le conseil d'état, car il a décidé le 15 juillet 1841, S. D. 42-2-38, que si les constructions élevées par un propriétaire lors de la signification d'un alignement nouveau sur la partie devenue retranchable par cet alignement, excédaient le rez-de-chaussée, elle ne devaient pas être détruites; *secùs* de celles qui ne dépassaient pas alors la hauteur du rez-de-chaussée.

86. L'espace de deux mètres réservé de chaque côté de la voie constitue une servitude de *non ædificandi* imposée aux propriétés riveraines; quelqu'en soit le maître, concessionnaire ou autre, il lui est interdit d'élever dans la zone qui forme cet espace aucune construction. Nous disons *construction,* pour bien faire comprendre qu'on ne pourrait assimiler à une construction le simple dépôt de matériaux, lequel serait régi par l'article 8 ci-après, Nos 102 et suivants.

On excepte de la généralité de la prohibition les murs de clôture, d'où il suit que sur la partie du terrain présentant de chaque côté de la voie, cette lisière en largeur de 2 mètres grevée de la servitude dont il s'agit, le propriétaire du sol pourra élever un mur de clôture. Nous disons le maître du sol riverain, parcequ'il est évident que la clôture dont il s'agit n'est pas celle dont parle l'article 4, laquelle est une fermeture pour le chemin et non dans l'intérêt du propriétaire limitrophe.

Et, comme nulle interdiction ne lui est faite sur la faculté d'approcher ce mur de la limite déterminée par la deuxième disposition de l'article, il jouira pour l'exercice de cette faculté, de la plénitude du pouvoir que lui confère le droit commun établi par les articles 544 et 647 du code civil. Cependant il ne faut pas conclure de là qu'il sera libre de l'établir contre la ligne divisoire de son fonds d'avec le chemin. En effet, le second paragraphe de l'article, en fixant selon les diverses circonstances qu'il prévoit, le point à partir duquel doit se mesurer du côté du chemin la distance de 2 mètres que nous croyons pouvoir être occupée en tout ou en partie par un mur de clôture du riverain, quand, bien entendu, le sol de cette zone lui appartient, décide implicitement, mais virtuellement, que jamais le voisin ne pourra édifier son mur de clôture à une distance moindre de 1 mètre 50 centimètres des rails extérieurs de la voie de fer.

Par conséquent ce n'est pas la limite séparative de sa propriété contiguë au chemin de fer d'avec ce chemin qu'il doit considérer pour se fixer sur le degré de proximité qu'il a droit de donner à l'emplacement de son mur relativement au même chemin, mais uniquement la ligne qui, en dehors de la voie, se trouve indiquée par le second paragraphe dont il s'agit. Voir N°s 88 et 89.

D'où il suit, que si dans cette hypothèse sa propriété s'étendait jusqu'aux rails extérieurs de la voie, elle serait grevée dans la largeur d'un mètre 5o centimètres d'une servitude de *non œdificandi* absolue. Mais il n'en sera probablement jamais ainsi. Voir N° 79.

Mais ne pourra-t-il construire un mur pour se clore dans les deux mètres au-delà de cette ligne, qu'à la charge de remplir l'obligation préalable que lui impose la servitude d'alignement et celle d'obtention de permission de construire le long et joignant la voie, conformément à l'article 3 qui précède?

Pour soutenir la négative on pourra arguer d'abord des différences qui existent entre les causes et les effets de la servitude d'alignement en matière de voirie de chemin de fer et les autres espèces de voies publiques, différences que nous avons signalées *suprà* N° 47 *in fine*, et que l'on va encore trouver développées *infrà* dans le présent N° 86. On pourra soutenir ensuite, qu'il résulte de la règle que nous venons d'établir que le mur de clôture, ne pouvant en aucun cas être construit qu'à la distance d'au moins 1 mètre 5o cent. du chemin de fer, ne saurait être soumis à l'alignement, puisque cette servitude n'affecte, suivant la définition que nous en avons donnée, N° 47, et d'après les édit et arrêt de réglement qui y sont énoncés, que les constructions qui sont à faire *le long et joignant* la voie publique. Or ici, comme nous supposons que le riverain n'établira pas son mur contre la ligne divisoire de son fonds d'avec le chemin de fer, qu'aucontraire il laissera un certain espace libre entre cette ligne et le mur qu'il élevera, ce mur ne sera jamais placé le long et joignant la voie de fer, d'où la conséquence que le riverain constructeur de ce mur ne devrait avoir, quoiqu'il l'édifie dans la zone de deux mètres, ni alignement, ni permission à demander. Voir Traité de la voirie Nᵒˢ 82 et suivants, et *suprà* Nᵒˢ 47 et 49. Il sera possible enfin que l'on s'étaie de deux ordonnances en conseil d'état des 6 décembre 1844, S. D. 45-2-188, et 14 mars 1845, Dalloz, 45-3-128, qui ont décidé la question en ce sens relativement à une construction faite sur la rive d'une route, mais en retraite de la ligne d'alignement de la route. Nonobstant ces objections dont nous ne nous dissimulons pas la gravité, nous pensons que le riverain devra demander un alignement, et pour le mur de clôture qu'il voudra construire dans la zone de 2 mètres et pour le bâtiment qu'il voudra édifier le long et joignant la limite extérieure de cette zone du côté du surplus de sa propriété. V. Nᵒ 121.

Nous nous fondons pour le décider ainsi sur ce que dans le système contraire la disposition de l'article 3, relative à l'alignement, resterait sans application possible au chemin de fer; or cette conséquence serait en opposition formelle avec le vœu des chambres. Voir Nᵒ 90, et la séance du 31 janvier 1845, *Moniteur* du 1ᵉʳ février, chambre des députés. M. Pascalis avait proposé d'ajouter au premier paragraphe, ces mots : « Hors de l'enceinte des villes et villages. » Mais l'exception que cet amendement tendait à introduire à la généralité de la règle, fut repoussée par le double motif, que la prohibition était établie principalement pour avoir action dans ces localités, et qu'ensuite l'article 9 donnait au gouvernement le pouvoir d'accorder des dispenses.

A cette séance encore, page 222 du *Moniteur* du 1ᵉʳ février, il fut également décidé sur la question qu'en fit naître la discussion, qu'on ne pourrait considérer comme mur de clôture des constructions quelconques, alors même qu'elles seraient sans ouverture ni jour donnant sur le chemin de fer. Voir Nº 47 *suprà; vidé infrà* Nº 87 une exception à cette interprétation.

La même chambre des députés avait, dans la rédaction du 1ᵉʳ paragraphe de l'article, fait précéder ces mots qui le terminent « *d'un chemin de fer* » de ceux-ci « *de la limite* » mais la commission de la chambre des pairs demanda et celle-ci adopta la suppression des mots *de la limite.* Le motif qui la détermina et que fit connaître son rapporteur, M. Persil, à la séance du 16 avril 1845, *Moniteur* du 17. page 104, fut la crainte qu'on ne vît dans ces expressions l'indication de la limite légale du domaine des chemins de fer d'avec les terrains contigus au point de vue de la fixation de l'étendue de la propriété des premiers respectivement aux seconds , soit qu'on eût besoin de la connaître vis-à-vis des riverains, soit qu'elle fût invoquée par le gouvernement ou par les compagnies.

Il ajoutait que « la limite d'un chemin de fer, « en ce qui touche le droit de propriété au re- « gard des héritages contigus , n'est pas et ne « peut pas être légalement déterminée dans « une loi de servitude où doit se trouver seule- « ment le point de départ de la servitude. »

Cette distinction devient le principe de celle que l'on doit faire entre les conséquences de l'alignement que demande le riverain d'un chemin de fer pour bâtir , et celle de l'alignement qui est donné aux riverains des autres voies publiques , rues, routes , etc. Dans le premier cas , le terrain que le tracé oblige le riverain à ne pas occuper par des constructions, demeure sa propriété , sauf la charge de la servitude ; dans le second, au contraire , la ligne devant être marquée sur la limite même que doit avoir soit la route, soit la rue, etc., pour lui assurer une largeur convenable à la viabilité, le terrain qu'elle envahit du côté du fonds limitrophe est attribué en toute propriété à la route, etc., dont cette lisière devient partie intégrante. Déclaration faite par M. le sous-secrétaire d'Etat des travaux publics à la chambre des pairs, séance du 2 avril 1844, *Moniteur* du 3, page 828, deuxième colonne.

Aussi cette attribution, quand la réunion effective s'opère par la retraite du constructeur, autorise-t-elle ce dernier à demander le paiement de la valeur du sol qu'il est forcé d'abandonner à la route ; ici au contraire, comme le tracé n'a pas pour effet de rendre le chemin de fer, ou quoi que ce soit l'Etat auquel il appartient, propriétaire du terrain inoccupé, que le riverain continue à en être le maître, à pouvoir en tirer les produits et à en disposer, il n'a pas droit à s'en faire considérer comme exproprié et à en demander le prix ; il ne serait pas même admis à réclamer une indemnité pour raison de la servitude dont il est frappé. *Vidè infrà* N°s 87 et 90.

Il nous paraît utile de faire remarquer, relativement au droit que nous reconnaissons exister en faveur du propriétaire du terrain contigu à la voie de fer de construire, sur les deux mètres de lisière frappés de la servitude de *non œdificandi* par le premier paragraphe de l'article 5, un mur de clôture, qu'il devrait dans l'exercice de ce droit respecter les fossés, talus, levées et ouvrages d'art dépendant du chemin de fer à peine de se rendre coupable de contravention à l'article 2. *Vidè suprà* N°s 37 et suivants.

87. **A la même séance enfin, M. Bethmont**

demanda si l'article devait être entendu en ce sens ; que les 2 mètres affectés par la nouvelle disposition de l'art. 5 de chaque côté à la servitude de *non ædificandi,* dussent être mesurés en sus de la portion de terrain expropriée pour l'établissement primitif du chemin de fer, et que cette charge dût grever les riverains des chemins existants aujourd'hui, comme ceux des voies de fer à créer pour l'avenir, ce qui, suivant lui, entacherait la loi nouvelle de rétroactivité.

Il lui fut répondu par le ministre et par le rapporteur, que c'était bien là en effet le sens de la loi (*Moniteur* du 1er février, page 219. 1re colonne), que jamais les servitudes établies dans un intérêt public ne donnaient lieu à indemnité, qu'ainsi la dépréciation résultant de cette servitude n'avait pas dû entrer dans les éléments de l'indemnité d'expropriation fixée par le jury pour la fraction du sol expropriée pour la voie : que l'article s'appliquait au passé comme à l'avenir.

Cependant il ne faut pas tirer de cette solution la conséquence que si le terrain exproprié ou concédé pour former la voie, n'était pas occupé en totalité par celle-ci et par les talus, en telle sorte qu'il restât libre en excédent de largeur une lisière d'un seul côté ou de tous deux, la zone de 2 mètres ne dût commencer qu'à partir de la ligne extérieure de cette lisière. Car il résulte de la combinaison des paragraphes

2 et 3 de l'article, que c'est à partir de la limite du chemin de fer déterminée pour fixer l'étendue des servitudes sur les riverains, que se comptent les 2 mètres, qu'ainsi les lisières qui sont en excédent de la largeur de la voie ne doivent pas être réputées faire partie de celle-ci pour, à ce titre, éloigner de ladite voie le point à partir duquel se mesurent les 2 mètres, et par conséquent pour étendre au delà de ces 2 mètres la distance légale qui doit toujours commencer au chemin, conformément toutefois à l'explication que nous avons donnée N° 86, spécialement sur le point de départ de la zone de ces 2 mètres du côté dudit chemin. V. encore N° 85.

Résulte-t-il de la prohibition de l'article que nulle construction de quelque espèce que ce soit, et quelle qu'en puisse être la destination ne devra, en aucun cas, pouvoir être élevée dans la zone de 2 mètres?

Nous ne le pensons pas; car si une interprétation aussi absolue était admise, elle aurait pour conséquence d'interdire dans cette zone le placement des stations, des gares, des loges de cantonniers, des embarcadères, des débarcadères, et celui, en un mot, de tous établissements nécessaires ou utiles à l'exploitation des chemins de fer.

Nec obstat que la chambre des pairs a rejeté dans sa séance du 2 avril 1844, *Moniteur* du 3, page 828, 3ᵉ colonne, la proposition de M. le marquis de Barthélemy, qui avait pour objet d'introduire à la généralité de la règle une exception pour le cas où le riverain qui voudrait èlever sur son terrain une construction quelconque à une distance de moins de 2 mètres d'un chemin de fer, en aurait obtenu l'autorisation préalable de l'administration.

Car le pouvoir d'accorder une telle autorisation fut ensuite conféré expressément à la couronne par l'article 9 (*Vidè infrà* N°° 106 et suivants.)

Ainsi, c'est sur le texte de cet article et par con-séquent sur une autorité irrécusable que nous nous sommes fondé pour considérer comme un droit incontestable consacré en faveur du gouvernement, celui de permettre au riverain, quand il n'y aura danger, ni pour la sûreté publique, ni pour la conservation du chemin, tels établissements ou bâtisses qu'il croira devoir l'autoriser à édifier dans la zone de 2 mètres à partir du chemin de fer, nonobstant que le terrain compris en cette zone soit frappé par le présent article 5 de la prohibition, en termes absolus, d'y élever aucune construction autre qu'un simple mur de clôture.

La chambre des députés a déclaré d'ailleurs qu'elle le comprenait en ce sens, puisque ce fut par ce motif qu'elle repoussa, comme nous venons de le dire, dans sa séance du 31 janvier 1845, *Moniteur* du 1ᵉʳ février, l'amendement de M. Pascalis ci-dessus énoncé, N° 86.

§ 2. Détermination de la limite, ou plutôt de la ligne à partir de laquelle se calcule l'étendue des servitudes imposées sur les fonds riverains d'un chemin de fer.

88. Cette disposition de l'article 5 n'exige, pour être entendue, aucune explication, et le soin pris par les rédacteurs de prévoir les diverses positions dans lesquelles peut se trouver un chemin relativement aux héritages riverains, exclut toute possibilité de doute, et par conséquent toute cause de difficulté sur la fixation de l'emplacement à assigner à la ligne séparative d'entre la voie de fer et les propriétés limitrophes.

Mais il faut bien prendre garde que la disposition du paragraphe 2 du présent article, n'a pas pour objet de régler l'étendue en largeur du terrain qui doit être réputé faire partie du chemin et à ce titre appartenir au constructeur de la voie. Son unique but est, d'après l'explication de M. Persil, rapporteur, citée textuellement N° 86 *suprà*, de faire connaître le point de départ de la servitude qui grève les héritages contigus au chemin.

Ce serait donc la détourner du sens dans lequel elle a été conçue que d'y voir une règle indicative du point de départ de la propriété du chemin et réciproquement de la limite de celle du riverain.

Si par exemple, on se trouvait dans la dernière des hypothèses prévues par le 2° paragraphe de l'article 5, paragraphe dont il s'agit ici, il faudrait, pour établir la zone de 2 mètres réglée par la première disposition, compter 3 mètres 5o centimètres à partir des rails extérieurs.

Quand il y aura clôture du chemin de fer de chaque côté en exécution de l'article 4, comment se déterminera l'emplacement de la limite à partir de laquelle se doivent mesurer les 2 mètres réservés par la première disposition?

L'article ne le dit pas, car il n'y est pas question de la clôture comme d'un point de repaire qui doive servir en toute éventualité à déterminer l'emplacement de la zone de servitude par rapport et au chemin de fer et aux fonds contigus.

On aurait pu prétendre à la vérité qu'il l'indiquait implicitement à partir de l'extérieur de la clôture, en se fondant par analogie sur ce qu'il dit du fossé qui pourra être désigné par le gouvernement dans le réglement administratif prévu par la seconde disposition de l'article 4, comme l'un des modes de clôture dont la détermination lui est abandonnée.

89. Mais, quand on considère que le fossé n'est pas envisagé dans le présent article au point de vue d'un ouvrage tenant lieu de clôture, puisqu'il est rangé sur la même ligne que les talus de déblai et de remblai, qui certes

ne sont pas des clôtures, on est forcé de reconnaître qu'il n'y a aucune induction à tirer pour la solution de la question de cette énonciation des fossés dans la disposition.

Dès lors l'emplacement de la clôture ne devra pas être pris en considération pour déterminer entre le chemin de fer et les héritages riverains, la limite divisoire ou séparative à partir de laquelle devront se mesurer les deux mètres fixés par la première partie de l'article.

Si donc, par exemple, la clôture, épaisseur comprise, était posée à un mètre des rails extérieurs de la voie de fer, il faudrait, pour former la distance prescrite par la première partie de l'article, compter un espace de 2 mètres 5o centimètres au-delà de cette clôture, et ne faire partir la zone que du point où s'arrêtent les 5o centimètres en dehors du parement extérieur de ladite clôture.

Mais cette circonstance ne changerait rien au droit exceptionnel consacré par la première disposition dont il s'agit, en faveur de chaque riverain, de se clore et d'établir sa clôture sur la zone de 2 mètres à partir du côté du chemin de fer du point fixé par le second paragraphe de l'article et expliqué *suprà* N° 86, sous la seule condition que cette clôture se composera d'un mur. En conséquence, si, dans l'espèce ci-dessus proposée où le chemin de fer est construit sans déblai ni remblai, et où la clô-

ture qui en défend l'accès se trouve placée à
1 mètre seulement des rails extérieurs, le voisin
voulait user de la faculté de se fermer par une
muraille, il pourrait le faire en laissant libre
entre son mur et le parement extérieur de la
fermeture du chemin un espace de 5o centimètres, ce qui le distancerait des rails extérieurs
de la voie d'un mètre 5o centimètres compris
l'emplacement occupé par la clôture du chemin.
En telle sorte que si l'on admet, par exemple,
que cette clôture occupe l'extrémité extérieure
de la lisière des 1 mètre 5o centimètres de largeur
à partir des rails, le voisin pourra élever son mur
de clôture immédiatement contre celle du chemin de fer.

Nous ne pouvons pas supposer que la clôture
d'un chemin de fer sera éloignée de la voie de
plus d'un mètre 5o centimètres y compris le
terrain sur lequel elle sera établie, sans présup-
poser en même temps que l'état sera propriétaire de l'excédent de largeur, par application
de la règle que nous avons établie *suprà*. N° 79.

Mais si cette éventualité se présentait, il n'en
pourrait résulter aucune extension de l'étendue
de la servitude imposée sur la propriété riveraine par la première disposition du présent
article 5, en conséquence la zone des 2 mètres
établie par cette première disposition commen-
cerait toujours du côté du chemin, au point où
s'arrête la distance des 1 mètre 5o centimètres

mesurés à partir des rails extérieurs. Raisonner autrement ce serait supposer que l'on peut arbitrairement priver le maître du fonds voisin du chemin du droit que lui reconnaît l'article, de construire un mur de clôture sur telle partie de son fonds riverain que bon lui semble choisir, sous la seule condition que l'emplacement où il l'élevera soit éloigné d'au moins 1 mètre 50 centimètres des rails extérieurs de la voie.

§ 3. *Du sort des constructions existantes au moment de la promulgation de la loi, ou lors de l'établissement d'un nouveau chemin de fer, de la nécessité et du mode d'en constater l'état.*

90. Après avoir réglé par sa première partie le sort des constructions futures, c'est à dire de celles que le riverain d'un chemin de fer voudra édifier à l'avenir postérieurement à l'établissement de ce chemin, l'article dans sa troisième disposition s'occupe des constructions existantes dans la distance prohibée.

Il en reconnaît deux classes ; savoir : celles que la loi trouvera établies lors de sa promulgation près d'une voie déjà construite, et en second lieu celles qui, ayant précédé la création d'un chemin de fer construit depuis sa publication, seront approchées par celui ci à une distance de moins de 2 mètres à partir du point déterminé par le second paragraphe de l'article. Voir Nos 86, 88, 89.

Le projet de loi a subi sur ce point des modifications graves qu'il importe de signaler afin de faire mieux ressortir l'esprit et le sens de sa rédaction définitive.

D'abord, la chambre des députés, dans sa séance du 31 janvier 1845, *Moniteur* du 1er février, page 221, 3e colonne, avait admis que ces constructions pourraient être entretenues, réparées ou reconstruites dans l'état où elles se trouveraient au moment de la promulgation de la loi près d'un chemin de fer alors établi, ou bien dans l'état qu'elles auraient lors de l'établissement d'un nouveau chemin près desdites constructions.

Si cette disposition eût été maintenue, il en fut résulté que les propriétaires de ces constructions eussent été placés sous ce rapport, par comparaison avec les riverains des autres voies publiques, dans une condition privilégiée ; car, d'une part, ils n'eussent été privés que de la faculté d'en augmenter l'étendue, et, de l'autre, ils eussent été exposés uniquement à la suppression dont l'article 10 confère le droit à l'administration, mais à la charge d'une indemnité.

Ainsi, quoique étant en saillie sur la zone prohibée, ils eussent eu une position exceptionnelle à celle du riverain d'une rue ou d'une route dont le bâtiment excède l'alignement de ladite rue ou route ; car il ne peut y faire aucune espèce de travaux confortatifs, soit de réparation, soit d'entretien, ni à plus forte raison en opérer la reconstruction.

Mais, d'après une rédaction ultérieure émanée de la chambre des pairs dans sa séance du 16 avril 1845, *Moniteur* du 17, page 1005, les lois et réglements relatifs à l'alignement étant déclarés applicables à ces sortes de constructions, il en résulte qu'elles doivent suivre la condition d'un bâtiment riverain d'une route en saillie de la limite de l'alignement de cette route et dès lors voué à un reculement.

Le propriétaire ne peut y faire aucuns travaux qui soient de nature par leur effet confortatif à en prolonger l'existence ou à reculer l'époque de sa destruction, soit par vétusté, soit par accident ; il ne peut même y faire aucune œuvre, fût-elle débilitante, sans la permission préalable de l'autorité ; et quand le bâtiment tombe par l'une de ces causes, ou quand son état de ruine imminent détermine l'administration à en ordonner la destruction dans l'intérêt de la sécurité publique, le propriétaire n'a droit à reclamer que la valeur du terrain qu'occupait le bâtiment au-delà de la ligne, et qui est réuni à la route dont il accroît la largeur. Voir N° 86.

Mais ici, comme le terrain occupé par une construction établie dans la zone prohibée ne serait pas réuni au chemin de fer, qu'il resterait seulement grevé de même que les lisières comprises dans cette zone, de la servitude de *non œdificandi*, que par conséquent la propriété en demeurerait au maître de la construction qui le couvrait, celui-ci prendrait la position des autres riverains ses voisins dans la même zone et n'aurait pas plus qu'eux des droits à une indemnité à raison de cette servitude.

Cette conséquence repose sur ce principe de législation dont nos lois offrent une foule d'applications, c'est que les servitudes imposées dans l'intérêt général, celles qui tendent uniquement à priver le propriétaire d'un fonds de l'usage d'une faculté, ne donnent pas ouverture au droit d'indemnité. Voir N°⁵ 86 et 87.

Aussi la question ayant été agitée précisément pour l'hypothèse qui nous occupe, dans la chambre des députés, séance du 31 janvier 1845, *Moniteur* du 1ᵉʳ février, lors du vote du présent article, y fut, après une longue et vive discussion, résolue pour la négative, pages 220 et 221, 1ʳᵉ colonne. Voir au surplus *suprà* N°⁵ 47 à 53, les règles relatives à la servitude d'alignement. Cependant la servitude d'alignement a, en thèse générale, pour compensation des avantages qu'on ne rencontre pas ici, par exemple : celui de sortie sur la voie publique que borde le bâtiment. Voir aussi *suprà* N° 87.

Cette position défavorable faite aux proprié-

taires des constructions voisines des chemins
de fer par la disposition nouvelle que la chambre des pairs avait introduite dans l'article 5,
eût été définitive si la chambre des députés
eût admis le changement qu'elle apportait à
son projet primitif ; mais, consultée à cet égard,
elle modifia à son tour ce que la rédaction de
la pairie lui parut avoir de trop rigoureux. En
conséquence, dans sa séance du 27 mai 1845,
Moniteur du 28, elle autorisa, comme on le
voit par le texte actuel de l'article, l'entretien
des constructions existantes au moment de la
promulgation de la loi, ou lors de l'établissement
d'un nouveau chemin de fer près desdites
constructions.

Ainsi, le principe qui applique aux constructions riveraines le régime absolu de la grande
voirie demeure dans toute sa force, seulement
il y est dérogé d'une part en faveur du propriétaire pour le cas prévu par le troisième paragraphe de l'article et dans les limites restrictives
qu'il assigne à cette dérogation, et de l'autre
contre lui, en ce qui concerne les travaux intérieurs qui, ici, doivent suivre le sort fait indistinctement par l'article à toutes les parties du
bâtiment. Voir *infrà* l'explication donnée par
M. Dumon à la chambre des pairs le 2 juillet 1845.

En conséquence, à la différence des constructions riveraines des routes et des rues du domaine de la grande voirie qui, lorsqu'elles sont en saillie de la ligne d'alignement, ne peuvent être l'objet d'aucune espèce de travaux propres à en prolonger l'existence, le propriétaire des constructions énoncées au troisième paragraphe de l'article aura le droit de les entretenir.

Mais cette faculté, il faut en convenir, est de nature à soulever dans son application des difficultés qui touchent au fond même du droit ; en effet, il s'agira, pour les résoudre, de déterminer l'acception du mot *entretien* dans un sens limitatif ou extensif, et de marquer la différence qui sépare les travaux de simple entretien des travaux de réparation : car on verra bientôt que les chambres en autorisant les premiers, ont formellement exprimé leur volonté d'interdire les seconds.

Nous pensons que si les réparations projetées ont simplement pour objet de maintenir la chose, au point de vue du simple entretien, dans l'état où il aura été constaté selon le mode établi par le quatrième paragraphe de l'article, qu'elle se trouvait au moment de la promulgation de la loi, ou lors de l'établissement d'un nouveau chemin de fer, elles rentrent dans la catégorie de celles que permet la loi ; *secùs* si elles tendent à une reconstruction totale ou partielle de fractions que l'action du temps aura détruites, si, en un mot, il s'agit de travaux autres que céux de réparations de menu entretien.

Aussi, M. Taillandier, à la séance de la chambre des députés précitée du 27 mai, ayant proposé d'ajouter dans la rédaction au mot *entretenir*, celui de *réparer*, afin d'autoriser les travaux confortatifs, cette addition fut-elle repoussée par la commission et par la chambre.

Par suite de la modifieation dont il s'agit, la loi fut reportée à la chambre des pairs, et la discussion qu'y provoqua la nécessité de bien déterminer la portée du mot <u>entretenir</u>, nous paraissant de nature à compléter parfaitement le but des explications que nous venons de donner dans cette vue, nous allons faire connaître l'acception qui lui fut conférée d'un commun accord par la commission et par le gouvernement et que lui confirma ensuite le vote approbatif de la chambre.

A la séance du 2 juillet 1845, *Moniteur* du 3, page 2014, M. Persil, rapporteur de la commission, s'énonçait sur ce point en ces termes. « Il « a été compris, dit-il, entre la commission et « le gouvernement, que le mot *entretien* ex- « primait ce qu'on appelle dans l'usage des ré- « parations d'entretien ; réparations que nous « n'avons pas besoin de définir, réparations « qui sont définies pour une certaine portion « par notre droit civil, réparations qui sont « encore définies par l'administration qui est

« chargée d'y veiller. » A la même séance,
M. Persil exposait en outre pour bien expliquer
le sens de sa définition, « que s'il était entré
« dans l'esprit de la commission et du gouver-
« nement, que le propriétaire des constructions
« dont s'occupait l'article eût le droit de les
« entretenir, ils n'entendaient pas lui permettre
« par là des travaux reconfortatifs, ni même
« des réparations conservatives ou de réédifi-
« cation ; ainsi, ajoutait-il, le propriétaire ne
« pourra pas rebâtir d'une manière générale,
« il ne pourra pas rebâtir partiellement ; si un
« mur tombe, il ne pourra le relever. »

A la même séance, M. Dumon, ministre des
travaux publics, confirma ces explications sur le
sens à donner à la disposition dans la pratique
par l'administration : « il commença par faire
« observer que la loi sur l'alignement ne s'ap-
« plique qu'aux murs de face, que les travaux
« intérieurs, s'ils ne sont pas reconfortatifs des
« murs de face, échappent à l'application de
« la loi de l'alignement, que dès lors la légis-
« lation de l'alignement n'était pas suffisante
« ici, car, dans l'hypothèse de l'article, il im-
« portait à l'état qui peut avoir à exproprier
« ces constructions pour cause d'utilité publi-
« que, qu'elles n'acquièrent pas plus d'impor-
« tance, plus d'étendue et plus de valeur, que
« par conséquent il était indispensable de
« mettre dans les mains du gouvernement un

« pouvoir qui permît à l'administration d'em-
« pêcher qu'on agrandît, qu'on exhaussât ces
« maisons, de manière à en augmenter la va-
« leur. D'après cela, le gouvernement, pour-
« suivait-il, entend comme la commission, que
« lorsqu'une maison se trouve sur un terrain
« frappé de servitude dans l'intérêt de la sécu-
« rité publique, il se trouve atteint d'une charge
« négative qui consiste à ce que cette maison
« peut seulement être entretenue dans son état
« actuel, mais que tout ce qui dépasse l'entre-
« tien n'est pas permis, que tout ce qui tend
« à l'agrandissement de la maison ne l'est pas
« d'avantage. En cas de difficulté dans l'appli-
« cation de ce principe : que si les maisons
« peuvent être entretenues, il est interdit d'y
« faire plus que des travaux d'entretien, c'est
« à l'administration et au conseil d'état, c'est
« à dire à la jurisprudence administrative,
« qu'il faut s'en référer pour caractériser ce
« qui dépasserait le droit d'entretien. »

S'il y a controverse entre le propriétaire de la
construction et l'administration sur la nature
des travaux que le premier se propose de faire,
comme la forme de la procédure et la compétence devront être différentes suivant la marche
que le propriétaire aura commencé par suivre,
nous allons raisonner en l'une et en l'autre des
deux hypothèses dans lesquelles il lui aura plu
de se placer.

Si, convaincu que les réparations qu'il se propose d'exécuter ne sont et ne pourront être considérées par l'administration que comme des réparations d'entretien, il se détermine à courir la chance d'une lutte judiciaire et que, dominé de cette opinion, il les fasse opérer sans la formalité d'une permission préalable qu'il n'est tenu d'obtenir avant aucun œuvre que pour les travaux aux murs de face sur le chemin, alors il sera exposé à un procès-verbal et à une poursuite en répression de la contravention devant le conseil de préfecture, si le surveillant du chemin estime que ces travaux intérieurs ne sont pas de simple entretien. Dans ce cas le conseil prononce en premier ressort, sauf l'appel au conseil d'état.

Si au contraire le propriétaire veut faire travailler aux murs de face, ou si prudemment avant d'exécuter aucun ouvrage à l'intérieur, il désire faire déterminer par l'administration la légalité des réparations qu'il projette, et s'exonérer ainsi du danger d'être exposé à une accusation de contravention, il s'adressera à l'autorité compétente, c'est à dire au préfet, qui, conformément aux règles que nous avons tracées en notre Traité de l'expropriation pour cause d'utilité publique, pages 131 et suivantes, et en notre Traité de la voirie, N°° 15 et 110, a seul qualité pour donner les permissions relatives aux bâtiments riverains des grandes

routes dont la condition est la même que celle
des constructions dont nous nous occupons
ici, sauf le concours du maire en l'hypothèse
prévue N°ˢ 25 et 48. Dans ce cas, le propriétaire
qui aurait à se plaindre de l'arrêté du préfet ne
pourrait l'attaquer que devant le ministre ou
devant le conseil d'état, suivant la nature des
griefs qu'il lui reprocherait, mais jamais il
n'aurait le droit d'en déférer la connaissance
au conseil de préfecture. Voir Traité de la voirie,
N° 19.

Le 4ᵉ paragraphe de l'article est devenu une
conséquence réclamée par la disposition du
3ᵉ ; dès qu'on permet l'entretien des constructions existantes dans l'état où elles se trouveront au moment, soit de la promulgation de la
loi, soit de l'établissement d'un nouveau chemin, il est de la prudence de prévenir les
prétentions contradictoires qui auraient pu
s'élever ultérieurement sur cet état par une
constatation préalable de sa teneur.

C'est à quoi il est pourvu par ce 4ᵉ §, qui
autorise le gouvernement à déterminer, par un
règlement d'administration publique, et les
formalités à remplir par les propriétaires pour
ladite constatation, et le délai dans lequel ils
devront les remplir.

La loi ne s'expliquant pas sur les conséquences de l'inobservation, soit des formalités,
soit des délais dans lesquels elles devront être

accomplies, s'en réfère nécessairement au réglement à intervenir et délègue ainsi tacitement
au gouvernement le pouvoir d'établir contre
les propriétaires négligents des dispositions
pénales et des déchéances. (Rapport fait à la
chambre des députés par M. Chasseloup-Laubat au nom de la commission, séance du
20 mai 1845, *Moniteur* du 27, page 1460). *Vidè*
N° 119.

Voyez, pour connaître l'espèce d'actes que
la loi entend désigner sous la dénomination
de réglement d'administration publique, l'explication que nous en avons donnée *suprà*
N° 81, et que nous reproduisons *infrà* N° 144.

ART. 6. Dans les localités où le chemin de fer se trouvera en remblai de plus
de trois mètres au-dessus du terrain naturel, il est interdit aux riverains de pratiquer
sans autorisation préalable des excavations dans une zone de largeur égale à la
hauteur verticale du remblai, mesurée à
partir du pied du talus.

Cette autorisation ne pourra être accordée sans que les concessionnaires ou
fermiers de l'exploitation du chemin
de fer aient été entendus ou dûment appelés.

§ 1er. Du cas où le chemin de fer se trouve en remblai de plus de 3 mètres. — § 2. De la distance à observer pour les excavations, quand le chemin de fer n'est pas en remblai , ou que le remblai n'excède pas trois mètres en hauteur mesurée de la manière prescrite par le présent article. — § 3. Des excavations antérieures, soit à la loi actuelle, soit à l'établissement futur d'un chemin de fer près de ces excavations. — § 4. Autorisation nécessaire pour occuper, par des excavations, tout ou partie de la zone interdite.

§ 1er. *Du cas où le chemin de fer se trouve en remblai de plus de trois mètres.*

91. La première disposition prévoit bien le cas où le chemin de fer est en remblai de plus de 3 mètres au-dessus du terrain naturel; mais elle ne s'explique pas sur l'hypothèse dans laquelle le remblai ne présentera qu'une hauteur de 3 mètres ou moindre ; c'est là une omission à laquelle nous allons chercher à suppléer. V. pages 164 et suivantes.

D'abord, il va de soi que le terrain qu'elle appelle naturel, est celui sur lequel est établie la voie de fer; car c'est le niveau de ce terrain, comparé à l'élévation nécessaire à donner à la chaussée, qui détermine la hauteur du remblai propre à atteindre la superficie assignée à cette chaussée.

Il est essentiel de remarquer que la hauteur du remblai indiquée comme servant à marquer la largeur de la zone à laisser entre le pied des talus et les excavations, doit être fixée d'après

deux règles : la 1re exige que le degré d'élévation qui doit servir de base soit celui de la
hauteur prise verticalement; la 2e que l'on
parte du pied du talus du côté du riverain pour
déterminer cette hauteur verticale; en conséquence, plus la rampe du remblai sera inclinée,
plus le pied du talus, c'est à dire le point où se
termine cette rampe par le bas, sera distancé
de son sommet, plus par conséquent la hauteur mesurée verticalement, en observant la
condition dans le mesurage de prendre pour
point de départ le pied du remblai et de re-
monter jusqu'à son sommet vers le chemin,
augmentera dès lors d'étendue.

Il en eût été autrement si la loi n'eût pas
fait de ce mode de mesurer une prescription
rigoureuse, car alors la prolongation de la
rampe du remblai sur les terres riveraines de
la voie, n'étant d'aucune considération sous ce
rapport pour déterminer ou pour étendre la
largeur de la zone frappée de prohibition, il en
fut résulté que toutes les fois que la hauteur
de ce remblai prise contre la voie n'eût présenté qu'une élévation de trois mètres ou au-
dessous, alors la prohibition de l'article 6
n'eût pas été applicable.

Mais puisqu'elle a jugé à propos au contraire d'indiquer, par une disposition expresse
et spéciale, ce mode de mesurage comme devant former le chiffre de la distance, il s'en-

suit que plus le pied du talus s'écarte du chemin, plus il accroît l'espace à laisser libre entre le bas de la rampe et les excavations, et plus par conséquent il élargit la zone de la servitude d'interdiction de ces excavations dont l'article frappe les propriétés riveraines.

92. Aussi sommes-nous d'avis que dans le cas où l'inclinaison du talus aurait été prolongée contre les règles de l'art au-delà d'un angle de 45 degrés, elle devrait y être ramenée fictivement pour établir le calcul de la distance; que dès lors en un tel cas, l'intervalle se compterait, non à partir du pied réel, mais bien du pied légal, le tout, sauf les exceptions réclamées par des causes d'une nécessité irrésistible, telle, par exemple, que la nature trop mouvante du sol, etc.

Nous nous fondons sur ce que l'éloignement n'ayant été prescrit que pour écarter de la voie les dangers d'une excavation trop rapprochée, le législateur a dû établir son calcul de probabilité sur un état de choses non arbitraire, mais rationnel, c'est à dire conforme aux prescriptions de la science.

Ensuite il s'agit ici d'une prohibition qui restreint au préjudice des riverains une faculté que leur assure le droit commun, article 552 du code civil ; d'une prohibition qui marque l'étendue sur le fonds limitrophe d'une servitude onéreuse, et ces sortes de dispositions doivent toujours recevoir une interprétation étroite dans leur application.

Cette dernière considération doit servir à résoudre ou à suppléer l'omission que nous avons signalée page 161 touchant le cas où le remblai ne présente qu'une hauteur de 3 mètres ou moindre : dès que la défense ne commence à exister qu'autant que la hauteur verticale de la rampe du remblai excède 3 mètres, il s'ensuit qu'elle n'atteint, ni celle qui ne dépasse pas cette élévation, c'est à dire qui n'a que trois mètres, ni, à plus forte raison, celle qui reste au-dessous.

93. Ainsi, quand on se trouve placé dans cette hypothèse, le droit commun peut être invoqué par le propriétaire du sol riverain de la voie pour pouvoir faire librement des excavations.

Mais alors lui sera-t-il permis : 1° de faire toute espèce d'excavations, et 2° de s'approcher de la voie aussi près qu'il le jugera convenable?

1re Question! Non sans doute. D'abord il ne peut en pratiquer aucune de celles qui lui sont tacitement défendues par la nécessité où le place l'article 3, de ne pas contrevenir aux servitudes que cet article impose sur les héritages voisins des voies de fer. Voir *suprà* N° 37.

Ainsi il ne pourra, même en se retirant à la distance prescrite par le présent article 6, ouvrir des mines, des carrières, etc. Donc les excavations énoncées ici, et qui sont permises sous les conditions exprimées en l'article, ne comprennent aucune de celles que proscrit dans une distance aussi rapprochée l'article 3. Voir *suprà* Nᵒˢ 64 et suivants.

La seconde question va faire l'objet du paragraphe suivant.

§ 2. *De la distance à observer pour les excavations, quand le chemin de fer n'est pas en remblai ou que le remblai n'excède pas trois mètres en hauteur mesurés de la manière prescrite par le présent article.*

94. La loi n'ayant pas prévu le cas par une disposition spéciale relative aux chemins de fer en particulier, nous pensons qu'il devra dans l'éventualité être régi par la législation générale de la grande voirie, déclarée par l'article 1er applicable à tous les chemins de fer.

Il est vrai qu'on pourrait opposer qu'aux termes de l'article 5, toute construction autre qu'un mur de clôture, n'étant prohibée que dans une distance de 2 mètres de la limite du chemin de fer, il semblerait conséquent de décider par analogie que les excavations ne doivent être interdites que dans la même zone de 2 mètres.

Mais la réponse est qu'il n'y a entre ces deux sortes d'œuvres parité, ni dans l'objet, ni dans le préjudice possible de leurs effets.

Car la construction ne s'entend que d'un ouvrage superposé sur le sol et qui s'élève en hauteur au-dessus de sa surface, au lieu que l'excavation consiste dans une opération diamétralement opposée.

L'une ne menace pas le chemin, elle présente seulement des chances d'accident, l'autre, au contraire, peut en compromettre la solidité et l'exposer par sa base à une destruction ou au moins à des dégradations plus ou moins prochaines. *Quid* des fondations, des caves d'un bâtiment ? Les premières étant remplies de suite par les fondements ne présentent pas une excavation proprement dite ; *secùs* des secondes, qui dès lors ne pourront être établies dans la zone prohibée qu'en vertu d'une autorisation. Voir *infrà* N° 97.

95. L'argument d'assimilation entre les constructions et les excavations étant écarté, il ne s'agit plus, pour résoudre la question de distance, que de se reporter aux lois de la grande voirie, indiquées dans le commentaire de l'article 1er et surtout de consulter les arrêts de réglement rapportés au Traité de la voirie 5° du N° 5, desquels il résulte qu'il est défendu de faire des trous ou fouilles à côté des chaussées ou accottements et sur les glacis. *Vidè suprà*, N°⁵ 37 et suivants.

Quant à l'incertitude sur une zone fixe que peut laisser cette indication *à côté*, et à la latitude d'extension ou de restriction arbitraire dont elle est susceptible dans l'application, ces considérations ne sont propres à produire d'autres conséquences que celle-ci : savoir, qu'à défaut de détermination de distance dans la disposition prohibitive, le riverain jouira, à l'égard de la voie de fer, de la même liberté qu'à l'égard de toute autre propriété contiguë, c'est à dire qu'il pourra approcher ses excavations de la clôture du chemin sans être astreint à observer aucune distance entre l'extrémité de ces excavations du côté de la voie et ladite clôture.

D'après cela, il ne devrait, à la rigueur, être tenu qu'à laisser intact du côté de la voie un espace de terrain suffisant pour prévenir l'éboulement des terres, comme doit le faire celui qui creuse un fossé sur son sol près du fonds voisin : et en outre qu'à respecter les talus de remblai, les pentes des déblais, en un mot toute espèce d'ouvrages d'art protégés par les dispositions prohibitives des lois sur la voirie, notamment par celles de l'article 2, N° 37 *suprà*.

Cependant nous pensons, en nous fondant sur un raisonnement puisé dans la défense faite par l'article 8 *infrà* N° 102, qu'aucune excavation ne pourrait être pratiquée à moins de 5 mètres du chemin de fer, car la loi en prohibant expressément une œuvre moins compromettante pour la voie, telle qu'un dépôt de matériaux dans une rayon de 5 mètres, prohibe à plus forte raison dans le même rayon des travaux d'une nature bien plus dangereuse pour le chemin.

§ 3. *Des excavations antérieures, soit à la loi actuelle, soit à l'établissement futur d'un chemin de fer près de ces excavations*

96. Elles sont maintenues, la loi n'a d'effet que pour l'avenir, elle ne rétroagit pas.

Cette application à l'hypothèse dont nous nous occupons, d'un principe élémentaire de législation en même temps que de jurisprudence (article 2 du code civil), se déduit de la disposition de l'article 10 ci-après, lequel exprime tacitement la volonté des rédacteurs sur le maintien des excavations du sort desquels nous nous occupons. Mais le propriétaire ne jouira pas, relativement à ces excavations, d'un droit d'entretien aussi étendu que celui qui, d'après le N° 90, lui appartiendrait pour des constructions ; car il ne pourra faire aucune de ces sortes d'œuvres qui sont interdites sur la partie retranchable d'un bâtiment sujet à reculement. *Vidè suprà*, N°ˢ 66, 67, et *infrà*, N° 99.

§ 4. *Autorisation nécessaire pour occuper, par des excavations, tout ou partie de la zone interdite.*

97. C'est au préfet, comme fonctionnaire représentant dans le département l'administra-

tion , que doit être adressée la demande en autorisation de celui qui désire profiter de la latitude qu'à cette condition lui ouvre l'article.

Mais le préfet, qui ne peut statuer définitivement sur ces sortes de demandes, qu'après approbation du ministre des travaux publics , ou quoique ce soit du directeur général des ponts et chaussées chargé par délégation ministérielle de cette partie du service , doit ordinairement , avant de répondre , soumettre son projet à la direction des ponts et chaussées, et ne prononcer que conformément aux instructions ou à la détermination de celle-ci.

Toutefois, relativement au demandeur en autorisation , l'arrêté du préfet suffirait pour l'exonérer de tout reproche de contravention : mais aussi dans le cas où cet arrêté n'aurait pas été précédé, accompagné et suivi des formalités prescrites, il serait exposé à une annulation. Ainsi le propriétaire courrait le risque de se voir retirer la permission et par suite la jouissance de l'exécution qu'il lui aurait donnée.

Voilà pour l'instruction de cette demande en ce qui touche les relations du préfet avec l'administration supérieure. Mais il est une autre formalité que prescrit expressément la seconde partie de l'article, c'est que la demande en autorisation ne puisse être répondue d'une solution non négative, sans que les concessionnaires ou fermiers de l'exploitation du chemin de fer n'aient été entendus ou dûment appelés, et à plus forte raison, ceux qui réuniraient à ce titre celui de constructeurs primitifs de ce chemin.

Pour l'exécution de cette règle, l'impétrant devra donc leur notifier par huissier la demande qu'il aura adressée au préfet, avec sommation de fournir à ce magistrat leurs observations et moyens d'opposition contre l'admission de ladite demande.

L'accomplissement de cette dénonciation sera mentionnée dans l'arrêté dont le préfet pourra refuser de s'occuper jusqu'à justification de la formalité, à moins que spontanément lesdits concessionnaires ou fermiers ne lui aient adressé leurs observations approbatives ou contraires à la demande, car la loi n'exige qu'on les appelle à venir prendre communication de cette demande, qu'autant qu'ils n'ont pas été entendus à cet égard.

ART. 7. Il est défendu d'établir à une distance de moins de 20 mètres d'un chemin de fer desservi par des machines à feu, des couvertures en chaume, des meules de paille, de foin, et aucun autre dépôt de matières inflammables.

Cette prohibition ne s'étend pas aux

dépôts de récoltes faits seulement pour le temps de la moisson.

§ 1er. Prohibition de certaines couvertures, d'amas et de dépôts de certains objets dans un rayon déterminé à partir de la limite du chemin de fer. — § 2. Exception à la prohibition du paragraphe 1er.

§ 1er Prohibition de certaines couvertures, d'amas et de dépôts de certains objets dans un rayon déterminé à partir de la limite du chemin de fer.

98. La zone de 20 mètres dans l'étendue de laquelle l'article défend d'établir des couvertures en chaume, etc., se mesure, à partir du côté du chemin de fer, de la limite du chemin même, et non d'un autre point pris en dehors de cette limite, par exemple, de ceux qui sont indiqués à d'autres fins par la seconde disposition de l'article 5 et par la première de l'article 6. *Vidè suprà* N° 88, 91 et suivants.

Quid de la distinction imaginée par les compagnies d'assurance de divers degrés de combustibilité entre les objets inflammables? Nous croyons que la loi, en désignant nommément les couvertures en chaume, les meules de foin et de paille, présente un exemple dans l'analogie duquel elle indique que l'on doit puiser les raisons de décider la question dans chaque hypothèse; ainsi, il y aura lieu d'appliquer ou non la prohibition, suivant que les choses déposées présenteront ou non, par comparaison

avec lesdites couvertures et meules, le danger
d'un incendie pouvant résulter de leur contact
immédiat avec le feu des machines employées
à l'exploitation du chemin. *Vidè infrà* N° 99.

Il faut observer, 1° que la prohibition est
restreinte à ceux des chemins qui sont desservis
par des machines à feu, d'où il suit qu'elle
cesse d'être applicable aux voies pour l'exploitation desquelles on emploie un autre moteur.
Ainsi, par exemple, elle n'aurait pas lieu pour
celles où la vapeur serait remplacée par l'air
comprimé, pour celles où la traction s'opérerait, soit par des chevaux, soit par des machines fixes, soit par tout autre procédé qui ne
comporterait pas un foyer mobile. Dans ces
divers cas, la distance à observer entre le chemin de fer et les dépôts, etc., ne devrait être que
de 5 mètres conformément à l'art. 8, et encore sauf les modifications et exceptions qu'il
prévoit.

2° Qu'elle cesse aussi d'avoir effet au-delà
des 20 mètres réservés libres de ces sortes de
couvertures, amas et dépôts.

3° Que les couvertures en chaume, etc., étant
proscrites d'une manière générale et sans exception, aucune ne pourrait être tolérée,
quelque modique qu'en soit l'étendue et quelqu'en soit l'objet, la durée ou la destination.
Ainsi, jamais l'exception du 2° paragraphe de
l'article ne leur sera applicable.

4° Que les meules de paille, de foin et de matières inflammables, ne sont passibles de la disposition prohibitive de l'article qu'autant qu'elles sont exposées au contact immédiat du feu qui peut s'y communiquer des machines employées à l'exploitation du chemin de fer ; ainsi, celles de ces meules ou ceux de ces dépôts qui seraient renfermés dans des bâtiments ne rentreraient pas dans les prévisions de la loi. Conséquemment ils pourraient avoir lieu de cette manière dans l'intérieur de la zone fixée, c'est à dire à une distance de moins de 20 mètres de la limite du chemin de fer.

Cette observation comprendrait notamment les magasins de ces sortes de choses, mais il faudrait qu'ils fussent couverts; ainsi nous ne rangerions pas dans l'exception les amas et dépôts faits dans les cours situées à distance prohibée.

5° Enfin qu'il n'y a pas de distinction à faire sous le rapport de la défense entre les couvertures, dépôts, etc., instantanés et ceux qui sont permanents ; ceux-là sont proscrits comme ceux-ci ; ils offrent, pour le temps de leur existence, les mêmes dangers, et l'exception faite par la seconde partie du présent article et par le dernier paragraphe de l'article 8, confirme l'exactitude de cette conclusion en thèse générale.

99. *Quid* des couvertures en chaume, etc.,

existantes à une distance plus rapprochée que
ne le permet la loi nouvelle des chemins construits au moment de la promulgation de cette
loi, ou des chemins qui seront établis à l'avenir, mais, en ce dernier cas, avant leur création ?

Elles ne peuvent être atteintes par cette disposition prohibitive, car elle ne saurait avoir
un effet rétroactif ; c'est une conséquence qui
résulte tacitement, mais formellement, ainsi
que nous venons de l'établir *supra*, N° 96, pour
les excavations placées dans la même hypothèse, de la disposition de l'article 10 ci-après,
qui remet aux mains de l'administration le
pouvoir de recourir à des mesures de précaution propres à prévenir le danger de la conservation de ces couvertures et amas à une distance
trop rapprochée de la voie. Voilà pourquoi
la commission, dans son rapport du 12
juin 1844, *Moniteur* du 25, page 1901, dit que
l'administration peut toujours, par simple
mesure de police, soit générale, soit municipale,
proscrire cette conservation.

Mais aussi, quand l'administration départementale ou municipale croira devoir s'abstenir de provoquer une suppression immédiate,
le propriétaire ne pourra ni les rétablir, ni les
remplacer, ni y faire aucuns travaux confortatifs propres, soit à en prolonger l'existence,
soit à en retarder la destruction, ainsi que nous

l'avons indiqué *suprà*, N° 96. *Quid* des travaux de simple entretien? L'article 5 ne les permet que pour les constructions et non pour les couvertures, donc, etc.

Comme la prohibition de dépôt n'atteint que les matières inflammables, en cas de désaccord sur la nature des substances, l'autorité juridictionnelle, saisie de l'action en répression, serait compétente pour statuer sur l'exception que prétendrait tirer le prévenu de la qualité non inflammable des choses déposées, comme sur tout autre moyen de défense. Elle aurait le droit, pour l'apprécier, de recourir aux voies d'instruction qu'elle jugerait propres à l'éclairer sur le point controversé, notamment à celle de l'expertise. *Vidè suprà*, N° 98.

§ 2. *Exception à la prohibition du paragraphe 1er.*

1oo. La seule difficulté que puisse présenter cette seconde disposition de l'article, consiste dans la définition de l'acception que les rédacteurs ont entendu donner à ces mots, *dépôts de récoltes faits seulement pour le temps de la moisson.*

Qu'entend-on par dépôts de récoltes, quelle période de durée embrasse le temps de la moisson?

Première question. — Nous ne pensons pas qu'il puisse y avoir matière à controverse sérieuse sur le sens de ces expressions, *dépôts de récoltes*, car, suivant nous, toutes récoltes qui se composent de foin, de paille et d'autres matières inflammables, et dont à ce dernier titre le dépôt, même éphémère, rentrerait dans l'interdiction de la première partie de l'article, peuvent, d'après la seconde disposition, rester en dépôt dans la zone de 20 mètres par exception à la prohibition faite en termes généraux dans le premier paragraphe de l'article.

Deuxième question. — Mais à quelles conditions ces sortes de dépôts peuvent-ils jouir de cette faveur exceptionnelle?

Il faut d'abord, qu'il s'agisse de récoltes provenant des terrains mêmes compris dans la zone ; ainsi, l'on n'admettrait pas comme aptes à profiter de la dérogation les récoltes faites sur d'autres propriétés et que l'on viendrait réunir en dépôt dans un héritage faisant partie de cette zone ; par la même raison, nous pensons qu'on devrait étendre la proscription aux récoltes provenant d'un seul et unique terrain situé en même temps en dedans et en dehors de la distance fixée, et que l'on voudrait déposer en dedans, à moins qu'il n'y ait division dans l'exploitation et diversité de produits, et que le dépôt fait dans la zone prohibée, soit exclusivement composé de la récolte de la parcelle enfermée dans cette zone.

En second lieu, ils ne peuvent être maintenus au-delà du temps de la moisson.

De l'explication du sens du paragraphe donnée par le rapporteur à la chambre des députés, séance du 1ᵉʳ février 1845, *Moniteur* du 2, pages 226 et 227, il résulte que l'usage de cette faculté exceptionnelle doit être restreint à la période de temps rigoureusement nécessaire à la moisson des fruits du terrain qui les a produits.

101. Il est certaines contrées en France où les céréales réunies au fur et à mesure de la moisson, c'est à dire de la séparation des fruits de la terre, sont de suite battues sur place pour en extraire le grain ; cette opération n'est plus la moisson proprement dite, elle en est seulement une suite, une conséquence; aussi nous pensons que l'on ne peut y procéder sur le terrain même où la récolte a été amassée, quand ce terrain se trouve dans les limites de la zone, qu'autant que le battage a lieu immédiatement, parcequ'il n'y a pas meule alors dans le sens que l'usage attache à cette dénomination. *Secùs* au cas contraire, c'est à dire dans l'hypothèse où la récolte aurait été convertie en meule pour le grain n'en être extrait qu'après un certain intervalle de temps.

ART. 8. Dans une distance de moins de cinq mètres d'un chemin de fer, aucun dépôt de pierres ou objets non inflammables ne peut être établi sans l'autorisation préalable du préfet.

Cette autorisation sera toujours révocable.

L'autorisation n'est pas nécessaire :

1° Pour former dans les localités où le chemin de fer est en remblai, des dépôts de matières non inflammables, dont la hauteur n'excède pas celle du remblai du chemin;

2° Pour former des dépôts temporaires d'engrais et autres objets nécessaires à la culture des terres.

§ 1er. Distance à laquelle sont prohibés les dépôts de pierres ou d'autres objets non inflammables. — § 2. Exception à l'interdiction des dépôts et à la nécessité de l'autorisation préfectorale pour en faire légalement à une distance de moins de 5 mètres.

§ 1er. *Distance à laquelle sont prohibés les dépôts de pierres ou d'autres objets non inflammables.*

102. Dans l'article précédent, le législateur s'est occupé de régler la distance à observer entre le chemin de fer et les dépôts de matières inflammables ; ici il fixe celle qui devra exister entre le chemin et les dépôts, soit de pierres, soit de tous autres objets non inflammables.

L'étendue de l'espace que doit laisser libre

en pareil cas tout déposant, étant bien déterminée, nous ne nous en occuperons pas.

Quant à la catégorie des choses dont la loi prohibe le dépôt dans une zone de 5 mètres à partir de la limite du chemin de fer, elle est également spécifiée par l'article et se compose soit de pierres, soit d'objets non inflammables.

En cas de controverse sur la nature inflammable ou non des matières, *Vidé suprà*, N° 99.

Ainsi, quelle que soit la substance d'une chose, pourvu qu'elle ne soit pas de sa nature inflammable, on peut en faire des dépôts à 5 mètres du chemin de fer; la raison en est que, dès que l'article ne prohibe que les dépôts faits à moins de 5 mètres, il s'ensuit que quand il y a cinq mètres ou plus entre la voie et les dépôts, ceux-ci sont licites.

Mais aussi cette règle, qui défend d'approcher les dépôts alors même qu'ils se composent de pierres et de matières non inflammables, de moins de 5 mètres du chemin de fer, s'applique, à raison de l'acception générale et illimitée des expressions de l'article, à tous objets quelconques sans distinction ni restriction.

Du reste, il faut remarquer, 1° que cette prohibition ne concerne que les dépôts proprement dits, qu'ainsi elle serait sans application à des matériaux réunis et formant une construction, cas qui serait régi par l'article 5. — 2° Qu'aux termes mêmes du présent article 8, l'interdiction qu'il établit, reçoit exception quand il y a autorisation du préfet de faire le dépôt à une moindre distance.

103. Toutefois il faut que cette autorisation soit préalable, c'est à dire qu'elle précède le dépôt; par conséquent il y aurait contravention si elle n'intervenait qu'après. Argument de la doctrine consacrée par l'ordonnance en conseil d'état du 18 janvier 1845 citée *suprà* N° 47. Il faut aussi qu'elle comprenne dans sa désignation les choses dont il est permis à l'impétrant de composer ce dépôt. En outre, celui qui en use doit observer rigoureusement les conditions de temps, de quantité, etc., y apposées. Enfin la loi n'astreint pas le préfet, comme elle le fait au cas prévu par l'article 6, à exiger que le fermier ou le concessionnaire de l'exploitation du chemin de fer soit préventivement entendu dans ses objections contre la permission sollicitée, ou qu'il soit dûment appelé; ainsi l'accomplissement de cette formalité est inutile; cependant elle n'est pas défendue, et le préfet pourrait communiquer la demande au fermier ou concessionnaire.

Mais en cas de révocation, il faudrait qu'elle fût notifiée au permissionnaire déposant pour le constituer en contravention; sans cette précaution, celui qui aurait usé de la permission pourrait continuer de bonne foi à le faire.

Quid des dépôts existants à distance prohibée lors de la promulgation de la loi près des chemins construits et déjà en exploitation? *quid* de ceux que l'on trouvera formés à une moindre distance, à 3 mètres par exemple : d'un chemin que l'on établira par la suite, après la publication de la loi, et dès lors à une distance plus rapprochée du dépôt que celle fixée par l'article?

On appliquerait par raison d'analogie à cette éventualité la règle énoncée ci-dessus, N° 96, pour les excavations, etc., et N° 99, pour les couvertures en chaume.

C'est là un point qui ne peut être douteux; l'article 10 insinue positivement que c'est en ce sens que l'ont entendu les auteurs de la loi nouvelle ; mais le propriétaire ne pourra ni remplacer le dépôt, soit en tout, soit en partie, ni faire aucuns travaux confortatifs pour en perpétuer la durée ou même pour en prolonger l'existence, c'est une doctrine que l'on trouvera établie page 175 *suprà*.

§ 2.: *Exceptions à l'interdiction des dépôts et à la nécessité de l'autorisation préfectorale, pour en faire légalement à une distance de moins de 5 mètres.*

104. Ces exceptions sont au nombre de deux.

1ʳᵉ *Exception.* — D'après la dernière partie de l'article, il est loisible à tout propriétaire riverain d'une voie de fer d'établir sur son terrain des dépôts, soit de pierres, soit d'objets non inflammables, sans être tenu d'observer la distance de 5 mètres entre le dépôt et la limite du chemin de fer, et sans être astreint pour jouir de cette latitude, à l'obtention préalable de l'autorisation du préfet énoncée en la première partie.

Il suffit pour cela : 1° que le chemin près duquel il veut faire son dépôt à une distance moindre de 5 mètres soit en remblai, c'est à dire élevé au moyen de matériaux rapportés ou arrangés, au-dessus du niveau naturel du sol qui l'avoisine.

2° Que la hauteur du dépôt n'excède pas celle du remblai.

3° A ces deux conditions imposées par le texte de l'article nous en ajouterons une troisième, c'est que le déposant respecte, conformément au vœu de l'article 2, les fossés, talus, levées et ouvrages d'art qui dépendent du chemin.

105. *Seconde exception.* — Alors même que le chemin n'est pas en remblai, on peut placer des dépôts à une distance moindre de 5 mètres de la limite de ce chemin, pourvu :

1° Qu'ils se composent uniquement d'engrais et d'objets nécessaires à la culture des terres.

2° Que ces dépôts ne soient que temporaires.

3° Enfin, que le déposant observe la règle prohibitive qui fait l'objet de la troisième condition du N° 104 qui précède.

Voici quels sont les motifs de ce paragraphe; leur exposé suffit pour en expliquer la portée :

« La commission a pensé, dit le rapporteur,
« devant la chambre des députés, séance du
« 1ᵉʳ février, *Moniteur* du 2, page 227, qu'il
« était utile d'introduire dans l'article 8 une
« exception semblable à celle qui se trouve
« dans l'article 7. Bien que la zone de servi-
« tude dont il s'agit dans l'article 8 ne s'étende
« qu'à 5 mètres, nous avons cru que les be-
« soins de l'agriculture réclamaient qu'on
« autorisât les dépôts temporaires d'engrais et
« d'objets nécessaires aux exploitations rura-
« les, ces dépôts ne peuvent en rien compro-
« mettre la sûreté de la circulation. »

Si les engrais ou les objets nécessaires à la culture des terres, dont à ce titre on voudrait faire le dépôt dans l'intérieur de l'espace de 5 mètres réservé, se composaient de matières inflammables, pourrait-on user pour les uns et les autres de la faculté exceptionnelle introduite par le dernier paragraphe de l'article?

Non, parceque tout ce qui concerne les ma-tières inflammables est régi par l'article 7, tandis que le présent article ne s'occupe exclu-sivement que des prohibitions faites pour les matières non inflammables; par conséquent l'exception qu'il introduit, se référant à la règle qu'elle modifie, ne peut s'appliquer qu'aux dépôts d'objets qui ne sont pas inflammables pour lesquels seuls elle est établie.

Un instrument aratoire en bois serait-il considéré comme chose inflammable?

Nous ne le pensons pas; car, quoique la matière dont il se compose soit de sa nature inflammable, cependant l'emploi qui en est fait, le sort de la catégorie des amas de bois, et le fait entrer dans celle de ces dépôts que, d'après les expressions ci-dessus transcrites du rapporteur de la commission, celle-ci a eu l'intention de tolérer comme ne pouvant en rien compromettre la sûreté de la circulation.

ART. 9. Lorsque la sûreté publique, la conservation du chemin et la disposition des lieux le permettront, les distances déterminées par les articles précédents pourront être diminuées en vertu d'ordonnances royales rendues après enquêtes.

§ 1ᵉʳ De quelles distances parle l'article. — § 2. Conditions apposées à l'exercice de la faculté concédée au gouvernement de diminuer les distances déterminées par les articles précédents.

§ 1ᵉʳ. *De quelles distances parle l'article.*

106. Les distances auxquelles l'article permet d'apporter des réductions, sont celles que

prescrivent les articles 5, 6, 7, et 8 exclusivement; on ne pourrait étendre à d'autres l'usage du droit conféré ici au pouvoir exécutif sans sortir du cercle tracé par le législateur : ainsi le gouvernement ne serait pas fondé à prétendre puiser dans le présent article 9, le droit de déroger aux distances dont l'obligation résulte en faveur des chemins de fer, de l'application qui leur est faite des règles de la voirie par les articles, 1, 2 et 3 de la loi actuelle : cette conclusion est tirée des discussions qui ont eu lieu au sein des chambres, lesquelles fixent dans ce sens restrictif la portée à donner à cette attribution gouvernementale (explication du ministre des travaux publics à la séance de la chambre des pairs du 16 avril 1845, *Moniteur* du 17, page 1006, 1re et 2e colonnes).

Les modifications permises à la couronne, relativement aux zones dans lesquelles les constructions et autres œuvres énoncées aux articles cités sont interdites, ne peuvent avoir pour objet que la restriction desdites zones; en aucun cas il ne lui est loisible de jamais les étendre et d'aggraver ainsi la servitude qui dans le rayon formant les mêmes zones pèse sur les propriétés riveraines.

§ 2. *Conditions apposées à l'exercice de la faculté concédée au gouvernement de diminuer les distances déterminées par les articles précédents.*

107. Il faut, 1° que la sûreté publique, la

conservation des chemins et la disposition des lieux le permettent ; 2° comme dans le texte ces trois conditions sont unies par la conjonction *et*, il en résulte que dans l'intention des rédacteurs le concours simultané de toutes est exigé, qu'ainsi ce concours devient nécessaire pour autoriser le gouvernement à se prétendre placé dans la position prévue par l'article.

Quand ces trois circonstances fondamentales se rencontrent, le chef de l'administration peut user du droit que nous venons de lui reconnaître, et dont nous avons signalé N° 87 un cas d'application que réclame indispensablement l'exploitation d'un chemin de fer ; mais quelque impérieuse que lui paraisse la raison de l'accorder, il ne pourra le faire légalement aux termes de l'article qu'en remplissant pour l'usage de son droit les formalités suivantes.

D'abord il doit faire procéder préalablement à une enquête *de commodo et incommodo*. Quant au mode à suivre par l'administration pour remplir cette formalité, nous ferons remarquer qu'il a été déclaré à la chambre des pairs, séance du 3 avril 1844, *Moniteur* du 4, page 838, qu'elle devait avoir lieu en la forme administrative. On trouvera cette forme tracée dans notre Traité d'expropriation pour utilité publique, pages 9, 10 et 12.

Ensuite le roi statue par simple ordonnance, sans avoir besoin d'entendre le conseil d'état, par conséquent sans observer le mode que nous avons indiqué article 4, § 2, N° 81 *suprà*, mais selon l'usage ordinaire, c'est à dire sur le simple rapport du seul ministre compétent.

108. Quoiqu'on ne rencontre pas en l'article 9 la même réserve du droit de révocation de cette permission que celle que renferme l'article 8 relativement à l'autorisation préfectorale, nous pensons cependant que ce pouvoir ne saurait être sérieusement contesté à la couronne.

En effet, la loi exprime par les conditions dont elle requiert la concomittance, que dans l'intention des auteurs de la disposition, il faut, comme nous l'avons fait remarquer, que la réduction des distances prescrites ès-articles précédents ne puisse nuire en rien, soit à la sûreté publique, soit à la conservation du chemin, et qu'en outre les localités ne présentent aucun obstacle à l'application de la mesure.

Or, n'est-il pas dans l'ordre des choses possibles que ces conditions, qui se rencontraient en faveur de la demande au moment de l'enquête et de l'intervention de l'ordonnance, viennent à défaillir en tout ou en partie par la suite?

Si l'on admettait l'irrévocabilité de la permission, il arriverait qu'encore bien que par la continuité de son exécution, la sûreté publique par exemple, ou la conservation du chemin, fût compromise, le gouvernement ne pourrait arrêter le danger.

Ce sont ces éventualités sans doute qui ont motivé l'article 10, lequel résout la question en faveur de notre opinion; car de sa combinaison avec les règles de la voirie, expliquées Nos 49, 50 et 121, il résulte que l'administration a le droit de poursuivre la suppression sans indemnité des constructions qui se trouveront dans les zones prohibées, lorsqu'elles auront une existence postérieure, soit à la loi nouvelle pour les chemins déjà construits au jour de la promulgation, soit à l'établissement d'un nouveau chemin créé depuis la publication de la loi.

La raison d'appliquer le droit de suppression sans indemnité, reconnu en faveur du gouvernement par l'article 10, aux constructions, etc., qui ont pu être élevées dans la zone prohibée, ensuite d'ordonnances royales qui en ont diminué l'étendue en vertu de l'article 9, se tire de ce que l'article 10, en n'accordant pas d'indemnité pour la suppression des bâtiments élevés dans cette zone depuis l'établissement d'un nouveau chemin de fer, ou depuis la promulgation de la loi, suivant les circonstances, ne peut avoir eu en vue que l'éventualité que nous venons d'indiquer.

En effet, si ces constructions, etc., avaient eu lieu dans la zone prohibée avant l'intervention de l'ordonnance qui en réduit l'étendue et en dehors des deux conditions de conservation prévues par le premier paragraphe de l'article 10, elles constitueraient des contraventions à l'alignement ainsi que cela est expliqué N°s 5o et 121, et leur destruction devant, aux termes de l'article 11, être prononcée par le conseil de préfecture, il eût été inutile et dérisoire, d'abord d'autoriser le gouvernement à faire supprimer ce qui n'existe plus, et ensuite d'apposer à l'exercice de son pouvoir les conditions d'un danger pour la sûreté publique ou pour la conservation du chemin, danger dont le concours n'est nullement nécessaire pour le cas de suppression d'une œuvre élevée en contravention; car, en ce dernier cas, c'est uniquement la violation de la loi qui motive la mesure. V. les N^{os} cités 49, 5o et 121.

Ainsi, celui qui, profitant de la faculté que lui donne une ordonnance restrictive rendue dans les termes de l'article 9, aura construit sur le terrain compris dans la zone prohibée, devra savoir qu'il demeure exposé à la chance de la suppression sans indemnité de ses constructions que l'article 10 autorise le gouvernement à exiger lorsque la sûreté publique ou la conservation du chemin le réclame. *Vidè suprà* N° 111.

ART. 10. Si, hors des cas d'urgence prévus par la loi des 16-24 août 1790, la sûreté publique ou la conservation du chemin de fer l'exige, l'administration pourra faire supprimer, moyennant une juste indemnité, les constructions, plantations, excavations, couvertures en chaume, amas de matériaux combustibles ou autres, existants dans les zones ci-dessus spécifiées au moment de la promulgation de la présente loi, et pour l'avenir, lors de l'établissement du chemin de fer.

L'indemnité sera réglée pour la suppression des constructions conformément aux titres IV et suivants de la loi du 3 mai 1841, et pour tous les autres cas, conformément à la loi du 16 septembre 1807.

§ 1ᵉʳ. Du droit de suppression accordé à l'administration par l'article 10, et de la première des conditions et circonstances dans lesquelles il lui est permis de l'exercer. — § 2. Des autres conditions et circonstances dans lesquelles l'administration peut user du pouvoir de suppression dont l'arme l'article. — § 3. Des charges apposées à la suppression.

§ 1ᵉʳ. *Du droit de suppression accordé à l'administration par l'article 10, et de la première des conditions et circonstances dans lesquelles il lui est permis de l'exercer.*

109. L'article accorde à l'administration le

droit de faire supprimer les constructions, plantations et autres objets qu'il énumère. Mais, comme il ne le fait que dans des circonstances et sous des conditions qu'il détermine, il importe, pour en bien saisir la portée, d'examiner à part, divisément et succinctement chacune de ces circonstances et conditions.

1° La première de ces circonstances et conditions consiste dans l'accomplissement des formalités qui lui sont imposées pour l'exercice de ce droit de suppression.

Mais quelles sont ces formalités? Faudra-il que l'administration se conforme aux règles prescrites par la loi du 3 mai 1841 sur l'expropriation pour utilité publique, sinon pour toutes les supressions que l'article lui donne le pouvoir de faire opérer, au moins pour celles qui frappent sur des constructions ou sur des ouvrages dont la destruction et la privation perpétuelle produisent, à l'égard du propriétaire, les effets d'une véritable expropriation, en le dépouillant de la partie superficiaire de sa chose, partie toujours plus précieuse que le fonds.

Ou bien, suffira-t-il d'une simple décision, d'un acte de simple volonté de l'administration, pour contraindre le propriétaire à opérer ou à subir la suppression d'œuvres qu'elle aura jugées compromettantes, soit pour la sûreté publique, soit pour la conservation du chemin de fer?

La question paraît avoir été comprise et résolue dans le sens du premier système par la chambre des pairs lors de la discussion qui eut lieu dans son sein en avril 1844.

En effet, on voit, en se reportant aux procès-verbaux de ses délibérations, que M. Teste, séance du 3 avril 1844, *Moniteur* du 4, page 839, 3e colonne, énonçait comme un principe certain admis pour base incontestable par la chambre, que, d'après l'article, la suppression des bâtisses ne pourrait être opérée par l'administration qu'en observant les formes de l'expropriation prescrites par la loi du 3 mai 1841. Cette déclaration fut renouvelée à la même séance, page 840, 1re colonne, par M. Daru. M. Persil, rapporteur de la commission, dans la séance du 8 avril 1844, *Moniteur* du 9, page 874, 3e colonne, énonçait qu'il y avait accord unanime dans la chambre sur la nécessité de procéder par la voie de l'expropriation toutes les fois qu'il s'agirait de faire démolir des bâtisses ou constructions. M. Legrand, sous-secrétaire d'état, confirmait cette interprétation de l'esprit dans lequel était conçu et entendu, et dans lequel devait être exécuté l'article, séance du 10, *Moniteur* du 11, page 893, 3e colonne, et cette interprétation fut immédiatement suivie du vote d'adoption, mêmes page et colonne. Seulement M. Teste, en exprimant l'opinion précitée qu'il présen-

tait comme formulant un principe admis par
la chambre, ajoutait qu'il devait être entendu
que dans cette poursuite d'expropriation, le
gouvernement serait dispensé de l'enquête
préalable requise en thèse générale pour constater l'utilité publique des travaux dont l'exécution nécessite des expropriations.

Mais, soumis à l'examen de la chambre des
députés en janvier et en février 1845, l'article
n'y fut accepté qu'avec un sens opposé, c'est à
dire, comme on va le voir, qu'avec cette interprétation que, pour parvenir à la suppression
de l'un des objets quelconques énoncés en cet
article, il ne serait jamais nécessaire que l'administration recourût aux formes de l'expropriation pour utilité publique. En effet, à la
séance du 1er février 1845, *Moniteur* du 2,
page 227, 3e colonne, M. Durand de Romoran-
tin fit observer que le texte de l'article ne
renvoyait aux formes de la loi du 3 mai 1841,
que pour le mode d'appréciation de l'indemnité; mais que, quant à l'expropriation même
qui résultait de la suppression, la loi en discussion ne donnait aucune garantie, puisqu'elle
confiait à l'administration seule sans contra-
dicteurs, sans enquête, le moyen de dépouiller
un citoyen de constructions qui, pour lui,
pouvaient avoir une très grande importance.
En conséquence il demanda le renvoi à la
commission pour qu'elle introduisît dans la

disposition de l'article des formalités propres à préserver les citoyens d'une expropriation consommée, sans qu'il y eût, pour celui qui la subit, aucun mode réservé de faire valoir ses droits et moyens. Mais M. Chasseloup-Laubat, au nom de la commission dont il était le rapporteur, s'opposa au renvoi demandé. Il en donna pour raison que, relativement aux constructions, etc., dont s'occupait l'article 10, la déclaration d'utilité publique de leur suppression résultait de la prohibition générale de l'article 5 ; qu'ainsi, lorsque l'administration jugerait que la sûreté publique ou la conservation du chemin exige la destruction de bâtiments existants, il n'y aurait plus qu'une seule chose à faire, ce serait de déterminer l'indemnité à laquelle le propriétaire a droit, et que c'était uniquement pour en faire le réglement, que l'on renvoyait au mode tracé par la loi de 1841 ; il ajouta que dès lors il pensait que la chambre ferait bien d'adopter l'article tel qu'il était rédigé, et de fait, cette opinion ayant obtenu l'assentiment de la majorité, elle le manifesta de suite par un vote approbatif.

Et comme la chambre des pairs, à laquelle l'article 10 fut représenté en avril 1845, avec l'explication aussi nettement formulée d'une exclusion de l'emploi des formes de l'expropriation pour la mise à exécution, par l'administration, du droit de suppression à elle concédé, adopta le même article purement et simplement sans modification ni observation, son vote ou plutôt son silence sur l'interprétation sous l'empire de laquelle lui revenait cet article, est une approbation tacite, mais positive de cette interprétation.

Ainsi donc, il faut admettre pour certain, comme le disait M. Chasseloup-Laubat, que l'administration, quel que soit l'objet dont elle poursuive la suppression en vertu de l'article 10, ne sera jamais tenue, pour parvenir à cette suppression, d'observer les dispositions de la loi de 1841, qu'il n'y aura nécessité pour elle de recourir à cette loi, que pour se conformer aux règles y établies sur le mode amiable ou judiciaire de la fixation des indemnités dues aux propriétaires des constructions supprimées.

Mais l'application dans la pratique peut présenter des difficultés sérieuses.

Première difficulté. — La loi, en se servant de ce terme isolé, *l'administration,* ne désigne pas expressément à laquelle, ou de l'administration départementale ou de l'administration supérieure, elle confie l'attribution d'exercer le pouvoir de suppression qu'autorise l'article 10; de là une incertitude possible, un conflit que nous devons chercher à prévenir en résolvant le doute.

Or, nous pensons que l'administration départementale est compétente pour statuer en pareil cas, et que ses décisions seront obligatoires pour les riverains des chemins de fer comme elles le seraient pour ceux d'une grande route; le tout, sauf au préfet à soumettre au ministre son arrêté, qui provisoirement n'en serait pas moins exécutoire, sans préjudice du recours de la partie lésée. *Vidè infrà* N°ˢ 112 et 113. *Secùs* s'il s'agissait au contraire d'un arrêté pris par le préfet dans l'hypothèse de l'article 21. *Vidè*, pour la compétence en certains cas du pouvoir municipal, *suprà*, N° 99, page 174.

Nous fondons, comme on le voit, notre sentiment d'abord sur l'assimilation prononcée par l'article 1ᵉʳ entre les chemins de fer et les routes, et sur ce que pour celles-ci le droit de la voirie confère aux préfets le pouvoir d'en assurer la viabilité, la sûreté, la conservation, et à ces fins celui de statuer sur le cas de suppression des œuvres et entreprises, etc., élevées contrairement à la servitude d'alignement. Voyez Traité de la voirie, N° 15.

Ensuite, nous le puisons dans un argument *à contrario* tiré de l'article 21, duquel il résulte qu'il n'est nécessaire de recourir à l'obtention d'une ordonnance royale que pour les réglements d'intérêt public et général, ce qui exclut l'emploi de cette forme pour les décisions d'intérêt local et d'objet particulier.

Du reste, en ce qui concerne les effets de la suppression que l'administration fait exécuter, il est à remarquer que dans l'hypothèse du présent article, la loi n'accordant à l'administration que le pouvoir de faire supprimer les constructions, etc., l'état n'acquiert rien. Le maître de ces constructions reste, après leur disparition, propriétaire du terrain qu'elles couvraient comme il l'était avant leur destruction; qu'en un mot, il n'est pas exproprié du fonds dont il conserve le domaine, du fonds qui reste dans son patrimoine grevé simplement des servitudes établies par la loi sur les fonds riverains de la voie de fer, dans l'intérêt et de celle-ci et de la sûreté publique. V. N° 88.

Seconde difficulté. — Ne doit-on recourir au jury pour l'appréciation de l'indemnité, c'est à dire à la loi de 1841, que quand l'administration ordonne directement la suppression d'une construction, ou bien ce mode pourra-t-il être réclamé également par le propriétaire de la maison, de la mine, de la minière, de la carrière, dont la destruction sera la conséquence forcée des mesures de suppression prescrites par l'administration relativement aux couvertures en chaume et aux excavations ?

Au premier abord, le texte de l'article paraît ne soumettre l'administration, en ce qui touche le réglement de l'indemnité, à l'observation des règles de la loi d'expropriation pour cause d'utilité publique relatives à cette fixation, qu'autant qu'il s'agira d'une espèce dans laquelle elle aura requis directement et formellement la suppression d'une construction , qu'ainsi elle pourra s'en abstenir toutes les fois que la destruction par elle demandée ne frappera que des couvertures en chaume, des excavations, des plantations, des amas de matériaux ; mais ce serait là une interprétation judaïque qui, fondée sur le sens littéral, serait contraire à l'esprit dans lequel a été conçue et acceptée sa disposition en ce qui concerne les couvertures en chaume et les excavations, ainsi qu'on va le voir.

En effet, il faut remarquer pour ce qui regarde les couvertures en chaume que, seules et isolément du bâtiment qu'elles abritent, elles sont déclarées passibles du pouvoir de suppression conféré à l'administration. Si donc le bâtiment est assez solide pour recevoir une autre espèce de couverture en matériaux non combustibles, par exemple en tuiles, en ardoises, en zinc, etc., il suffira au propriétaire, pour se conformer à l'exercice du droit de suppression dont l'administration usera envers lui, de substituer l'un de ces modes de couvertures au chaume qu'on l'obligera à enlever ; mais s'il en était autrement, si le bâtiment n'était pas en état de supporter une autre espèce de toiture, et si dès lors la suppression de celle de paille devrait entraîner par voie de conséquence forcée celle du bâtiment qu'elle couvrait, alors cette hypothèse rentrerait, par la fin à laquelle elle conduirait, dans le cas de suppression directe d'une construction, et l'administration devrait observer la règle que nous venons de tracer pour l'appréciation de l'indemnité due en cas de réquisition directe et immédiate de suppression d'une construction. *Vidè* N° 115.

L'exception que nous venons d'établir, s'appliquerait par une identité de raison incontestable à la suppression d'une excavation qui aurait pour objet l'exploitation d'une mine, d'une carrière, d'une minière, d'une tourbière, d'une sablière ; car la suppression de l'excavation entraînerait forcément celle de la mine, de la carrière, etc., si par le résultat de l'exécution de la décision administrative, l'exploitation en était interdite de telle sorte qu'il ne fût plus au pouvoir du concessionnaire de continuer à en tirer les produits après l'accomplissement de cette décision comme il le faisait auparavant. Car alors cette privation imposée à perpétuité ayant à son égard tous les effets d'une expropriation de la mine, etc., il s'ensuit qu'il deviendrait nécessaire d'observer pour l'évaluation de l'indemnité, toutes les prescriptions établies dans les cas d'une expropriation proprement dite.

Quand au contraire, la couverture en chaume dont l'administration poursuivra la suppression, pourra être remplacée par une toiture d'une autre espèce non combustible sans danger pour le bâtiment; quand, relativement aux excavations servant à l'exploitation des mines, etc., les mesures arrêtées par l'administration ne seront pas de nature à former pour l'avenir un obstacle absolu à l'exploitation, mais uniquement à la gêner, à l'embarrasser, à l'entraver, à la rendre, en un mot, seulement plus difficile ou plus dispendieuse pour la suite, alors, comme il n'en résultera pas contre le propriétaire privation, dépossession de sa chose (mine, carrière, etc.), mais uniquement modification préjudiciable dans le mode de sa jouissance, il n'éprouvera qu'un de ces dommages dont l'indemnité doit être appréciée par le conseil de préfecture, ensuite d'une expertise préalable aux termes des articles 56 et 57 de la loi du 16 septembre 1807.

Relativement aux plantations et aux dépôts de matériaux, la suppression et l'enlèvement qui en pourront être requis par l'administration, ne devant, en aucun cas, d'après la discussion parlementaire ci-après indiquée, être considérés comme caractérisant au préjudice du propriétaire une expropriation, mais seulement comme lui causant un simple dommage, l'appréciation de l'indemnité appartiendra, comme au cas ci-dessus, au conseil de préfecture.

Ces distinctions, basées sur la raison, s'appuient en outre d'une autorité irrécusable, c'est de leur conformité à l'intention sous l'impression de laquelle a été rédigé l'article 10 : on trouve en effet la preuve de cette conformité dans l'indication donnée par M. Legrand, sous-secrétaire d'état, au nom du gouvernement sur la prévision de ces deux hypothèses, de la solution qu'elles devraient recevoir. Chambre des pairs, séance du 10 avril 1844, *Moniteur* du 11, page 893, 3ᵉ colonne.

§ 2. *Des autres conditions et circonstances dans lesquelles l'administration peut user du pouvoir de suppression dont l'arme l'article.*

110. 2° Elle n'est dans la nécessité d'user du droit exorbitant que lui confère cet article, qu'autant qu'il ne s'agit pas d'un des cas d'urgence prévus par la loi des 16-24 août 1790, laquelle, titre XI, article 3, porte « que les ob-
« jets de police confiés à la vigilance et à l'au-
« torité des corps municipaux, sont : 1° tout
« ce qui intéresse la sûreté et la commodité du
« passage dans les rues, quais, places et voies
« publiques, le nettoiement, l'enlèvement des
« encombrements, la *démolition* ou la *répara-*
« *tion* des bâtiments menaçant ruine, etc. »

Il est vrai que les termes de cet article ne semblent le rendre applicable qu'aux rues.

quais, etc., et qu'ainsi interprété restrictive-
ment il ne régirait pas les voies de fer hors de
l'enceinte des communes, et cette interprétation est exacte, quand les pouvoirs conférés par
cet article sont exercés par l'administration
municipale. Voir N°ˢ 22 et 24, et notre Traité
de l'expropriation pour utilité publique ,
page 455, note 281, où l'on trouvera tracée la
forme à suivre dans les arrêtés de déclaration
de péril imminent, et dans le mode de leur
exécution.

Mais, nous avons établi en notre Traité de
la voirie N° 15, que tous les droits conférés
en 1790 aux maires sur la voie publique dans
l'intérieur des communes appartenaient à l'autorité administrative sur les grandes routes.

Le préfet et les membres de l'administration
supérieure peuvent donc déclarer l'imminence
du péril d'un bâtiment, d'une construction
quelconque sise sur ou contre la limite d'un
chemin de fer, et en ordonner soit la réparation, si cette mesure suffit pour faire cesser le
danger, soit, au cas contraire, la démolition.
C'est là un droit qui a été reconnu à l'administration, comme conséquence du principe
d'analogie que nous venons de rappeler, lors
de la discussion du projet de loi devant la
chambre des pairs, séance du 3 avril 1844,
Moniteur du 4, pages 838 et 839. Mais si le
bâtiment reconnu en état de péril imminent

est situé dans l'intérieur d'une commune traversée par le chemin de fer, le droit d'en prescrire au propriétaire la réparation ou la démolition suivant les circonstances, appartient au
pouvoir municipal conformément aux règles
établies *suprà* N°ˢ 25 et 99. A cette proposition,
qui est une conséquence de celle que nous
avons formulée, *suprà* N° 17, on ne pourrait
objecter que les chemins de fer étant classés
dans le domaine de la grande voirie, toutes les
mesures de sûreté qui s'y rattachent doivent
être réservées exclusivement aux fonctionnaires
chargés de l'exercice du pouvoir réglementaire
en cette partie.

Car, encore bien que les rues de Paris aient
été classées dans la grande voirie en 1808,
néanmoins l'arrêté du 12 messidor an VIII, qui
attribuait au préfet de police sur lesdites rues
le pouvoir de petite voirie, lequel comprenait
le droit exclusif de déclarer l'imminence du
péril des constructions riveraines, a continué
à être exercé par le préfet. Il l'a fait à titre d'attribution de ce pouvoir dont il est investi dans
la capitale, ainsi que nous l'avons énoncé N° 22,
en vertu de l'arrêté de messidor an VIII, comme
les maires le font pour les communes de France
en vertu de l'article précité de la loi de 1790.

En tous cas, il résulte de l'exclusion prononcée par les premiers mots de l'article que
dans les cas d'urgence qu'il excepte de l'hypo-

thèse sur laquelle il statue, il n'y a pas lieu à vérifier préalablement si les circonstances de danger pour la sûreté publique ou pour la conservation du chemin de fer exigées par l'article 10, se rencontrent dans l'espèce.

111. 3° Les constructions, etc., passibles de l'application du droit de suppression sont uniquement celles qui existeront dans les zones prohibées relativement à chacune d'elles d'après sa nature particulière par les articles 5, 6, 7 et 8, soit au moment de la promulgation de la loi près des chemins alors construits, soit pour l'avenir près de ceux qui seront établis par la suite. Voir N° 87.

En conséquence, les constructions, etc., qui, dans ces deux hypothèses se trouveront en dehors de la distance interdite respectivement à chacune d'elles en particulier, ne pourront être soumises à l'application de la mesure autorisée par la première partie de l'article.

Quant à celles qui seraient élevées postérieurement à la promulgation de la loi près d'un chemin de fer existant; comme elles constitueraient une contravention aux prohibitions des articles précités, sauf le cas prévu N° 108, leur suppression serait, aux termes de l'article 11 ci-après et de l'explication donnée *infrà*, N° 121, une conséquence légale de la violation de la défense, le législateur n'a dès lors pas dû s'en occuper dans le présent article, fait uniquement pour régler le sort des constructions, etc., élevées légalement, c'est à dire à une époque où la défense n'existait pas.

C'est sur cette distinction qu'est fondée l'observation qui termine le N° 108.

4° Il n'y aurait nécessité pour l'administration d'user du pouvoir dont l'arme l'article 10, et de prendre ainsi à sa charge l'obligation d'indemniser le propriétaire des constructions, plantations, etc., qu'autant qu'elle jugerait que l'intérêt public est en un état de souffrance tel, qu'on ne pourrait, sans danger, attendre que lesdites constructions, etc., périssent, soit de vétusté, soit par accident, soit par la destruction opérée volontairement de la part du propriétaire, et qu'elle parvînt ainsi à la suppression sans déboursé d'indemnité conformément aux explications que nous avons données *supra*, N° 90.

112. 5° Il faut que la suppression des constructions, etc., soit commandée par l'une de ces deux causes, ou par la sûreté publique, ou par la conservation du chemin.

Ainsi, en l'absence de ces éventualités, l'administration ne pourrait légalement exercer le droit que, sous ce rapport, lui confère l'article.

Ainsi encore, elle ne pourrait se fonder sur tout autre motif pour le faire, car il s'agit d'une autorité extraordinaire qui lui est départie, il s'agit d'une atteinte portée à la propriété, et les dispositions qui consacrent de telles exceptions, étant des dérogations au droit commun, ne peuvent valablement s'étendre du cas prévu au cas imprévu : elles doivent être rigoureusement renfermées dans leurs limites, et restreintes sévèrement à la catégorie prévue et définie par le législateur.

Mais dans le cas où l'administration, sous prétexte de faire un usage légitime et rationnel de l'attribution que lui fait cet article, se permettrait d'ordonner ou de prescrire une suppression de construction, etc., en dehors des termes de la loi, et que le propriétaire prétendrait ne pas y être assujettie, comment pourrait-il se soustraire à l'exécution de la mesure?

113. Il faut distinguer entre les raisons de résistance du propriétaire, celles qui seraient fondées, ou sur ce que la construction, etc., qui fait l'objet de la mesure ne se trouve pas dans la zone prohibée; ou sur ce que dans l'espèce les constructions , etc., par des considérations qui leur sont tout à fait particulières et dès lors exceptionnelles, ne sont de nature à produire aucun de ces effets nuisibles que la loi a eus en vue de prévenir ou de faire cesser, c'est à dire qu'elles ne sont attentatoires ni à la sûreté publique, ni à la conservation du chemin de fer.

Dans le premier cas, la décision de l'administration étant prise hors des termes de la loi, sera empreinte du vice d'excès de pouvoir et en même temps de celui d'incompétence, et à ce titre elle deviendra passible de recours au conseil d'Etat, si le ministre, auquel la demande en annulation devra être préalablement déférée, ne juge pas devoir l'accueillir.

Dans le deuxième cas, la détermination ne constituerait qu'un acte de gestion administrative, le reproche qu'on lui adresserait serait uniquement celui d'une mauvaise appréciation de l'état des choses au point de vue de la mesure adoptée, ce serait par comparaison avec les sentences des tribunaux ordinaires un mal jugé, et la décision ne serait passible que du recours par voie gracieuse, elle ne pourrait être soumise au contrôle du conseil d'état. On trouve la raison de cette distinction et de la solution que nous venons de donner au second cas, dans le principe reconnu et consacré par la chambre des pairs lors de la discussion de l'article, en sa séance du 3 avril 1844, *Moniteur* du 4, page 838, savoir : que la question de sûreté publique est abandonnée à la discrétion de l'administration.

§ 3. *Des charges apposées à la suppression.*

114. Elles consistent dans le paiement d'une juste indemnité, et dans le mode de réglement de la valeur de cette indemnité en cas de

désaccord sur son chiffre entre le propriétaire et l'administration.

Première charge. — Droit du propriétaire relativement à la réception de l'indemnité.

Il résulte des dispositions de l'article :

1°Que le propriétaire des constructions, etc., frappées de la mesure de suppression, ne peut exiger que l'indemnité lui soit préalablement acquittée, comme l'article 545 du code civil autorise à le faire en général, tous ceux qui sont contraints à céder leurs propriétés pour cause d'utilité publique : en quoi il faut reconnaître que la disposition que nous examinons déroge à ce principe.

Déjà la loi du 3 mai 1841 sur l'expropriation pour cause d'utilité publique avait apporté une exception à la règle du code, en décidant que l'expropriation serait prononcée par le tribunal avant la fixation, et dès lors avant l'acquittement de l'indemnité.

Mais, comme nous l'avons fait remarquer dans notre Traité sur cette matière, pages 45 et suivantes, elle apporte à l'espèce d'injustice résultant, au préjudice du propriétaire, de la privation de la garantie du droit de propriété que lui assurait le code, un tempérament qui affaiblit les conséquences nuisibles de cette abrogation.

Ainsi, elle veut que, nonobstant le jugement

d'expropriation qui dépouille le propriétaire du domaine de sa chose, qui la fait sortir de son patrimoine pour entrer dans celui de la nation, il conserve comme une espèce de gage, la possession de cette chose jusqu'au réglement et même jusqu'à la réception de l'indemnité. Voyez notre Traité de l'expropriation pour utilité publique, pages 45 et suiv.

115. En devra-t-il être de même au cas de la suppression ordonnée par l'administration en vertu du présent article des constructions, etc.

A cet égard, il faut d'abord placer les constructions dans une catégorie à part des couvertures en chaume, des excavations, des plantations et des amas de matériaux combustibles ou autres. Ensuite il y aura lieu de sous distinguer entre les couvertures en chaume, ensemble les excavations d'une part, et les plantations, amas de matériaux de l'autre, et d'appliquer les règles ci-après aux couvertures en chaume et aux excavations quand la suppression des premières entraînera, selon les explications données *suprà* N° 109, celle du bâtiment qu'elles abritent, ou quand la fermeture des secondes emportera privation absolue de la mine, minière, carrière ou tourbière dont l'excavation formait l'ouverture. Tandis que, comme nous l'avons dit *suprà* N° 109, jamais cette distinction ne pourra être invoquée pour

14

les plantations ou amas de matériaux, et jamais par conséquent la règle ci-après sur le mode de réglement de l'indemnité ne leur sera applicable.

Comme l'indemnité due pour suppression ne doit, d'après le paragraphe 2 de l'article, et d'après la digression en laquelle nous sommes entré N° 109 précité, être réglée conformément à la loi du 3 mai 1841, que lorsqu'il s'agit d'appliquer ce droit soit directement, soit par la conséquence forcée de son exercice, ou aux constructions couvertes de chaume, ou aux exploitations de mines, carrières, minières et tourbières, il faut en conclure que ce sera seulement dans ce cas que l'indemnité devra être acquittée préalablement à la dépossession, à moins qu'il ne soit intervenu entre le propriétaire et l'administration une convention dont alors les stipulations devraient être respectées. (Code civil, art. 1134).

Aussi cette raison a-t-elle été donnée par M. le ministre des travaux publics pour justifier le sens dans lequel il a expliqué que devait être entendue la disposition ; et cette acception lui fut conférée par la sanction de la chambre des pairs, séance du 3 avril 1844, *Moniteur* du 4, pages 838 et 839 et autres rappelées N° 109 précité.

En conséquence, toutes les fois que la suppression aura pour objet direct ou pour effet forcé, la destruction d'une construction ou d'une mine, carrière, minière ou tourbière elle constituera une véritable expropriation, si ce n'est du sol, quand elle s'appliquera à une construction, puisque ce sol reste au propriétaire, conformément à l'explication ci-dessus N° 109, au moins de la superficie dont il est obligé de souffrir l'enlèvement.

Cependant l'administration n'aura pas à observer en ces cas, par les raisons que nous avons développées *suprà* N° 109, pour exercer le droit de suppression dont elle est investie, les formes de l'expropriation pour utilité publique.

Il est vrai que l'article entendu en ce sens renferme une dérogation au droit commun consacré en matière d'expropriation pour utilité publique par la loi du 3 mai 1841, mais telle a été l'intention de la chambre, et sa volonté à cet égard pourrait au besoin s'expliquer par la différence que nous avons signalée *suprà* N° 109, entre cette espèce particulière d'expropriation et celle dont s'occupe la loi précitée de mai 1841.

Quant aux excavations et couvertures en chaume dont la suppression n'entraîne pas indispensablement celle des mines, etc., à l'exploitation desquelles les premières étaient destinées, ou celle des bâtiments que les secondes couvraient, et quant aux plantations et amas de matériaux, dans tous les cas de suppression, sans distinction des effets qu'elle peut produire; comme d'après le 2ᵉ § de l'article le paiement de l'indemnité est régi par la loi du 16 septembre 1807, laquelle n'exige pas qu'il soit préalable à la dépossession, et comme elle suppose même le contraire, il a été déclaré à la séance de la chambre des députés du 1ᵉʳ février 1845, *Moniteur* du 2, page 227, 3ᵉ colonne, que par le renvoi à la législation de 1807, la loi nouvelle avait entendu exprimer que l'indemnité ne serait pas préalable ; et ce fut par suite de ces observations que le mot *préalable*, inséré dans la rédaction du projet de l'article soumis à la délibération de la même chambre, en fut retranché.

Deuxième charge. — Réglement de l'indemnité.

116. Nous venons d'énoncer qu'il aurait lieu, ainsi que le dit d'ailleurs la seconde partie de l'article, conformément à la loi du 3 mai 1841, quand l'indemnité aurait pour objet de dédommager le propriétaire de la suppression de constructions, et nous avons expliqué en outre N° 109 les circonstances dans lesquelles, suivant l'interprétation donnée par les chambres elles-mêmes de la portée de l'article, on devrait assimiler pour le mode de réglement de l'indemnité la suppression des couvertures en chaume et des excavations à celle d'une construction ; nous ajouterons que, comme la loi ne distingue

pas, on doit entendre par là toute espèce de constructions.

Quant aux formes à suivre pour parvenir à ce réglement, on les trouvera déterminées en notre Traité de l'expropriation, pages 29 et suivantes.

Au reste, par les motifs exposés N° 109, l'indemnité ne devant pas s'étendre au sol, et ne comprenant que la construction, le propriétaire de celle-ci ne pourrait exiger qu'elle portât sur la valeur du fonds.

117. Mais quand il s'agira du réglement de l'indemnité due pour suppression, soit de simples plantations, soit d'amas de matériaux, soit même de ces excavations et couvertures en chaume qui ne peuvent réclamer l'assimilation que nous leur avons assignée N°⁵ 109 et 116, à la suppression directe et expresse d'une construction, parceque cette suppression ne produira pas à leur égard la perte du bâtiment, ou de la mine, minière, etc., l'article, en déclarant que l'indemnité sera réglée conformément à la loi du 16 septembre 1807, constitue le conseil de préfecture appréciateur du montant du dommage.

Nous renvoyons à notre Traité de l'expropriation, déjà indiqué pages 64 et 65, ceux qui désireront connaître la forme et la marche de la procédure à suivre pour saisir ce tribunal exceptionnel de la question de la fixation de l'indemnité, et pour éclairer préalablement sa religion sur la valeur du dommage. Voir *suprà*, N° 109 *in fine*.

La raison de la distinction faite au point de vue du mode de réglement de l'indemnité entre la suppression des constructions et celle des plantations, etc., provient, suivant l'explication donnée devant la chambre des pairs, séance du 3 avril 1844, *Moniteur* du 4, p. 838 et 839, de ce qu'au premier cas les rédacteurs de la loi ont considéré qu'il y avait expropriation dans l'acception légale du mot, tandis que la suppression au second cas ne leur a paru produire qu'un de ces dommages dont les lois de pluviôse an VIII et de septembre 1807 confient l'appréciation aux conseils de préfecture. Et c'est par suite de cette considération jugée par eux applicable aux suppressions des couvertures en chaume et des excavations dans les cas spécifiés N°⁸ 109 et 116, qu'ils les ont assimilées à la destruction d'une construction ou à la fermeture d'une mine, etc., exigée directement et spécialement par l'administration.

ART. 11. Les contraventions aux dispositions du présent titre seront constatées, poursuivies et réprimées comme en matière de grande voirie.

Elles seront punies d'une amende de

16 à 300 fr., sans préjudice, s'il y a lieu, des peines portées au code pénal et au titre 3 de la présente loi.

Les contrevenants seront en outre condamnés à supprimer, dans le délai déterminé par l'arrêté du conseil de préfecture, les excavations, couvertures, meules ou dépôts faits contrairement aux dispositions précédentes.

A défaut par eux de satisfaire à cette condamnation dans le délai fixé, la suppression aura lieu d'office, et le montant de la dépense sera recouvré contre eux par voie de contrainte, comme en matière de contributions publiques.

§ 1er. Constatation et poursuite des contraventions aux dispositions du titre 1er. — § 2. Des peines et des condamnations dont sont passibles les contrevenants, et du cas de récidive. — § 3. Frais de l'exécution forcée du chef de la décision ordonnant la suppression des œuvres illicites, et mode du recouvrement de la dépense. — § 4. De la prescription de l'action en répression des contraventions aux dispositions du titre 1er.

§ 1er. *Constatation et poursuite des contraventions aux dispositions du titre 1er.*

Observations préalables et générales sur les divers objets de ce 1er paragraphe. — Constatation et poursuite.

118. La première disposition de l'article,

appliquant aux infractions contre les règles du titre premier la procédure et la juridiction répressive de la grande voirie, exprime à leur égard une des conséquences du principe général que la loi a posé dans son article 1er.

On trouvera l'énonciation et le développement des règles qui régissent ces divers points dans le Traité de la voirie, auquel nous renvoyons à cet effet sous les Nos 36 et suivants, 44 et suivants , 72 et suivants, 78 et suivants.

Toutefois il importe de remarquer que le droit de constatation, de poursuite, de répression, n'est considéré relativement aux faits, que sous le rapport unique de l'infraction qu'ils constituent aux lois de la voirie; qu'ainsi toutes autres conséquences qui peuvent en résulter par comparaison avec d'autres lois répressives, demeurent soumises à l'empire de ces mêmes lois pour raison des contraventions que lesdits faits constituent à leurs dispositions : sauf toutefois l'exception énoncée N° 134.

Constatation des contraventions.

En outre, il est essentiel de ne pas perdre de vue, en ce qui concerne le mode de constatation des faits de contravention, que l'article 23 contient la nomenclature des officiers, fonctionnaires et agents auxquels la loi confère le pouvoir de constater les contraventions commises aux dispositions du titre 1ᵉʳ. Or, comme il s'agit là d'une désignation attributive faite pour les infractions commises spécialement en matière de voirie de chemins de fer, il faut en conclure qu'on doit restreindre à la seule catégorie établie par ledit article le nombre des fonctionnaires ayant capacité de verbaliser, et dès lors ne pas y ajouter les autres officiers désignés N° 37 du Traité précité de la voirie, comme ayant caractère pour verbaliser en matière de grande voirie en général. *Vidè* au surplus N° 119.

119. L'application de la première partie de l'article rapprochée des dispositions des articles 2 et 3 du même titre 1ᵉʳ, peut soulever une question grave que nous devons résoudre puisque nous la prévoyons.

Les contraventions aux lois et réglements sur la grande voirie touchant les divers objets de ces lois et réglements déclarés par lesdits articles 2 et 3 applicables aux chemins de fer, seront-elles seulement passibles de la procédure, de la juridiction et de la répression organisées par l'article 11, ou bien devront-elles demeurer soumises, dans ces divers points, aux règles qui régissent les mêmes parties de la voirie, quand elles s'appliquent aux voies de communication ordinaires autres que les chemins de fer?

En un mot, sous le rapport de la constatation, de la juridiction et de la répression; les infractions aux lois de la voirie sur les divers objets dont s'agit, seront-elles gouvernées par les régles générales de la voirie, ou par le droit spécial des articles 11, 23 et 24 ?

Nous pensons, comme nous venons déjà de l'exprimer N° 118, que c'est à cette dernière interprétation qu'il faut s'arrêter, que par conséquent la législation de la voirie sur les divers objets énumérés ès-articles 2 et 3, est, pour la reconnaissance, la poursuite et la répression, remplacée et dès lors abrogée par le nouveau droit consacré sur ces mêmes points par les articles précités, sauf cependant en ce qui concerne les contraventions à l'alignement, la nécessité démontrée N°ˢ 49, 50 et 121, de recourir aux règles de la voirie pour prononcer la suppression des constructions élevées en contravention aux prohibitions tant desdites règles que de l'article 5. *Vide infrà* à la fin du présent numéro.

La raison de cette solution que nous donnons à la question proposée, se tire d'abord, en ce qui touche la constatation, des dispositions des articles 23 et 24, qui déterminent et les fonctionnaires auxquels ils attribuent le pouvoir de constater la contravention, et la foi due aux procès-verbaux qu'ils sont autorisés à rédiger, et enfin les formalités dont ces mêmes procès-verbaux devront être accompagnés.

Ensuite, notre opinion se déduit, pour l'application de la seule pénalité de l'article 11 à toutes les contraventions de voirie, du principe que les lois postérieures, en statuant sur des éventualités réglées par les lois précédentes d'une manière différente que ne l'avaient fait celles-ci, abrogent dans ces mêmes lois les dispositions que les statuts nouveaux réglementent.

En troisième lieu, elle est fondée sur les termes mêmes de l'article 11 : en effet, ces termes embrassent sans distinction toutes les contraventions qui pourraient être commises aux dispositions du titre premier. Or, c'est par les prévisions des articles 2 et 3 de ce titre que la loi nouvelle déclare les réglements de la grande voirie concernant la conservation des fossés, etc., l'alignement, etc., applicables aux chemins de fer; par conséquent toutes infractions à ces réglements commises à l'égard des chemins de fer constituent des contraventions aux dispositions du titre 1er : dès lors cette dénomination qui leur appartient, classe ces contraventions dans la catégorie générale et absolue de celles qu'a voulu atteindre l'article.

Enfin il nous paraît résulter de la discussion qui a eu lieu devant la chambre des députés, séance du 31 janvier 1845, *Moniteur* du 2 février, page 228, et du changement de rédaction qu'elle a produit dans les premiers mots de l'article 11, que l'intention de la chambre a été de soumettre aux règles de constatation, de poursuite et de répression qu'il consacre, les contraventions, même de grande voirie, commises à l'égard des chemins de fer aux dispositions du titre premier qui assujettissent ces chemins au droit commun de cette matière.

Nous ajouterons en résumé, qu'il suffit que l'observation de certains réglements de la grande voirie soit imposée relativement aux chemins de fer par les articles 2 et 3, et que ces articles fassent partie du titre premier, pour que toute infraction aux prescriptions des mêmes articles constitue nécessairement une contravention à celles des dispositions du titre premier que lesdits articles renferment.

Ainsi, par exemple, celui qui ne se conformerait pas à la servitude d'alignement méconnaîtrait l'obligation que lui impose l'article 3 ; et comme les règles de cet article forment avec celles des autres du titre premier ce que l'article 11 désigne sous cette dénomination commune et générale *dispositions du titre 1er*, il s'ensuit qu'on ne peut imaginer une infraction quelconque aux statuts desdits articles, qu'elle ne caractérise en même temps une contravention à celles des dispositions du titre susdit qu'ils composent.

Cependant si la faute reprochée à un riverain consistait uniquement dans l'inexécution

des formalités déterminées par le réglement
d'administration publique arrêté en exécution du 4ᵉ paragraphe de l'article 5, pour constater l'état des constructions contiguës au
chemin de fer dans les cas qu'il prévoit, il n'en
résulterait pas une contravention passible de
l'application de la pénalité établie par l'article 11 nonobstant la généralité de ses termes,
la négligence du propriétaire de ces sortes de
constructions ne l'exposerait qu'aux effets et
conséquences pénales que le réglement aurait
prononcées dans la prévision de l'éventualité.
V. N° 90 *in fine.*

Toutefois nous devons, en ce qui concerne
la réparation civile, faire remarquer, comme
nous venons de l'annoncer *suprà*, que les
constructions n'étant pas comprises par l'article 11 au nombre des œuvres illicites dont le
conseil de préfecture est autorisé à ordonner la
suppression, il lui faudrait puiser dans les lois
générales de la grande voirie le droit de la
prononcer. V. N° 49 et 50; aussi c'est là une
exception que nous signalons *infrà* N° 121.

Formes de la poursuite et de l'instruction.

Pour ce qui est de la procédure à suivre afin
de saisir le conseil de préfecture de la connaissance des contraventions dont l'article 11
conserve la juridiction répressive à ce conseil,
la loi nouvelle, ne dérogeant pas pour celles

dont s'occupe cet article aux règles générales de la grande voirie, on suivra dans ce cas la marche que nous avons tracée en notre Traité de la voirie, N° 72. Elle est du reste à peu près la même que celle que règle l'article 13 de la loi actuelle pour mettre le conseil de préfecture en situation de statuer sur les contraventions constatées par les procès-verbaux énoncés en l'article 12. Nous pensons même que les formalités de l'article 13 devront par analogie être observées dans la procédure suivie pour réclamer l'application de l'article 11. *Vide* en conséquence *infrà*, N°° 126, 127 et 128. Quant au mode de défense du prévenu, au droit et à la forme de l'opposition en cas de condamnation par défaut, au délai dans lequel elle doit être formée, appliquez ce que nous avons dit sur ces divers points en notre Traité de la voirie, N° 72 précité. C'est par mémoire adressé dans son intitulé au conseil de préfecture et notifié au préfet comme fonctionnaire chargé de la poursuite et des réquisitions, que doit être présentée la défense ou formulée l'opposition dans le délai indiqué N° 171. Sur ces divers points, *vide* N°° 163, 169, 170 et 171.

Nota. Le conseil de préfecture compétent est toujours celui dans le département duquel a été commise la contravention, article 13 de la loi et *infrà*, n° 128.

En définissant l'objet et l'étendue de la compétence des conseils de préfecture, nous venons de dire qu'ils connaissaient en matière de contraventions à la Voirie des chemins de fer, des seules infractions commises aux dispositions du titre 1er. La raison de cette restriction est que la violation des statuts de voirie qui résulteront des mesures arrêtées touchant la police, la sûreté et l'exploitation du chemin de fer par les autorités désignées en l'article 21, devra être réprimée par les tribunaux correctionnels aux termes du même article 21, qui, par sa seconde disposition, leur en attribue la connaissance. V. N° 146.

§ 2. *Des peines et des condamnations dont sont passibles les contrevenants, et du cas de récidive.*

120. Elles sont déterminées par les seconde et troisième dispositions de l'article.

Elles consistent en amendes et en réparations civiles, comme le droit commun le prescrit en général en matière de grande voirie. V. le Traité, N°s 78, 79 et suivants.

La réserve que fait l'article en sa seconde partie, de l'application aux faits constatés, tant des peines prononcées par le code pénal que de celles établies par le titre 3 de loi, a pour objet d'atteindre les entreprises qui présentent une double infraction, telles, par exemple, que le bris de la clôture du chemin de fer, qui constitue et une contravention à l'article 2, ainsi que nous l'avons expliqué N° 37 *suprà*, et en même temps un délit prévu par l'article 456 du code pénal ; telle encore, par exemple, que l'excavation faite dans la zone prohibée et au moyen de laquelle l'auteur aurait détruit ou dérangé la voie de fer, il résulterait de cette œuvre coupable une contravention à l'article 6 passible de la pénalité de l'article 11, et un crime que l'article 16 punit de la réclusion.

Toutefois nous ne dissimulerons pas qu'à nos yeux l'énonciation expresse de cette réserve dans l'article est inutile par deux raisons. La première, c'est que l'article 114 du décret du 16 décembre 1811, veut que les conseils de préfecture renvoient aux tribunaux ordinaires la connaissance des délits étrangers à la voirie que pourraient caractériser les faits à eux révélés ; la seconde, c'est que, d'après l'observation qui termine le paragraphe précédent, N° 118, ils ne doivent s'occuper des faits que dans leurs rapports avec les règles de la voirie et au point de vue de l'infraction qui en résulte aux lois de cette matière.

La même réserve est en outre dangereuse, en ce qu'elle est limitée aux peines prévues par le code pénal et par le titre 3, tandis que les faits qui constituent une contravention de grande voirie, peuvent en même temps établir à la charge des prévenus une infraction à d'autres lois répressives qu'au code pénal et qu'au titre 3 de la loi nouvelle, par exemple à l'article 95 de celle du 21 avril 1810 sur les mines.

Mais l'article 27 ci-après, en prohibant le cumul des peines, ne déroge-t-il pas à la disposition de l'article 11 dont nous nous occupons, et ne forme-t-il pas obstacle à ce que l'on poursuive simultanément contre un individu pour répression d'un fait qui présentera en même temps une contravention prévue par l'article 11 et un délit prévu par le code pénal ou par le titre 3, la double condamnation et à l'amende prononcée par la présente loi, et à la peine établie soit par ce code, soit par ce titre?

Non : — la raison en est, que d'abord l'article 11 établit formellement la possibilité de l'application simultanée, et de l'amende et des peines portées au code pénal et au titre 3 ; or le législateur se serait mis en contradiction avec lui-même si par l'article 27 il avait entendu prohiber ce cumul.

Aussi faut-il remarquer, en second lieu, que cet article 27 ne prohibe pas le cumul des peines encourues pour contraventions avec celles prononcées pour délits. On trouvera les motifs de cette exception expliqués dans le commentaire spécial de cet article, *infrà* N° 159. Voyez d'ailleurs, en ce qui touche la récidive, nos observations faites relativement à cette éventualité sur l'article 14, N° 129, *infrà*.

15

121. Une question très importante, celle de pouvoir modérer le chiffre des amendes prononcées par la loi, est résolue par l'article 26 en matière de voirie de chemins de fer, en faveur des conseils de préfecture. C'est là une innovation législative, une étendue d'attribution que leur ont faite les chambres, et que nous tenions à signaler, car elles leur ont transporté à ce moyen, une majeure partie du droit qui était exercé exclusivement par l'autorité juridictionnelle administrative supérieure, en matière de grande voirie, jusqu'à la promulgation de la loi du 23 mars 1842, rapportée au Traité de la voirie, article 13 du N° 7 et N° 78; même cette loi ne faisait au conseil de préfecture qu'une part inférieure à la latitude qu'il tiendra désormais de l'article 463.

En effet, le conseil d'état, en matière de grande voirie, s'attribue le droit de modérer les amendes prononcées par les lois et réglements de cette partie : on trouve dans les décisions qui forment sa jurisprudence de nombreux exemples de l'usage qu'il a toujours fait de ce pouvoir.

Aujourd'hui, d'après la loi nouvelle, pourra-t-il exercer le même droit relativement aux amendes établies par celle-ci dans les affaires de sa compétence ?

L'affirmative ne nous paraît pas devoir être douteuse; d'abord il est aux conseils de pré-

fecture ce que sont les cours royales et la cour
de cassation par rapport aux tribunaux et aux
cours d'un ordre inférieur : Ainsi il peut, en
jugeant de nouveau le procès, faire à l'espèce
l'application de l'article 463 du code pénal, en
vertu du droit que l'article 26 de la loi nouvelle
confère aux juges qui prononcent sur les contraventions de voirie concernant les chemins
de fer.

En second lieu, indépendamment de ce motif tiré d'un texte formel dont les termes dis-
pensent de toute explication, le conseil d'état
tient en outre un pouvoir modérateur encore
plus étendu de la nature des éléments dont se
compose ce tribunal administratif. *Vide* N° 40.

Aussi est-ce sur ce pouvoir que jusqu'alors
il s'est fondé pour réduire les amendes de voirie concernant les grandes routes, et il ne nous
paraît pas possible de méconnaître que la
même raison doive produire le même effet relativement aux contraventions commises au préjudice des chemins de fer, et l'autoriser par
conséquent, ainsi que nous l'avons dit N° 40, à
ne pas appliquer au prévenu, même une peine
de simple police, minimum de l'échelle de gra-
dation établie par l'article 463 précité.

Car cette conséquence a sa base dans une
considération qui est de même nature pour
ceux-ci que pour celles-là.

Quand le conseil d'état rend un arrêt, c'est

le roi qui est réputé le rendre comme chef su-
prême de l'administration, aussi la formule en
est-elle ainsi conçue : Louis-Philippe, etc...
Notre conseil d'état entendu, etc... *Nous avons
ordonné, etc...* suit la teneur du dispositif de
l'arrêt.

Cette proposition se déduit des principes de
notre droit constitutionnel, d'après lesquels le
conseil d'état n'est pas un tribunal administratif, mais un corps chargé d'éclairer de ses observations le prince sur les difficultés en matière
administrative qui lui sont soumises; c'est donc
en droit le roi qui statue, et comme il tient de
la charte le pouvoir de faire grâce, il est libre
en jugeant de réduire l'amende, même de
s'abstenir de la prononcer, puisque la constitution lui donne le pouvoir d'en faire la remise
entière. Voir N° 40.

Il en est autrement pour les tribunaux de
l'ordre judiciaire; ce ne sont pas de simples
conseillers, mais des juges qui les composent.
Il est bien dit en tête de leurs sentences que
c'est au nom du roi qu'ils rendent la justice,
mais ils jouissent d'une indépendance plénière
dans le mode de la rendre.

Quand ils statuent, c'est leur opinion qu'ils
convertissent en jugement; le roi n'intervient
pas, et ne peut pas intervenir dans la formation
des arrêts des tribunaux, ils n'émanent pas de
lui comme les ordonnances qu'il rend après

avoir ouï le conseil d'état ; si de son nom il concourt à l'expédition, c'est comme chef du pouvoir exécutif pour enjoindre à la force armée dont il dispose de prêter la main à l'exécution des actes des tribunaux.

En un mot les magistrats de l'ordre judiciaire jugent eux-mêmes, tandis que les conseillers d'état ne jugent jamais, légalement parlant, les difficultés qui leur sont soumises, qu'ils ne font que donner leur avis sur la décision à rendre, et qu'enfin cette décision ne peut valablement émaner que du roi, qui est maître de statuer contrairement ou conformément à l'avis de son conseil. Voyez, en conformité des principes établis par cette dissertation, arrêt du conseil d'état par ordonnance du 18 janvier 1845, S. D. 45-2-318.

Quant aux réparations civiles, l'article ne fait que formuler en règle législative un principe consacré en matière de voirie par la jurisprudence. (Voir Traité de la voirie, N° 79 et suivants), savoir : que toutes les fois qu'une œuvre quelconque a été établie en contravention à une prohibition de la loi et que son existence est contraire à cette prohibition, la destruction doit en être ordonnée par le tribunal saisi de l'action répressive en même temps qu'il prononce l'amende ; la raison en est, que la peine est indépendante de la réparation du dommage civil causé à la société par l'ouvrage constitutif de l'infraction, laquelle réparation doit nécessairement consister dans la suppression des travaux illicites.

De ce qu'il n'est fait mention dans la nomenclature des œuvres dont l'art. 11 autorise le conseil de préfecture à prononcer la suppression, que des excavations, plantations, couvertures en chaume, amas de matériaux, et non des constructions, s'ensuit-il que celles-ci échappent au pouvoir qui lui est confié, relativement aux autres ? Non, car il tient ce droit des attributions qui lui sont faites en thèse générale en matière de grande voirie, et de l'application que l'article 3 l'autorise à en faire aux contraventions à l'alignement commises relativement aux chemins de fer, ainsi, au surplus, que nous l'avons expliqué *suprà* N°s 49 et 50. Et dans ces sortes de contraventions se trouvent virtuellement comprises celles qui sont commises à la défense faite par l'article 5.

L'article laisse au conseil de préfecture la faculté de ne pas astreindre le contrevenant à la suppression immédiate, et de lui accorder un délai pour y procéder; mais en usant de cette latitude d'indulgence, devra-t-il se conformer aux observations que nous avons faites N°s 195 et suivants du Traité de la voirie ? non, parceque les règles que nous y avons rappelées et établies ne concernent que les tribunaux de l'ordre judiciaire, et ne sont fondées que sur l'interdiction qui leur est faite d'entraver les opérations des corps administratifs, tandis qu'il s'agit ici de la décision de l'autorité administrative elle même, laquelle a le droit d'apprécier non seulement l'utilité et l'opportunité de la mesure, mais encore le mode et le temps de l'exécution.

§ 3. *Frais de l'exécution forcée du chef de la décision ordonnant la suppression des œuvres illicites, et mode du recouvrement de la dépense.*

122. Si le contrevenant ne se conforme pas à la disposition du jugement du conseil de préfecture, qui lui ordonne une suppression, elle a lieu d'office à la diligence du préfet; la loi ne désigne pas la caisse qui fournira les fonds de la dépense, ni celle qui sera chargée de recevoir les recouvrements, et par conséquent le fonctionnaire duquel devra émaner la contrainte.

Nous pensons que c'est le percepteur, puisque la loi assimile l'opération à celle du recouvrement des contributions publiques; mais de même que pour celles-ci, il ne peut décerner de contrainte qu'en vertu d'un rôle déclaré exécutoire par le préfet; il devra, relativement aux dépenses dont il s'agit, se conformer à la même règle. *Vide* cependant le rapport du 13 février 1845, *Moniteur* du 15, page 334, cité *suprà*, N° 60, dans lequel il est dit que la chambre des députés a substitué au mode du rôle primitivement proposé, celui de la contrainte. *Vide* aussi Traité de la voirie, N°⁵ 15, 46, 121, et *infrà*, N° 132.

Idem pour la décision des difficultés sur la liquidation; c'est administrativement qu'elles doivent être jugées.

§ 4. *De la prescription de l'action en répression des contraventions aux dispositions du titre 1ᵉʳ.*

123. Elle est régie par les principes que nous avons développés en notre Traité de la voirie, N°⁵ 74, 164, 165 et 166, et desquels il résulte qu'aux termes de l'article 640 du code d'instruction criminelle, que la jurisprudence a déclaré applicable aux contraventions de grande voirie, la prescription est accomplie par le laps d'une année à dater de la perpétration du fait, sauf le cas d'exception prévu par le même article.

TITRE II.

DES CONTRAVENTIONS DE VOIRIE COMMISES PAR LES CONCESSIONNAIRES OU FERMIERS DES CHEMINS DE FER.

ART. 12. Lorsque le concessionnaire ou le fermier de l'exploitation d'un chemin de fer contreviendra aux clauses des cahiers des charges, ou aux décisions rendues en exécution de ces clauses, en ce qui concerne le service de la navigation, la viabilité des routes royales, départementales et vicinales, ou le libre écoulement des eaux, procès-verbal sera dressé de la contravention, soit par les ingénieurs des ponts et chaussées ou des mines, soit par les conducteurs, gardes-mines et piqueurs, dûment assermentés.

§ 1er. Contraventions particulières au concessionnaire ou au fermier de l'exploitation d'un chemin de fer. — § 2. Constatation des contraventions dont il est question au § 1er, et que prévoit nommément l'article.

§ 1er. *Contraventions particulières au concessionnaire ou au fermier de l'exploitation d'un chemin de fer.*

124. Sans doute le fermier ou concessionnaire d'un chemin peut se rendre coupable de contravention aux lois et réglements généraux concernant la police des chemins de fer, prévues titres 1er et 3, et dans ce cas, il sera passible des mêmes peines que celles qui sont établies contre tout autre individu qui commettrait de semblables infractions. Sa position est identique, et il n'y a pas de raison de le placer dans une catégorie exceptionnelle, pour attribuer à certains fonctionnaires en particulier le droit de constatation à son égard, ni

pour lui infliger une répression spéciale plus ou moins rigoureuse. Voir une application de cette observation *infrà*, N° 162.

Aussi, n'est-ce pas de cette éventualité que s'occupe l'article 12, ses dispositions prévoient des contraventions qui ne peuvent être commises que par les concessionnaires ou fermiers en cette qualité seulement, car elles se traduisent en des œuvres ou en des infractions qui sont nécessairement de leur fait exclusif.

La première consiste dans une contravention aux clauses du cahier des charges.

En général le cahier des charges, qui est un véritable contrat, n'engendre que des obligations civiles, d'où la conséquence que l'inexécution de la convention en tout ou en partie ne devrait autoriser qu'une action du domaine de la juridiction ordinaire.

C'est là le droit commun, et d'après cette règle le concessionnaire ou fermier n'eût dû être passible que d'une demande en dommages-intérêts pour contravention aux stipulations du cahier des charges, et non d'une poursuite extraordinaire et de peines pécuniaires comme le veut l'article 14 ci-après.

Mais, on a cru devoir faire par la nouvelle loi une exception à ces principes à raison, a-t-on dit, de la haute importance de l'exécution stricte et littérale du cahier des charges, et de la gravité des dangers pour l'intérêt public de son inexécution. On pourrait ajouter à ce motif celui tiré de ce que les traités relatifs à l'exécution des travaux publics interviennent ordinairement entre le gouvernement et les entrepreneurs, ce qui exclut la possibilité d'y stipuler une peine proprement dite, tandis qu'ici c'est la puissance législative qui se réserve et qui exerce la faculté de régler les stipulations du contrat, soit par elle-même, soit par ses délégués. La seconde espèce de contravention que peut commettre le fermier ou concessionnaire en particulier dérive de la première; car c'est par une conséquence de la même considération qu'on a assimilé à une contravention aux clauses du cahier des charges toute infraction aux décisions intervenues en exécution de ces clauses.

Cependant il faut remarquer que la loi restreint la dérogation que sa disposition introduit au droit commun, à celles desdites clauses du cahier des charges ou des réglements faits pour son exécution, qui concernent exclusivement le service de la navigation, de la viabilité des routes, etc.

D'où il faut conclure, d'après le principe que les exceptions devant toujours être entendues et appliquées dans un sens restrictif, on ne peut les étendre du cas prévu au cas imprévu, qu'au-delà des clauses desdits cahiers des charges concernant expressément les objets énumérés en l'article 12, et à part les décisions réglementaires qui y sont spécifiées, les autres espèces d'infractions aux stipulations des premiers et aux explications des secondes ne tomberaient pas sous la prévision de l'article, et ne constitueraient pas une contravention pénale; tel serait, par exemple, le fait d'un obstacle apporté au libre écoulement des eaux, en dehors de toute prévision prohibitive sur ce point dans le cahier des charges ou dans les décisions rendues en exécution de ses clauses, car il constituerait le fait prévu et défendu par l'article 3 et ne serait à ce titre passible que de la répression de l'article 11. *Vide suprà* N° 53.

En résumé on doit tenir pour certain que les décisions auxquelles il est défendu au concessionnaire de contrevenir sous les peines de l'article 14 ne sont pas indifféremment toutes celles que l'administration juge à propos de rendre, mais uniquement et exclusivement : 1° celles qui sont relatives aux divers objets énumérés en l'article, 2° celles qui ont pour fondement ou pour but l'exécution d'une des clauses du cahier des charges, et toujours bien entendu, uniquement et exclusivement en ce qui se rapporte au service de la navigation, etc.

Mais de quel pouvoir devront émaner les décisions rendues en exécution des clauses du cahier des charges, décisions auxquelles on veut que se soumette le concessionnaire ou le fermier à peine de contravention?

Ce sera d'abord de l'autorité à laquelle le droit aura été conféré par une désignation formelle insérée au cahier des charges; car elle jouira de la compétence que lui aura faite à cet égard la puissance législative, et en cas de silence sur ce point, ce sera de la couronne, en vertu de l'article 13 de la Charte, ou bien du ministre auquel le roi aura délégué l'exercice du droit que cet article établit en faveur de la royauté.

Nous n'indiquons pas le conseil de préfecture par deux raisons : la première, c'est qu'il ne s'agit pas ici d'une décision à rendre en matière contentieuse, mais d'une décision réglementaire dont le caractère législatif résulte de l'attribution que la loi formulée en cahier de charges fait à titre de délégation de la puissance législative à l'autorité gouvernementale.

En conséquence, s'il s'élevait quelque difficulté sur l'application de la décision du pouvoir administratif à une espèce quelconque, le conseil de préfecture devrait respecter cette décision comme une loi, et la prendre pour base de son jugement; en second lieu, quand encore la nature des moyens de défense soulèverait une question d'interprétation du cahier des charges, le même conseil ne pourrait légalement se permettre de faire expressément cette interprétation, comme il y est autorisé par l'article 4 de la loi du 28 pluviôse an VIII, quand il s'agit de marchés passés entre le gouvernement stipulant en cette qualité et de simples citoyens.

Son rôle devrait se borner, en pareil cas, à remplir sa mission de juge comme le font les tribunaux, c'est à dire à appliquer la loi dans le sens qu'ils l'entendent aux causes qui leur sont soumises, et à s'abstenir de prononcer par voie de disposition générale sur les hypothèses que présentent ces causes.

Voilà pourquoi, en cas de discussion élevée devant le conseil de préfecture, de la part du prévenu de contravention à l'une des décisions énoncées en l'article 12, sur la question de savoir si cette décision réunit tous les éléments requis pour en constituer la légalité, l'inculpé contre lequel ce conseil passant outre, sans s'arrêter à l'incident, viendrait à prononcer une condamnation, ne pourrait en éviter l'exécution qu'en se pourvoyant au conseil d'état contre l'arrêté qui l'aurait frappé d'une peine.

Voilà aussi pourquoi le conseil de préfecture franchirait encore la limite de ses attributions et commettrait un excès de pouvoir, s'il se livrait à l'examen de la décision sous un autre rapport que sous celui de la forme, si par exemple il entrait dans l'appréciation du fond. *Vide* anal. *infrà* N° 144, 2°.

§ 2. *Constatation des contraventions dont il est question au § 1ᵉʳ, et que prévoit nommément l'article.*

125. La loi donne ici le droit de constater par procès-verbaux ces sortes de contraventions à deux classes de fonctionnaires, savoir : 1° aux ingénieurs des ponts et chaussées ou des mines; 2° aux conducteurs, gardes-mines et piqueurs; mais il faut remarquer qu'elle appose par ces termes « *dûment assermentés* » qui terminent l'article, une condition à l'exercice de ce droit, c'est qu'ils aient préalablement prêté serment comme l'exige aussi préalablement l'article 23 des fonctionnaires qu'il dénomme pour leur conférer le pouvoir de verbaliser.

Le législateur n'a pas indiqué ici, comme il l'a fait en cet article 23, l'autorité chargée de recevoir le serment des ingénieurs, etc... Cette omission provient de ce que lors du vote du présent article 12 par la chambre des députés, les mots *dûment assermentés* n'en faisaient pas partie; ils furent ajoutés à titre d'amendement par la commission de la chambre des pairs et adoptés par celle-ci dans sa séance du 16 avril 1845, *Moniteur* du 17, page 1006. On voit par là que l'article 23, qui désigne le tribunal de première instance du domicile du fonctionnaire pour la réception de son serment, existait déjà; or il résulte de cette circonstance l'induction qu'en s'abstenant, lors de l'introduction de l'amendement dont il s'agit, d'indiquer l'autorité entre les mains de laquelle serait prêté le serment, la commission a entendu, et ne pas déroger à la règle posée par l'article 23, et vouloir s'y référer pour l'accomplissement de la formalité identique qu'elle prescrivait. *Vide* N° 154.

Doit-on conclure de la désignation faite de certains fonctionnaires, qu'elle est restrictive, et qu'en conséquence nul autre que ceux qui sont dénommés en l'article n'aurait le pouvoir de verbaliser ?

La raison de douter se tire : 1° de ce qu'en règle générale toute contravention, tous délits de voirie peuvent être justifiés par les agents indiqués au Traité de la voirie N° 37 et en l'article 23 de la loi nouvelle ; que dès lors pour leur ravir le droit de verbaliser en cette circonstance, il faudrait un texte exclusif plus prononcé ; 2° de ce que d'ailleurs la cause de récusation résultant de la qualité de préposé, ne milite que contre les gardes nommés par le concessionnaire ou fermier auxquels on n'a pas dû accorder le pouvoir de verbaliser et par conséquent de rendre un témoignage par écrit contre leur commettant.

Qu'ainsi eux seuls doivent être frappés d'incapacité pour la rédaction des procès-verbaux dans les cas dont il s'agit.

Nonobstant ces considérations, nous pensons

qu'il faut entendre et observer l'indication faite par l'article non comme simplement énonciative, mais bien comme limitative.

Nous fondons cette solution sur ce que d'abord l'article 12 ne comprend dans sa prévision que des contraventions d'une nature spéciale et qui se distinguent de toutes autres concernant les chemins de fer; ainsi, 1° elles ne peuvent être commises que par les concessionnaires ou fermiers, et 2° elles ne peuvent avoir pour objet que les seules causes énoncées en l'article 12.

Ensuite l'appréciation des infractions, au point de vue de leur caractère légal et de celui des éléments qui les constituent, ne pouvant être faite que par des hommes à connaissances spéciales, il n'est pas étonnant que le législateur n'ait voulu confier le soin de discerner la portée des faits, et par suite celui de relever leurs effets prohibés, qu'aux seuls fonctionnaires dénommés en l'article, car cette attribution exclusive lui était même commandée en ce cas par la raison.

Voilà pourquoi l'article 23, en restreignant le droit de verbaliser dont il investit les officiers de police judiciaire, les ingénieurs et les autres fonctionnaires et agents qu'il désigne, aux seules contraventions et délits prévus par les titres 1er et 3 de la loi, exprime ainsi la volonté formelle des rédacteurs, d'exclure du pouvoir de constatation qu'il leur accorde, les contraventions aux dispositions du titre 2 dont le présent article 12, qui en fait partie, s'occupe spécialement. Voir N° 151.

Par un argument puisé dans le même raisonnement, nous déciderons : 1° que les procès-verbaux des ingénieurs, etc., dressés en exécution du même article 12, ne sont pas astreints à l'affirmation, soit pour leur validité, soit pour la foi, jusqu'à preuve contraire qu'ils doivent produire.

2° Ensuite nous pensons qu'ils ont, comme les agents désignés au troisième paragraphe de l'article 23, le droit de verbaliser sur toute la ligne.

Quid des effets de la parenté entre l'auteur du procès-verbal et le délinquant? Le fonctionnaire rapporteur est un témoin, son procès-verbal n'est autre chose qu'une déposition écrite, donc il est récusable pour les mêmes causes qu'un témoin serait reprochable aux termes de l'article 156 du code d'instruction criminelle. *Quid* des reproches tirés d'autres causes de relations? *Vide* N°° 125, 153 et 162, la solution.

Du reste nous ne croyons pas que le premier paragraphe de l'article 24, qui établit une règle d'exemption privilégiée, puisse être invoqué en faveur des procès-verbaux rédigés en vertu de l'article 12; la raison en est, que les termes de cette disposition restreignent le bénéfice du droit exceptionnel qu'ils créent, aux seuls procès-verbaux destinés à constater, d'après l'article 23, les contraventions aux titres 1 et 3 de la loi.

Quant au délai dans lequel ils doivent être rédigés à dater de la reconnaissance de la contravention, aucune disposition ne le fixant, on ne pourrait fonder sur le retard une cause de nullité, car en le faisant ce serait ajouter à la loi une peine qu'elle n'a pas jugé à propos d'établir. *Vide* N° 152.

Mais si le retard apporté dans la rédaction et par suite dans la notification que prescrit l'article 13 avait causé un préjudice quelconque au prévenu ; si, par exemple, il l'avait privé du moyen de faire la preuve contraire par la perte d'un témoin décédé dans l'intervalle, alors le conseil de préfecture pourrait prendre en considération ce dommage pour annuler le rapport, ou pour n'y avoir aucun égard dans le jugement de l'affaire. *Vide* N° 152.

Il est hors de doute que, pour la validité du procès-verbal dont la loi confie la rédaction aux fonctionnaires dénommés en l'article 12, elle n'exige pas qu'il soit l'œuvre de plus de l'un de ces fonctionnaires ; mais si deux ou un plus grand nombre y avait concouru, leur intervention surabondante invaliderait-elle l'acte ?

· Nous ne le pensons pas, et l'on trouvera les motifs de notre opinion dans le N° 3 de la remarque qui suit la formule N° 161.

Quid de la formalité de la signature du fonctionnaire rédacteur du procès-verbal? *Vide* la réponse à la même question N°ˢ 153 et 161, 4°.

ART. 13. — Les procès-verbaux, dans les quinze jours de leur date, seront notifiés administrativement au domicile élu par le concessionnaire ou le fermier, à la diligence du préfet, et transmis dans le même délai au conseil de préfecture du lieu de la contravention.

§ 1ᵉʳ. Notification des procès-verbaux. — § 2. Transmission des procès-verbaux au conseil de préfecture ; production des moyens de défense du prévenu; délai à observer avant la décision.

§ 1ᵉʳ *Notification des Procès-verbaux.*

126. L'article, après avoir prescrit la notification des procès-verbaux, indique en second lieu le domicile auquel elle sera faite, et en troisième et dernier lieu, la circonscription du délai dans lequel cette formalité sera remplie.

Quant à la notification, elle est indispensable pour donner connaissance légale au fermier ou concessionnaire des poursuites dont il va être l'objet : c'est au préfet de la résidence du pré-

venu, c'est à dire du domicile élu par le concessionnaire ou fermier, qu'est imposé le devoir de l'accomplissement de cette formalité.

En général toute signification, pour la validité, doit, en matière de petit criminel, être notifiée au prévenu (Code d'instruction criminelle
articles 145, 182); mais ici la loi permet de
remettre la copie au domicile que le concessionnaire ou fermier aura dû élire par le procès-
verbal d'adjudication ; si donc cette élection
primitive avait été légalement changée, ce serait
au nouveau domicile valablement indiqué que
la signification devrait être adressée. D'ailleurs
il importe peu que le concessionnaire ou fermier originaire soit décédé, car, aux termes
de l'article III du code civil, l'élection faisant
partie de la convention devient obligatoire pour
les représentants auxquels sont au surplus applicables toutes les prescriptions prohibitives
de l'article 12. Du reste, en parlant de la formalité de la signification au domicile élu, nous
nous sommes servi de l'expression *permet*, parceque nous pensons que la signification à personne ou à domicile réel serait régulière : la
faculté de notifier à domicile élu est une dérogation au droit commun (Code proc., art. 68),
uniquement établie dans l'intérêt du poursuivant ; dès lors il lui est libre de renoncer au
bénéfice d'une stipulation faite en sa faveur.

Le visa du concessionnaire ou fermier ne

sera pas nécessaire pour la validité de l'exploit, parceque ce n'est pas un fonctionnaire public : argument négatif de l'article 69 du code de procédure civile.

127. En ce qui touche la fixation du délai dans lequel doit avoir lieu la notification, il faut remarquer d'abord que le *Dies à quo* est celui de la rédaction du procès-verbal et non celui de la constatation de la contravention, lequel peut précéder la date de la rédaction de quelques jours. Voir N° 125. Ensuite, comme la loi n'a établi ni déchéance, ni péremption, il faut tenir pour certain que les tribunaux administratifs ne pourraient suppléer à son silence sur ce point, et en prononcer une quelconque; dès lors la procédure n'en serait pas moins régulière, quand le préfet aurait laissé écouler plus de quinze jours entre la date du procès-verbal et celle de sa notification.

Le préfet qui est chargé de faire notifier, et auquel par conséquent le rédacteur doit transmettre ou faire transmettre le procès-verbal, est celui du département dont dépend le domicile élu : c'est au contraire celui du département dans lequel a été commise la contravention qui doit poursuivre devant le conseil de préfecture de ce département la répression contre le prévenu de ladite contravention. *Vide* N° 128.

Si la loi était muette sur la désignation du

fonctionnaire par le ministère duquel se fera
la signification, on en conclurait qu'elle a entendu s'en référer par ce silence au droit commun, et qu'elle a voulu appliquer à l'espèce
les dispositions des articles précités du code
d'instruction criminelle qui désignent les huissiers.

Mais il faut remarquer qu'en déterminant
formellement le mode de la signification, et en
décidant qu'elle se ferait en la forme administrative, elle a désigné tacitement ainsi pour cette
mission les fonctionnaires de l'ordre administratif ordinairement chargés des significations
en cette matière, tels que les agents de police, etc.

Ainsi, le ministère des huissiers n'est pas
nécessaire, mais il reste facultatif pour les notifications de l'administration aux parties, car
pour celles des parties à l'administration, il
est le seul que celles-ci aient le droit de requérir et d'employer, par exemple, pour les significations de leurs mémoires de défense et des
oppositions aux condamnations par défaut intervenues contre elles. *Vide* N° 98.

§ 2. *Transmission des procès-verbaux au conseil de préfecture, production des moyens de défense, délai à
observer avant la décision.*

128. La transmission doit avoir lieu dans la
quinzaine de la signification : sans doute il est

facultatif au préfet de la faire avant l'expiration de ce délai, parceque la loi ne le lui interdit pas; mais le conseil de préfecture ne pourrait valablement statuer par défaut contre le prévenu, avant que ce terme ne soit écoulé.

La raison en est que ce laps de temps est accordé à ce dernier pour préparer le mémoire de sa défense et pour le faire parvenir au conseil de préfecture. Nous disons pour le faire parvenir, afin de faire entendre, comme nous l'enseignons dans le Traité de la voirie N° 72, que devant ce tribunal administratif l'instruction ne peut se faire que par écrit et non par plaidoieries, et ensuite pour indiquer que c'est au conseil de préfecture et non au préfet que doivent être adressés les mémoires de toute espèce : cependant le préfet qui, devant le conseil, remplit en ce cas les fonctions du ministère public, peut être entendu oralement dans ses réquisitions; nous disons les fonctions du ministère public, car la présidence du conseil appartient au doyen des conseillers, quand le préfet n'assiste pas à la séance (article 5 de la loi du 28 pluviôse an VIII), ou quand il ne remplit pas dans la circonstance des fonctions incompatibles avec celles de juge.

La loi, en décidant que la transmission sera faite au conseil de préfecture du lieu de la contravention, tranche en faveur de ce tribunal administratif exclusivement, la question d'attribution ou de compétence dans un sens bien plus restreint que ne le fait le code d'instruction criminelle relativement aux infractions dont il s'occupe, car ce dernier donne pouvoir de juridiction pour connaître des contraventions, concurremment à deux tribunaux : à celui du domicile du prévenu, et à celui du lieu du délit, articles 23, 63, 69 et 139 : au surplus, *Vide suprà* N° 119. On trouvera au N° 144 une exception à la compétence du conseil de préfecture, pour la connaissance de certaines contraventions prévues par la loi nouvelle.

ART. 14. — Les contraventions prévues à l'article 12 seront punies d'une amende de 300 à 3000 fr.

§ 1er Des personnes passibles de l'amende, et de la modération de celle-ci. — Du cas de récidive. — § 2. Des dommages-intérêts civils qui peuvent être dus par le concessionnaire, outre l'amende ou sans amende, à raison du préjudice causé par les faits prohibés en l'article 12.

§ 1er. *Des personnes passibles de l'amende et de la modération de celle-ci. — Du cas de récidive.*

129. Les seules observations dont cet article, sur l'objet du présent paragraphe premier, nous paraisse passible sont d'abord :

1° Qu'il ne concerne que les contrevenants concessionnaires ou fermiers ; ensuite 2° qu'il n'a pour objet que la répression des seules et uniques infractions prévues en l'article 12, inclusivement. *Vide* N°ˢ 53 et 124; 3° enfin qu'aux termes de l'article 26 ci-après, les dispositions lénitives de l'article 463 du Code pénal lui sont applicables. Voir sur ce dernier point les remarques et observations du N° 121 *suprà*, et les suppléer ici. Et comme l'on ne rencontre pas dans l'article 14 une disposition sur la récidive analogue à celle du second paragraphe de l'article 21, il s'ensuit que cette circonstance venant à se présenter le conseil de préfecture ne pourrait appliquer au second fait une peine plus sévère que celle qui est établie par le présent article pour toute contravention indistinctement , et par conséquent pour la première comme pour celles qui la suivent.

§ 2. *Des dommages-intérêts civils qui peuvent être dus par le concessionnaire, outre l'amende ou sans amende, à raison du préjudice causé par les faits prohibés en l'article 12.*

130. Au pardelà de l'amende qui est une peine, et de la réparation du tort matériel causé à l'état, au département ou à la commune par la perpétration de ces faits illicites, le concessionnaire ou fermier doit encore être condamné par application des articles 1383 et 1384 du Code civil, et conformément à la jurisprudence établie N°ˢ 79 et s. du *Traité de la Voirie* et rappelée *suprà*, N° 121, à une réparation intégrale envers tout tiers qui aurait éprouvé quelque

perte ou dommage par suite de ces mêmes faits. Mais il y a cette différence entre l'amende et les dommages-intérêts, que la première, à raison de son caractère, ne peut être infligée au concessionnaire qu'autant qu'il est personnellement auteur ou complice du fait qualifié contravention, tandis que pour le rendre responsable civilement du dommage qui est résulté d'un fait, il suffit que ce fait soit l'œuvre de l'un des préposés dont l'article 22 ci-après le déclare garant. *Vide* N° 148.

ART. 15. — L'administration pourra d'ailleurs prendre immédiatement toutes mesures provisoires pour faire cesser le dommage, ainsi qu'il est procédé en matière de grande voirie.

Les frais qu'entraînera l'exécution de ces mesures seront recouvrés contre le concessionnaire ou fermier, par voie de contrainte, comme en matière de contributions publiques.

§ 1er. Faculté accordée à l'administration de prendre provisoirement toutes mesures propres à faire cesser le dommage. — § 2. Mode de recouvrement de la dépense.

§ 1er. *Faculté accordée à l'administration de prendre provisoirement toutes mesures propres à faire cesser le dommage.*

131. Le droit établi par la première partie de

l'article dérivait déjà en faveur de l'administration de la règle générale consacrée par l'article 1er de la loi, savoir : que les chemins de fer font partie de la grande voirie.

Ainsi, la disposition actuelle ne peut être considérée que comme une application exprimée par le législateur de l'une des règles du code de la grande voirie aux chemins de fer.

On la trouve formulée dans les art. 3 de la loi du 29 floréal an x et 113 du décret du 16 décembre 1811, et comme nous sommes entré, sur l'étendue du droit qui en résulte en faveur des divers fonctionnaires de l'ordre administratif, sur les cas auxquels ce droit est applicable, sur le mode d'en user, sur la nature de la résolution prise, dans les développements que comportait cet objet en notre Traité de la voirie, N° 44 à 49 exclusivement, nous y renvoyons.

L'introduction de la disposition spéciale à l'article 15 dans la loi nouvelle n'a probablement été jugée nécessaire par les rédacteurs que pour éviter l'objection qu'on aurait pu tirer de ce qu'ici, il ne s'agit que du dommage causé par le concessionnaire ou le fermier, au moyen de l'un des procédés énumérés en l'article 12, et la conséquence qu'on aurait pu induire de cette circonstance que les règles générales de la voirie ne devaient pas s'appliquer à cette hypothèse exceptionnelle.

§ 2. *Mode de recouvrement de la dépense.*

132. La loi explique qu'il aura lieu contre le concessionnaire ou fermier par voie de contrainte, comme en matière de contributions publiques.

Ce mode est commun au recouvrement de toutes les dépenses qui se font en matière de grande voirie pour l'exécution des décisions de l'administration ou de ses officiers. Voir spécialement pour ce qui concerne celles de la nature et de l'objet prévus par le § 1er ci-dessus, notre Traité de la voirie n°s 15, 46, 121. *Vide* aussi *suprà* N° 122, pour les formalités à remplir en ce cas.

TITRE III.

DES MESURES RELATIVES A LA SURETÉ DE LA CIRCULATION SUR LES CHEMINS DE FER.

ART. 16. — Quiconque aura volontairement détruit ou dérangé la voie de fer, placé sur la voie un objet faisant obstacle à la circulation, ou employé un moyen quelconque pour entraver la marche des convois ou les faire sortir des rails, sera puni de la réclusion.

S'il y a eu homicide ou blessures, le coupable sera, dans le premier cas, puni de mort, et dans le second, de la peine des travaux forcés à temps.

§ 1er. Des crimes prévus par la première disposition de l'article. — § 2. Des crimes prévus par la deuxième disposition de l'article. —De l'ordre de juridiction compétent pour connaître de la répression des contraventions, délits et crimes prévus par le titre 3.

§ 1er. *Des crimes prévus par la première disposition de l'article.*

133. Nous ferons seulement observer sur la première partie de l'article, que, d'après les principes du droit criminel, les tribunaux de la juridiction répressive ne peuvent appliquer les peines dont la loi leur a remis la disposition, qu'aux seuls faits expressément prévus. Voir N° 26.

Nous en conclurons par rapport à cette première partie, que s'il s'agissait de toute espèce de délits, autres que de l'un de ceux rentrant expressément dans les prévisions positives et littérales de l'article, la peine de la réclusion ne pourrait en atteindre l'auteur, en vertu et par application des dispositions répressives de ce même article.

Nous disons en vertu de ce même article, afin de faire sentir que l'auteur du fait ne serait peut-être pas pour cela à l'abri de toute action publique, ce qui arriverait si, par exemple, le fait contre lui articulé se trouvait au nombre de ceux que prévoit et que réprime soit le code pénal, soit toute autre loi.

Nota. — Il a été expliqué à la chambre des

députés, séance du 1ᵉʳ février 1845, *Moniteur*
du 2, page 230, que le mot volontairement
s'applique à toutes les énumérations de l'article : ainsi la volonté est un élément essentiel
pour donner à l'un des faits illicites y mention-
nés, le caractère d'un crime ; dès lors les juges
en devront reconnaître préalablement le concours pour affirmer la culpabilité du prévenu.

En traçant aux tribunaux cette règle d'interprétation, la chambre n'a fait qu'appliquer à
l'espèce un principe élémentaire en matière
criminelle, savoir : que, sans intention, il n'y
a pas de crime ; donc la volonté est une condition rigoureuse de criminalité.

A défaut de preuve acquise d'une intention
criminelle dans la perpétration du fait d'homicide ou de blessures de la part de l'auteur, le
crime dégénérerait en un simple délit, rentrant
à ce titre dans la prévision et sous la pénalité
de l'article 19 ci-après N° 142.

§ 2. *Des crimes prévus par la seconde partie de l'article.*
et de l'ordre de juridiction compétent pour connaître de
la répression des contraventions, délits et crimes pré-
vus par le titre 3.

134. *Premier point.* — Il ne faut pas séparer cette seconde partie de la première pour
en saisir le sens et la portée. Voir N° 133.

Ainsi l'homicide ou les blessures dont elle
parle sont celui ou celles qui auront été les
conséquences de l'un des actes coupables pré-

vus par la 1re partie de l'article (explication de M. Chasseloup-Laubat dans son 1er rapport du 12 juin 1844, *Moniteur* du 25, page 1902, première colonne.)

Quid de l'homicide ou des blessures qui, au lieu d'être l'effet consécutif de l'un des actes criminels prévus par la première disposition de l'article auraient au contraire précédé cet acte?

Il faudrait distinguer : s'il n'était pas démontré que par cet homicide ou par ces blessures, le prévenu avait l'intention de parvenir à commettre l'un desdits actes, l'homicide ou les blessures alors étant sans relation à ces entreprises coupables, seraient appréciées et punies uniquement d'après le code pénal.

Si au contraire l'homicide ou les blessures prenaient la couleur légale d'un commencement d'exécution de l'un des attentats, criminalisés par cette 1re partie, en ce cas ils caractériseraient, selon l'art. 2 du même code, la tentative punissable de ce ou de ces attentats.

Et comme cette tentative aurait été accompagnée d'homicide ou de blessures, la seconde disposition du même article l'atteindrait, car la loi exige bien que l'homicide ou les blessures se rattachent aux attentats, mais elle n'impose pas pour condition que ceux-ci les devancent.— Si donc le jury déclarait l'accusé coupable d'homicide ou de blessures présentant en même temps la tentative de l'un des crime prévus par la première partie de l'article, dans ce cas alors, il ne serait pas douteux que les peines portées par la deuxième disposition ne fussent applicables.

Deuxième point. — Attributions respectives de l'ordre judiciaire et de l'ordre administratif en ce qui touche la connaissance des contraventions, des délits et des crimes définis par la loi nouvelle.

Tous les crimes prévus par le titre 3 sont de la compétence répressive des cours d'assises. Code d'instruction criminelle, art. 231.

Quant aux délits la connaissance en est attribuée aux tribunaux de police correctionnelle. Cod. d'instruction criminelle, art. 179.

Il en est de même des contraventions prévues par le même titre, quoiqu'elles soient commises en matière de grande voirie, et que ces sortes d'infractions soient déférées au conseils de préfecture par les art. 11 et 13, cependant celles dont il s'agit sont, par dérogation à cette règle générale, dévolues toutes aux tribunaux de police correctionnelle ainsi que cela résulte de l'art. 21, et de nos observations sur cet article. Voir N° 144.

ART. 17. — Si le crime prévu par l'article 16 a été commis en réunion séditieuse, avec rébellion ou pillage, il sera imputable aux chefs, auteurs, instigateurs et provocateurs de ces réunions, qui seront punis comme coupables du crime et condamnés aux mêmes peines que ceux qui l'auront personnellement commis, lors même que la réunion séditieuse n'aurait pas eu pour but direct et principal la destruction de la voie de fer.

Toutefois, dans ce dernier cas, lorsque la peine de mort sera applicable aux auteurs du crime, elle sera remplacée, à l'égard des chefs, auteurs, instigateurs et provocateurs de ces réunions, par la peine des travaux forcés à perpétuité.

§ 1er. De la responsabilité pénale attachée à d'autres qu'aux auteurs personnels des crimes prévus par l'article précédent. — § 2. Réduction de la peine infligée aux chefs, auteurs, etc., par la première partie de l'article, en conséquence de la responsabilité prononcée contre eux.

§ 1er. *De la responsabilité pénale attachée à d'autres qu'aux auteurs personnels des crimes prévus par l'article précédent.*

135. Pour que la disposition première de l'article reçoive son application, il faut le concours des diverses conditions déterminées en cette première partie, or on peut les résumer ainsi :

1° Réunion séditieuse avec rébellion ou pillage. — Ainsi réunion non séditieuse, pas d'application de l'article. 2° *Idem* d'une réunion même séditieuse, mais non accompagnée de rébellion ou de pillage.

Ce n'est qu'en cas de concours ou de concomittance de ces deux conditions que les chefs, auteurs, instigateurs et provocateurs de ces réunions qualifiées, devenant passibles de l'imputation personnelle des crimes prévus par l'article 16, pourront être punis comme coupables et condamnés aux mêmes peines que ceux qui les auront personnellement commis, quand même ces derniers seraient reconnus et découverts.

La loi a prévu l'excuse que les chefs, auteurs, etc., pourraient tirer de la circonstance que la réunion criminelle n'aurait pas eu pour but direct et principal la destruction de la voie de fer; elle impose aux juges le devoir de repousser ce moyen en déclarant qu'il ne peut faire obstacle à ce qu'on soit en droit de leur imputer légalement le crime commis par cette réunion ; seulement elle fait produire à cette considération sur le degré de la pénalité un effet atténuant dont nous allons nous occuper dans le second paragraphe.

136. De ce que l'article ne parle dans la disposition finale de sa première partie que de la destruction de la voie de fer, doit-on conclure que si la réunion séditieuse avait commis l'un des autres crimes énumérés en la première partie de l'article 16, ce crime ne serait pas

imputable aux chefs, etc., de la réunion; en un mot, ces expressions, *destruction de la voie de fer*, ont-elles été employées avec l'intention de leur faire produire un sens restrictif, ou bien les rédacteurs de la loi n'ont-ils voulu leur conférer qu'une acception purement énonciative?

Cette dernière interprétation nous paraît la plus conforme à leur volonté. Rien dans la discussion, rien dans la lettre de l'article n'indique le désir de restreindre; et le but qu'ils se sont proposé et qu'ils ont énoncé vouloir atteindre, ne le serait qu'imparfaitement avec une décision contraire, d'ailleurs en opposition au sens grammatical du texte. En effet, il faut remarquer d'abord que ces expressions, *lors même*, etc., annoncent une restriction à la règle qui précède; or cette restriction ne peut être nécessaire que parceque dans la pensée des auteurs de l'article la règle doit être générale et s'étendre par conséquent dans l'application à tous les faits qualifiés crimes par l'article 16. *Vide* N° 137.

Ensuite, la circonstance de la destruction de la voie de fer n'est pas exigée comme un résultat nécessaire, mais comme un but; ainsi l'intention prouvée à la charge des inculpés suffira pour rentrer dans la prévision pénale de la loi, quand même ce but (la destruction de la voie), n'aurait été que partiellement atteint, que, par exemple, il se serait dans ses résultats réduit à l'un des effets énoncés en la première partie de l'article 16.

En conséquence on doit tenir pour certain que tous les effets énoncés en la première partie de l'article 16 et qualifiés crimes seront imputables aux chefs, etc., quand ils auront été le résultat des efforts criminels de la réunion séditieuse et qu'ils autoriseront contre eux l'application des peines que l'article 16 prononce contre les auteurs directs, alors même que l'organisation et les efforts de la réunion n'auraient pas eu pour but direct et principal la destruction de la voie de fer.

§ 2. *Réduction de la peine infligée aux chefs, auteurs, etc., par la première partie de l'article en conséquence de la responsabilité prononcée contre eux.*

137. Quand il sera établi par suite de l'instruction, que la réunion séditieuse n'avait pas pour but direct et principal la destruction de la voie de fer, il y aura lieu de descendre, à l'égard des chefs, etc., la pénalité d'un degré, alors même que cette destruction aurait été en définitive le résultat des efforts criminels de la réunion.

Mais, au cas même où l'instruction justifierait à la décharge des accusés cette absence du but déterminé de la destruction de la voie, la réduction ne pourrait être invoquée qu'au-

tant que le crime commis par la réunion serait
de nature à entraîner la peine de mort, c'est à
dire s'il y avait eu homicide. *Vide* 2ᵉ partie de
l'article 16, N° 134.

Si donc il n'avait eu pour effet que des blessures, ou que l'une des autres éventualités
prévues par la première partie de l'article 16,
comme il ne serait passible que des travaux
forcés à temps, ou de la réclusion, il ne serait
pas permis aux juges, en vertu de la seconde
disposition de l'article 17, de descendre l'é-
chelle de la pénalité d'un degré à l'égard des
chefs, etc., fût-il même démontré dans l'espèce que la réunion séditieuse n'avait pas pour
objet direct et principal la destruction de la
voie de fer.

ART. 18. Quiconque aura menacé par
écrit anonyme ou signé, de commettre un
des crimes prévus en l'article 16, sera
puni d'un emprisonnement de trois à cinq
ans, dans le cas où la menace aurait été
faite avec ordre de déposer une somme
d'argent dans un lieu indiqué, ou de remplir toute autre condition.

Si la menace n'a été accompagnée
d'aucun ordre ou condition, la peine sera
d'un emprisonnement de trois à deux ans
et d'une amende de 100 à 500 fr.

Si la menace avec ordre ou condition a été verbale, le coupable sera puni d'un emprisonnement de quinze jours à six mois et d'une amende de 25 à 300 fr.

Dans tous les cas, le coupable pourra être mis par le jugement sous la surveillance de la haute police pour un temps qui ne pourra être moindre de deux ans, ni excéder cinq ans.

§ 1er. De la menace écrite avec ordre ou condition. — § 2 De la menace écrite sans ordre ou condition. — § 3. De la menace verbale avec ordre ou condition. — § 4. De la mise sous la surveillance de la haute police.

§ 1er. *De la menace écrite avec ordre ou condition.*

138. Il faut remarquer que la pénalité particulière établie en matière de police des chemins de fer par l'article 18, pour raison d'une simple menace, n'est applicable que dans la seule hypothèse où cette menace aurait eu pour objet l'un des crimes énoncés en l'article 16, c'est à dire de détruire ou de déranger la voie de fer, ou de placer sur cette voie un objet faisant obstacle à la circulation, ou d'employer un moyen quelconque soit pour entraver la marche des convois, soit pour les faire sortir des rails.

En conséquence celle qui, accompagnée des circonstances prévues par le présent article, aurait pour but indiqué un tout autre fait que l'un de ceux compris en la prohibition de l'article 16, échapperait à cette pénalité exceptionnelle et ne deviendrait passible que de celle du code pénal, articles 3o5 , 3o7, 344, 436, c'est à dire qu'elle serait régie par le droit commun.

Au reste, pour déclarer coupable l'individu prévenu d'une menace faite par écrit signé, non signé, ou anonyme, il est hors de doute qu'il faut prouver, en cas de dénégation de sa part, qu'il est l'auteur de l'écrit qui formule cette menace, ou qu'il est le complice de celui-ci. Code pénal, art. 6o.

Celle même qui aurait pour objet l'un des crimes prévus en l'article 16, ne serait pas passible de l'application de l'article 18 , si elle n'avait été que verbale et qu'elle n'ait pas en outre été faite en ce cas avec ordre ou condition, ainsi que nous allons le voir N° 139.

§ 2. *De la menace écrite sans ordre ni condition.*

139. Après avoir prévu la menace écrite avec ordre ou condition, l'article s'occupe de la même espèce de menace, mais faite sans ordre ni condition, et il détermine la peine qui lui sera réservée.

Il faut remarquer que la seconde disposition de l'article dont nous parlons ici, n'est relative qu'au seul cas où une menace simple

dégagée des circonstances aggravantes d'ordre
ou de condition, aurait été faite par écrit. *Vide*
l'observation relative à la preuve à faire en ce
cas contre l'accusé, N° 138.

§ 3. *De la menace verbale avec ordre ou condition.*

140. Nous renouvellerons sur la question
d'application de la pénalité réservée à la menace verbale prévue par ce 3e paragraphe, qui
se réfère à la 3e disposition de l'article 18, les
observations et distinctions présentées sous le
paragraphe 1er, N° 138, et auxquelles il suffira
de se reporter pour l'intelligence de celui-ci.

Dès lors la menace verbale qui n'aurait pas
pour objet l'un des crimes expressément
énoncés en l'article 16, ou qui ne serait accompagnée ni d'ordre, ni de condition, sortirait de la prévision de l'article pour rentrer
sous l'empire du droit commun, c'est à dire
pour n'être passible de répression qu'autant
que le cas serait défendu et puni par le code
pénal. *Vide* l'énonciation des articles de ce
code, N° 138 *suprà.*

§ 4. *De la mise sous la surveillance de la haute police.*

141. Quand la loi dit : « *dans tous les cas,* »
il va de soi que la surveillance ne peut être infligée qu'autant qu'il y a contre le prévenu
conviction acquise de la culpabilité de l'un des
crimes définis par l'article, et condamnation

prononcée à l'une des peines qu'il établit.

Si donc il était absout, ou qu'aucune des peines prononcées par l'article ne lui ait été infligée, les juges ne pourraient le mettre en surveillance.

En un mot, la surveillance est une pénalité accessoire qui ne peut être prononcée isolément de la peine principale à laquelle on permet de l'ajouter. Or, le principal peut bien exister sans l'accessoire, mais il n'en est pas de même de celui-ci relativement au premier ; toutefois il se présente ici une difficulté qu'il nous paraît nécessaire de prévoir et de résoudre.

L'article 26 de la loi permet, comme on le verra, aux tribunaux (qualification générique qui comprend, bien entendu, outre les tribunaux correctionnels, les cours d'assises), d'appliquer aux condamnations à prononcer en exécution de ses dispositions l'article 463 du code pénal. Or, quand ils useront de cette faculté, leur sera-t-il toujours libre de renvoyer le coupable sous la surveillance ?

En thèse générale, le renvoi sous la surveillance ne peut atteindre que les condamnés à des peines afflictives ou infamantes (code pénal, articles 47, 48 et 49), sauf le cas où une disposition de la loi l'aurait permis.

Cette circonstance, à la vérité, se rencontre ici ; mais ne doit-on pas restreindre le pouvoir de mise en surveillance que l'article accorde aux tribunaux, au cas seulement où la peine principale consiste au moins en un emprisonnement correctionnel, c'est à dire en un emprisonnement qui, par sa durée, appartienne au domaine des tribunaux correctionnels à l'exclusion des juges de simple police?

Nous ne le pensons pas; en conséquence, nous sommes d'avis qu'il leur est libre d'user de ce droit, même lorsqu'ils ne prononcent qu'une peine de simple police.

La raison en est, que le décider autrement ce serait se fonder sur une distinction que la loi ne fait pas et qu'elle exclut même, 1° par ces expressions, *le coupable*, lesquelles désignent le condamné, abstraction faite de la gravité ou de la modération de la peine principale; 2° par celles-ci, *dans tous les cas,* lesquelles sont contraires à la pensée d'une exception quelconque. Telle est aussi sur ce point la doctrine de la cour de cassation, applicable ici par analogie. Arrêt du 26 avril 1839, S. D. 39-1-775.

ART. 19. Quiconque par maladresse, imprudence, inattention, négligence ou inobservation des lois ou réglements, aura involontairement causé sur un chemin de fer ou dans les gares ou stations,

un accident qui aura occasionné des blessures, sera puni de huit jours à six mois
d'emprisonnement et d'une amende de
5o à 1ooo fr.

Si l'accident a occasionné la mort d'une
ou de plusieurs personnes, l'emprisonnement sera de six mois à cinq ans et l'a-
mende de 3oo à 3ooo fr.

*Paragraphe unique. Accident qui cause des blessures ou
la mort.*

Premier événement. — Des blessures.

142. Pour que la disposition première de
l'article reçoive son application, et que l'auteur indirect des blessures, c'est à dire que
celui auquel on est en droit de les attribuer
ne devienne passible que des peines modérées
établies par cette partie de l'article, il faut que
toutes les conditions prévues se réunissent à
sa décharge à cet effet; *secùs* au cas contraire.
Vide N° 133.

Ainsi : 1° il est nécessaire que l'on recon-
naisse par suite de l'instruction, qu'il n'y a,
dans l'hypothèse, à lui reprocher que simplement de la maladresse, de l'imprudence, de
l'inattention, de la négligence, ou une inobservation des lois ou réglements.

2° Les blessures doivent être l'effet d'un

accident, c'est à dire d'un événement auquel le hasard seul a eu part.

3° S'il doit être prouvé que cet accident provient du fait du prévenu, il doit être constaté d'un autre côté, que la perpétration de ce fait a eu lieu de sa part sans la volonté de produire l'accident qui a occasionné les blessures motivant la poursuite ; qu'en un mot, il l'a causé *involontairement*.

4° Enfin. il importe peu que ce soit sur le chemin même ou dans les gares ou stations que le fait ait eu lieu ; car l'accident survenu dans celles-ci est assimilé entièrement à l'accident arrivé sur celui-là, et l'auteur de l'imprudence, de la maladresse, etc., qui a eu les suites fâcheuses prévues par l'article, est passible de la même peine dans un cas que dans l'autre.

Deuxième événement. — La mort.

Les mêmes observations s'appliqueront à l'éventualité de la mort prévue par la seconde disposition de l'article, comme étant le résultat de l'accident.

Art. 20. Sera puni d'un emprisonnement de six mois à deux ans tout mécanicien ou conducteur garde-frein qui aura abandonné son poste pendant la marche du convoi.

*Paragraphe unique. D'une espèce particulière de délit,
spéciale aux mécaniciens, etc.*

143. La définition de ce délit est donnée
par l'article d'une manière qui dispense de
toute explication pour la rendre intelligible.

Cependant nous croyons devoir faire remarquer que la dénomination de mécanicien, etc., donnée à la première catégorie des
employés désignés par cet article, ne doit pas
être prise dans un sens restrictif, mais bien
avec une portée qui embrasse tous préposés
chargés habituellement ou seulement par exception pour la circonstance actuelle et instan-
tanée, sur les locomotives, d'un service qui
rentre en tout ou en partie dans celui, soit des
mécaniciens , soit des conducteurs gardes-
frein. D'où il suit : 1° qu'on ne pourrait appliquer la disposition pénale de la loi, ni à un
mécanicien, ni à un garde-frein qui se trouverait à la vérité, soit sur la locomotive, soit sur
toute autre partie du convoi, mais sans mission
déterminée et qui viendrait à la quitter pendant la marche de ce convoi ; car n'ayant pas
de service à faire, il n'y a pas pour lui de poste
désertable dans le sens de l'article. 2° Qu'au
contraire cette disposition deviendrait obligatoire pour tout autre individu qui, n'étant pas
de son état mécanicien ou garde-frein, aurait
accepté pour ce jour les fonctions d'un méca-

nicien ou d'un conducteur garde-frein près de
la machine ou du convoi, ou bien ferait aussi
pour ce jour sur le convoi le service de l'un de
ces deux préposés.

Mais le convoi devra-t-il être réputé en marche lorsqu'il sera arrêté momentanément
dans une gare ou station intermédiaire pendant qu'il exécute le transport d'un lieu à un
autre?

Non : car du moment qu'il est arrêté on ne
peut plus littéralement prétendre qu'il soit en
marche, surtout quand il s'agit de puiser dans
cette seule circonstance l'élément essentiel d'un
délit, d'en faire sortir la cause et le motif d'une
condamnation. Une telle interprétation irait
contre le seul but qu'ont pu avoir en vue les
auteurs de la disposition, celui de prévenir les
accidents auxquels la désertion du guide de la
locomotive exposerait les voyageurs. Or, il n'y
a danger sous ce rapport que du moment où le
convoi est en mouvement, qu'il s'avance sur le
chemin dans la direction de sa destination et
qu'il vogue sans pilote.

Nous ferons observer aussi qu'il n'est pas nécessaire pour caractériser le délit prévu par l'article 20 à la charge de tout mécanicien, etc.,
qu'il soit positivement préposé à la direction
de la locomotive ; la loi n'exige qu'une chose,
c'est qu'il soit établi qu'il était employé comme
mécanicien et qu'il avait un poste désigné sur

le convoi ou sur le remorqueur, lorsqu'il a abandonné ce poste.

L'importance plus ou moins relevée de son rôle et l'influence plus ou moins dangereuse de son absence seraient des motifs plausibles sans doute pour les juges, d'user à son égard du pouvoir modérateur que leur confère l'art. 26, mais elles ne sauraient jamais les autoriser à y voir une raison légale exclusive du délit prévu par l'article.

Nous ajouterons encore qu'il n'est pas nécessaire pour constituter les mécaniciens ou gardes-frein en contravention à la défense de l'article 20, qu'il soit résulté de l'abandon de leur poste un accident quelconque; c'est la violation d'une simple prohibition préventive que cet article punit. Le pilote qui quitte le gouvernail expose le vaisseau aux risques de dévier de sa route et de se briser contre les rescifs, et c'est uniquement pour avoir fait courir au convoi des risques analogues que les mécaciens, etc., deviennent coupables de la contravention prévue par le présent article.

Si donc il était résulté du mépris de l'interdiction créée à leur égard par l'article 20, des blessures ou la mort, indépendamment de la pénalité prononcée par cet article, le mécanicien, le conducteur garde-frein, cause involontaire de l'accident qui aurait occasionné ces malheurs, serait passible, en outre de la

répression établie par l'article 19. Sans préjudice des dommages et intérêts civils (art. 1383
code civil). Voir N°° 130 et 148. — Nous disons
cause INVOLONTAIRE pour faire entendre que s' i
y avait eu de leur part une intention criminelle
et qu'elle fût prouvée, le fait tomberait sous
l'application de l'article 16. Toutefois ces décisions recevraient une modification dans le cas
où par leur application elles présenteraient,
contrairement à la prohibition de l'article 27
ci-après, un cumul de peines à prononcer contre le même individu pour raison de plusieurs
crimes ou délits prévus par la loi nouvelle.

ART. 21. Toute contravention aux ordonnances royales portant réglement
d'administration publique sur la police,
la sûreté et l'exploitation du chemin de
fer, et aux arrêtés pris par les préfets,
sous l'approbation du ministre des travaux publics, pour l'exécution desdites
ordonnances, sera punie d'une amende
de 16 à 3000 fr.

En cas de rédicive dans l'année, l'amende sera portée au double, et le tribunal pourra, selon les circonstances, prononcer en outre un emprisonnement de
trois jours à un mois.

§ 1**er**. Des ordonnances royales aux quelles il est interdit de contrevenir. — § 2. Des arrêtés préfectoraux auxquels il est également interdit de contrevenir. — § 3. De la juridiction répressive et de la prescription relative à l'action née des contraventions passibles des peines de l'article 21. — § 4. De la récidive.

§ 1**er**. *Des ordonnances royales auxquelles il est interdit de contrevenir.*

144. Ce ne sont pas toutes les ordonnances royales dont la violation constituera l'espèce de contravention prévue et réprimée par l'article.

En effet, la loi veut : 1° que ce soient seulement celles qui sont rendues en la forme des réglements d'administration publique, c'est à dire, comme nous l'avons expliqué sur l'art. 4, N° 81, celles qui, au lieu d'intervenir sur le simple rapport d'un ministre, sont délibérées préalablement en conseil d'état selon la forme réglée par l'article 52, de la constitution du 22 frimaire de l'an viii, non abrogée en cette disposition.

Ainsi, elles diffèrent sous ce rapport de celles qu'autorise l'article 9; elles en diffèrent encore à un autre point de vue, c'est que la répression des contraventions à celles-ci est attribuée par l'article 11 aux conseils de préfecture, tandis que, d'après le présent article 21, c'est aux tribunaux seuls qu'est dévolue la connaissance des infractions commises à celles-là. *Vide* N° 119, et pages 237, 279, 280.

2° Qu'elles aient pour objet la police, la sûreté ou l'exploitation du chemin de fer. *Vide
infrà* N° 147.

Mais aussi quand les ordonnances réuniront
ces deux conditions, elles seront obligatoires
sous les peines déterminées par l'article; quelles
que soient les mesures qu'elles auront prescrites sur la police, la sûreté et l'exploitation
du chemin de fer : quand même elles seraient
injustes, peu rationnelles, impropres à atteindre le but indiqué par la loi, il ne serait pas
permis aux juges de s'immiscer dans le contrôle desdites ordonnances sous ce rapport, et
par suite de s'abstenir d'en assurer l'exécution.

Dans le cas contraire, les tribunaux saisis de
l'action en répression ont le droit d'examiner
la constitutionnalité de l'ordonnance, et si, par
le fait de cette appréciation qui leur appartient,
et à laquelle ils peuvent par conséquent se livrer sans sortir de la sphère de leurs pouvoirs,
sans empiéter sur ceux de l'autorité administrative, ils reconnaissaient qu'elle a été rendue
en dehors des termes de la délégation faite par
le pouvoir législatif, ce serait un devoir pour
eux de se refuser à la prendre pour base des
condamnations et des peines dont on poursuit
devant eux l'application. — Voir notre **Traité
de l'expropriation pour utilité publique,** note 8,
pages 177, 178, 179 et 180, et notre Traité de
la voirie N°ˢ 176, 177, 178, 179, 180 et 181.

Si nous citons les tribunaux, c'est parcequ'à eux seuls, à l'exclusion des conseils de préfecture, appartient la connaissance des contraventions aux ordonnances dont s'agit. Voir Nº 134.

§ 2. *Des arrêtés préfectoraux auxquels il est également interdit de contrevenir.*

145. D'après l'article, ce n'est pas à tous les arrêtés préfectoraux indistinctement que la loi accorde la sanction de la pénalité qu'il prononce.

En effet, il faut : 1º qu'ils aient pour objet l'exécution des ordonnances royales dont nous avons déterminé le caractère, la forme et le but dans le § 1ᵉʳ.

En conséquence les arrêtés prévus et autorisés par les articles 6, 8 et 10 ne rentreraient pas dans la catégorie de ceux dont il s'agit ici, aussi la juridiction n'est-elle pas la même. *Vide* Nᵒˢ 134 et 144.

Quant au pouvoir d'appréciation desdits arrêtés, qui peut appartenir aux tribunaux, appliquez les principes posés relativement aux ordonnances, Nº 144 ci-dessus.

2º Il est nécessaire en outre qu'ils soient soumis à l'approbation du ministre des travaux publics.

Quand ces deux conditions ne se rencontrent pas dans un arrêté, il n'est pas légal, c'est à dire qu'il n'a pas acquis cette force obligatoire envers les citoyens et les magistrats par suite de laquelle les premiers sont tenus de l'observer, et les seconds d'en assurer la sanction par les peines dont la loi leur confie la disposition.

Mais ceux de ces arrêtés qui seront reconnus avoir pour objet l'exécution d'ordonnances valables en elles-mêmes, c'est à dire conformes à la loi au point de vue indiqué N° 144, devront-ils obtenir force d'exécution provisoire avant l'intervention de l'approbation ministérielle, et dès lors pendant l'intervalle de leur publication à celle de la confirmation du ministre ?

La raison de douter se tire de ce qu'en matière de grande voirie en général, les arrêtés réglementaires pris par les préfets, alors même qu'ils sont de nature à être soumis au ministre pour obtenir son approbation s'il échet, doivent recevoir provisoirement leur exécution, ainsi que nous l'avons établi N° 16 du Traité de la voirie.

Mais la raison de décider est, qu'ici l'approbation est imposée comme une condition de rigueur nécessaire pour conférer à l'arrêté sa validité obligatoire. Cette solution est confirmée par la digression de M. Muret-de-Bord, devant la chambre des députés, séance du 1er février, *Moniteur* du 2, page 252, et par l'exposé des motifs de M. le ministre des travaux publics, lors de la seconde présentation du projet de la loi actuelle à la chambre des pairs, séance du 13 février 1845, *Moniteur* du 15, page 335.

Si cependant l'action en répression de la contravention à l'une des prescriptions de l'arrêté préfectoral non encore revêtu de l'approbation du ministre, était portée devant les tribunaux, et qu'ils reconnussent que dans la circonstance de la cause il y a contravention à l'ordonnance, alors ils devraient appliquer la peine prononcée par l'article, en fondant le caractère élémentaire du délit, non sur l'infraction à l'arrêté, mais sur l'infraction à l'ordonnance.

Nous citons les tribunaux et non les conseils de préfecture par les raisons expliquées *supra* N° 134 et *infrà* N° 146.

De ce que l'article ne punit que les infractions aux arrêtés préfectoraux rendus pour l'exécution des ordonnances royales intervenues sur la police, la sûreté et l'exploitation des chemins de fer, il faut en conclure que dans l'esprit de la loi les préfets sont sans pouvoir pour réglementer de leur autorité personnelle ces divers points ; qu'en conséquence toute disposition de leur part sur ces objets relativement aux voies de fer serait illégale, et non obligatoire pour les tribunaux.

En un mot, l'article prouve que le législateur n'a pas voulu laisser au pouvoir royal

seul et à plus forte raison à l'administration départementale le droit de faire des statuts généraux sur la police, la sûreté et l'exploitation
des chemins de fer. Si donc, par exemple, l'arrêté rendu par le préfet de police de la Seine
le 29 avril 1843 concernant la police de l'exploitation du chemin de fer de Paris à Orléans était présenté aujourd'hui pour fonder
une poursuite en condamnation motivée sur
l'infraction à ses dispositions, le prévenu serait
fondé à en opposer l'illégalité motivée d'après
les observations ci-dessus sur la distinction et
sur les conditions que consacre l'art. 21.

§ 3. *De la juridiction répressive et de la prescription relative à l'action née des contraventions passibles des
peines de l'article 21.*

146. En ce qui touche la compétence il faut
remarquer que, encore bien que de droit commun les conseils de préfecture soient, à l'exclusion de l'autorité judiciaire, seuls compétents
pour connaître de la répression des contraventions commises en matière de grande voirie, cependant l'article 21 attribue au tribunal correctionnel le pouvoir d'appliquer les peines qu'il
établit pour infraction aux mesures arrêtées
par les pouvoirs y indiqués sur la police, la sûreté et l'exploitation des chemins de fer. Il s'ensuit que la contravention à ceux de ces réglements qui toucheraient à la voirie, entrerait

dans le domaine des tribunaux correctionnels, ce qui établit une exception à l'attribution générale ci-dessus rappelée des conseils de préfecture pour le jugement de ces sortes d'infractions. V. N°ʰ 119, 134 et 144 *suprà*.

En ce qui concerne la prescription, appliquez ici nos observations placées sous le N° 124.

§ 4. *De la récidive.*

147. Les articles 56 et 57 du code pénal déterminent quand il y a récidive en fait de crimes et de délits, mais, comme il s'agit dans le présent article de simples contraventions, nous ferons connaître que, d'après l'article 483 du même code, il y a récidive en cette dernière matière lorsqu'il a été rendu contre le contrevenant, dans les douze mois précédents, un premier jugement pour contravention de police commise dans le ressort du même tribunal.

Mais le présent article en se servant de ces expressions : *en cas de récidive dans l'année,* n'a-t-il pas entendu déroger à la définition donnée par le code pénal, et décider qu'aux yeux de la loi nouvelle il y aurait récidive dans son sens, toutes les fois que l'une des infractions prévues par la première disposition de l'article 21 aurait été renouvelée dans l'année de sa perpétration par l'auteur du premier accident, encore bien que le second fait n'ait donné lieu à aucune poursuite, ou tout au moins qu'il n'ait entraîné aucune condamnation?

Non ; dire qu'il y aura récidive quand l'auteur de la contravention à l'une des règles établies par des ordonnances royales ou par les arrêtés préfectoraux énoncés dans la première partie du présent art. 21, aura dans le cours de l'année qui suivra l'événement de la première contravention, commis une nouvelle infraction à la même règle, ou à toute autre prescription desdits arrêtés et ordonnances, ce serait convertir le renouvellement du même fait ou d'un fait également répréhensible en un acte de récidive, tandis que, tout le temps que le premier fait n'a pas été l'objet d'une condamnation, l'auteur doit être réputé avoir de bonne foi cru que ce fait ne présentait pas les éléments constitutifs d'une contravention, et dès lors toute nouvelle infraction ne peut avoir, par rapport à lui, d'autre caractère que celui d'une première faute.

En un mot, il faut qu'il y ait décision de la justice sur la culpabilité légale de la première faute pour que la seconde revête le caractère particulier de gravité qui attire à son auteur une peine plus sévère.

Il faudrait pour que la nouvelle loi fût interprétée autrement, que l'on rencontrât dans le texte des expressions qui ne laissassent aucun doute sur l'intention des rédacteurs de déroger au droit commun consacré par le code sur l'acception de la récidive.

Et, comme on ne trouve dans l'article 21 rien de ce qu'il faudrait pour établir cette dérogation, nous concluons qu'ici, comme dans les cas prévus par le code, la récidive ne sera légalement encourue qu'autant qu'il y aura eu condamnation prononcée pour le premier fait dans les douze mois qui auront précédé la perpétration du second. *Vide*, en confirmation de cette explication, la déclaration du ministre des travaux publics, rapportée *infrà*, N° 159 *in fine*.

La disposition relative au doublement de l'amende étant impérative, le tribunal, en reconnaissant la culpabilité du prévenu et en la déclarant, devra forcément prononcer ce doublement. *Vide* cependant l'article 26 *infrà*, N° 158, qui permet aux juges, en vertu de l'article 463, de modérer l'amende, même au cas de récidive, quand les circonstances leur paraissent atténuantes.

Quant à l'emprisonnement, la disposition de l'article 21 étant purement facultative, il n'est pas nécessaire que les juges recourent au pouvoir que leur confère l'article 463 du code pénal pour se dispenser de le prononcer.

Mais il ne faut pas perdre de vue que cette détention de trois jours à un mois qu'on autorise le tribunal à infliger pour récidive, est indépendante de la double amende ; ensuite elle ne préjudicie pas à l'application qui a dû être faite lors du jugement de la contravention primitive, des autres peines attachées par l'article à la première condamnation encourue pour le premier délit.

Ainsi, les peines de la récidive peuvent , quand on les reconnaît applicables , être prononcées contre le même individu, en sus de celles que la loi fixe et qu'il a subies par l'effet de la première condamnation. *Nec obstat* la prohibition de l'article 27 relative au cumul, car 1° il s'agit ici de deux jugements distincts; 2° la question est relative à des contraventions; 3° enfin l'article 27 excepte de la défense qu'il fait les cas de récidive.

Art. 22. Les concessionnaires ou fermiers d'un chemin de fer seront responsables, soit envers l'état, soit envers les particuliers, du dommage causé par les administrateurs, directeurs ou employés à un titre quelconque au service de l'exploitation du chemin de fer.

L'état sera soumis à la même responsabilité envers les particuliers, si le chemin de fer est exploité à ses frais et pour son compte.

§ 1**. Responsabilité civile des concessionnaires ou fermiers.
— § 2. Responsabilité de l'état.

§ 1ᶜʳ. *Responsabilité civile des concessionnaires ou fermiers.*

148. La disposition de la première partie de l'article n'est qu'une application particulière faite par la loi nouvelle aux concessionnaires ou fermiers de l'exploitation d'un chemin de fer, de la règle générale établie par l'article 1384 du code civil, qui rend tout commettant responsable du dommage causé par ses préposés. *Vide suprà*, Nᵒˢ 130 et 143.

Considérée sous ce rapport, on aurait pu regarder comme inutile la déclaration d'application consignée dans l'article 22, puisqu'elle n'est que l'expression d'une conséquence que les parties eussent pu réclamer devant les tribunaux du principe de droit commun consacré par le code.

Mais d'un autre côté, cette précaution du législateur se justifie par la raison que, encore bien que le code ne fasse aucune distinction entre les préposés de diverses classes dont il rend le commettant responsable, on eût pu élever quelques doutes relativement à ceux de ces préposés que leur titre distingué eût paru devoir sortir de la catégorie des commis et employés ordinaires dont le code a entendu parler; par exemple, les directeurs, les inspecteurs, etc. Quant aux commissaires du roi près des compagnies, ils ne sont pas les préposés, mais au contraire les surveillants de celles-ci ; donc jamais la responsabilité de leurs faits dommageables ne pourrait être réclamée contre la compagnie ou le concessionnaire, voir N° 151. *Quid* contre l'état, qui les choisit, qui les nomme, qui les révoque à volonté ; contre l'état dont ils sont les agents ?

Non encore : cela résulte de la restriction faite par le présent article de l'obligation de garantie de la part de l'état, des faits de ses préposés, au seul cas où le chemin de fer est exploité à ses frais et pour son compte ; or en cette hypothèse, il n'y a pas de commissaires.

Toutefois, l'article 1384 précité du code n'impose au commettant la responsabilité des faits dommageables de ses préposés qu'autant que le préjudice aura été causé par ceux-ci, dans l'exercice des fonctions auxquelles ils sont employés par le commettant. Et quoique cette condition ne se trouve pas reproduite dans l'article 22, nous ne mettons pas en question qu'elle ne doive y être suppléée, parcequ'elle est de droit commun en matière de responsabilité de cette nature, et qu'il eût fallu dès lors une disposition expresse et dérogatoire pour en exclure ici l'application.

149. Il ne faut pas perdre de vue que le droit de se prévaloir contre le concessionnaire ou fer-

mier de la responsabilité, et celui d'exercer contre lui une action directe en dommages intérêts à raison du tort causé par ses préposés de toute classe, ne sont qu'une garantie supplétive accordée à la partie lésée.

Ainsi, elle peut à son choix, usant du pouvoir que lui donne l'article 1383, actionner d'abord l'auteur même de la faute, de l'imprudence ou de la négligence qui lui a porté préjudice, et ne s'adresser au concessionnaire ou fermier que subsidiairement en cas d'insolvabilité de celui qui a causé le dommage. Il lui est facultatif également de négliger totalement la poursuite contre l'auteur, pour s'adresser directement au responsable. Enfin elle est fondée à diriger sa réclamation judiciaire contre l'un et l'autre simultanément et à conclure contre chacun d'eux à la condamnation solidaire, au paiement de l'indemnité : ce qui sera toujours un parti très prudent.

Une semblable action peut encore donner lieu à un recours du commettant contre son préposé pour se faire rembourser par celui-ci le montant de la condamnation qu'il a subie envers le demandeur principal.

Mais si le préposé pouvait établir qu'il n'a agi que conformément aux instructions du commettant, qu'en un mot il s'est exactement borné à exécuter ses ordres, et que c'est cette exécution qui est devenue la cause du dommage, cette preuve éleverait en sa faveur une exception péremptoire contre la demande en garantie dont il serait l'objet de la part du donneur d'ordre; mais elle serait impuissante à l'exonérer de la condamnation requise contre lui par la partie lésée.

La différence provient de ce que, au premier cas, il aurait lui-même une garantie à demander au maître à raison de ce que son ordre imprudent est devenu la cause de la condamnation que lui attire l'exécution de cet ordre ; tandis qu'au second, en accomplissant un mandat imprudent il est devenu, au regard de celui qui a souffert de l'exécution, le complice de la faute commise par le mandant, et à ce titre il est tenu personnellement de la réparation envers le premier.

Les mêmes droits de recours en garantie et d'exception appartiendraient en cas de circonstance identique au préposé inférieur contre le préposé supérieur dont il aurait purement et simplement suivi les instructions.

Enfin le préposé supérieur étant pour les fautes de son surbordonné, ce qu'est le maître ou le commettant pour celles de ses employés, il s'ensuit qu'il doit répondre envers son commettant personnel des faits de ceux qui sont à ses ordres et dans sa dépendance, sauf son recours contre l'auteur même de la faute ou de l'imprudence dommageable.

§ 2. *Responsabilité de l'état.*

150. Au fond les obligations de l'état envers les tiers qui ont éprouvé des dommages par le fait des employés qu'il a préposés à l'exploitation dont il n'a consenti ni concession, ni fermage, étant déclarées par le présent article 22, de même nature que celles des concessionnaires ou fermiers envers les particuliers pour raison du dommage à eux causé, il y a lieu d'appliquer à cette responsabilité les observations qui viennent de faire l'objet du § 1er.

Mais l'action directe qui milite contre ces employés pourra-t-elle être exercée sans l'autorisation préalable du conseil d'état, exigée en général par l'article 75 de la constitution du 22 frimaire an VIII, pour la recevabilité des actions dirigées contre les agents du gouvernement, lorsqu'elles ont leur fondement dans des faits relatifs aux fonctions publiques dont ils sont revêtus ?

Non, tout le temps que cette règle n'aura pas été abrogée d'une manière, ou absolue, ou relative aux lignes dont le gouvernement se sera réservé l'exploitation, elle conservera sa force et devra être observée. *Sic* décidé par la chambre des députés, séance du 3 février 1845, *Moniteur* du 4, page 244.

Quant à l'état, il ne pourra être actionné qu'en la personne du préfet, et qu'un mois après la remise du mémoire préalable exigé par l'article 15, titre 3, de la loi des 28 octobre-5 novembre 1790.

ART. 23. Les crimes, délits ou contraventions prévus dans les titres 1 et 3 de la présente loi, pourront être constatés par des procès-verbaux dressés concurremment par les officiers de police judiciaire, les ingénieurs des ponts et chaussées et des mines, les conducteurs, gardes-mines, agents de surveillance et gardes nommés ou agréés par l'administration et dûment assermentés.

Les procès-verbaux des délits et contraventions feront foi jusqu'à preuve contraire.

Au moyen du serment prêté devant le tribunal de première instance de leur domicile, les agents de surveillance de l'administration et des concessionnaires ou fermiers pourront verbaliser sur toute la ligne du chemin de fer auquel ils seront attachés.

§ 1er. Mode de constatation des contraventions, délits et crimes prévus dans les titres 1 et 111 de la loi. — § 2. De la preuve qui résulte des procès-verbaux de constatation, de la foi qui leur est due et des exceptions à ces effets. — § 3. Formalités à remplir de la part des agents pour avoir droit de verbaliser et étendue de leur juridiction attributive sous ce rapport.

§ 1er. *Mode de constatation des contraventions, délits et crimes prévus par les titres I et III de la loi.*

151. Nous ferons observer que le droit de constatation étant une attribution spéciale ne peut être valablement exercé que par des fonctionnaires auxquels la loi en confie le pouvoir, qu'ainsi, en dehors de la catégorie de la première disposition de l'article 23, nul n'a capacité légale pour verbaliser ; que dès lors, fût-il fonctionnaire public, ses actes n'auraient pas plus d'effet que ceux d'un simple particulier ; tel serait, par exemple, le receveur d'enregistrement, l'inspecteur des finances, etc. Tels seraient même les commissaires du roi attachés à la compagnie exploitante en conformité de l'article 45 des cahiers des charges, parcequ'ils ne sont tenus que de veiller à l'exploitation économique, à la gestion financière des compagnies; aussi la chambre des députés a-t-elle, par ces motifs, repoussé un amendement qui tendait à les faire comprendre dans la nomenclature de l'article. Séance du premier février 1845, *Moniteur* du 2, page 233. *Vide*, à l'appui de cette explication, *suprà*, N° 125 et page 285.

La loi classe au nombre des agents aux-

quels elle donne le pouvoir de constatation,
les gardes *nommés* ou *agréés* par l'administration. Cette distinction a pour objet de comprendre outre les gardes institués par l'administration, ceux que nomme le concessionnaire ou
fermier, et elle indique que ces derniers n'acquièrent la capacité d'instrumenter en cette
qualité, qu'autant qu'ils ont été agréés par
l'administration. Il y a aussi entre ces deux
catégories de gardes, en ce qui touche la capacité de verbaliser contre certains délinquants,
une différence que nous faisons ressortir *infrà*,
N° 162.

Par qui seront nommés les agents de surveillance de l'administration? La charte confère
au roi, par son article 13, la nomination à tous
les emplois d'administration ; ainsi ce sera ou
la couronne ou celui des membres de l'administration auquel elle en aura délégué le droit,
qui pourvoira à ces nominations.

A défaut d'indication plus précise de celui
des fonctionnaires de l'administration duquel
devra émaner l'approbation de la commission
conférée par le concessionnaire ou fermier,
nous pensons que la loi a entendu s'en référer
au droit commun ; car on n'admet pas les
dérogations mentales en matière de législation,
et ici rien ne fait présumer, dans l'intention
des rédacteurs de la loi, la pensée de créer
même tacitement une exception.

Ce sera donc par le sous-préfet que l'approbation devra être faite par analogie et application de l'article 117 du Code forestier : quant au choix à faire entre le sous-préfet de la résidence du concessionnaire ou fermier et celui du domicile du garde, la préférence nous paraît assurée à ce dernier ; d'abord parceque ne devant admettre qu'un individu qui offre des garanties de capacité et de moralité, il est rationnel que le soin de prendre des renseignements à cet égard soit confié au sous-préfet le plus rapproché de la résidence de cet individu.

Nous fondons en outre cette opinion sur un argument d'analogie tiré de la désignation du tribunal appelé à recevoir son serment.

Quid des ingénieurs et autres préposés des fermiers ou concessionnaires? Ils rentrent dans la catégorie générale des agents de surveillance dont parle le présent article 23, et dès lors ils ne peuvent verbaliser qu'à la charge de remplir les conditions prescrites ci-dessus aux gardes et autres agents de surveillance du fermier ou concessionnaire, pour acquérir le droit de pouvoir valablement verbaliser.

§ 2. *De la preuve qui résulte des procès-verbaux de constatation, de la foi qui leur est due, et des exceptions à ces effets.*

152. La loi distingue la simple constatation, de la preuve, en ce qui touche l'effet que les

procès-verbaux dressés par les fonctionnaires
dénommés en la première partie de l'art. 23,
sont appelés à produire. Ainsi, tandis que cette
première partie comprend les crimes au nombre des faits que ces procès-verbaux peuvent
légalement constater, la seconde ne leur accorde le pouvoir de faire preuve que de ceux
des faits y relatés qui constitueront seulement
des délits et des contraventions. La raison de
cette différence provient de ce que la preuve
testimoniale est un élément essentiel et indispensable de la procédure criminelle.

En attribuant aux procès-verbaux dressés en
conformité de l'article 23, le pouvoir de faire
foi devant les tribunaux administratifs et judi-
ciaires des faits qu'ils constateront quand ces
faits ne constitueront que des délits ou de simples contraventions, le législateur a-t-il eu l'intention d'exclure les autres voies de droit
établies pour la preuve des délits et contraventions par les articles 154 et 189 du Code
d'instruction criminelle, c'est à dire les procès-
verbaux des officiers de police désignés en
l'article 154, et le cas échéant, la preuve testimoniale admissible pour la justification des
infractions de toute espèce?

Non; le droit commun créé à cet égard
par les articles 154 et 189 du Code d'instruction criminelle, continuera à recevoir son
application en cette nouvelle matière devant

les tribunaux ci-dessus dénommés de la juridiction répressive ; d'abord, en ce qui touche
les officiers de police judiciaire, la loi le dit formellement, puisqu'elle classe ces officiers au
nombre des agents qui ont le droit de verbaliser
en matière de délits relatifs aux chemins de
fer. Ensuite, par rapport à la preuve testimoniale, seul mode de constatation dont l'adoption par les tribunaux puisse laisser quelque
doute aux juges, parcequ'il n'est pas compris
dans la nomenclature de la première partie de
l'article. Nous dirons que cette circonstance ne
nous paraît pas devoir en déterminer l'élimi-
nation ; c'est pourquoi nous pensons qu'elle
devra être reçue. Nous puisons en faveur de
notre sentiment une autorité d'interprétation
législative dans l'approbation que lui a donnée,
lors de la discussion de la loi, la chambre des
députés, en sa séance du 1er février 1845,
Moniteur du 2, pages 232 et 233. En effet, ce
fut pour exprimer que la nouvelle loi avait
eu, selon l'explication présentée par le ministre des travaux publics, pour unique objet de
donner à certains fonctionnaires le pouvoir de
dresser procès-verbal, et qu'elle n'avait pas
entendu déroger au droit commun relativement
aux modes de preuve établis par le Code
d'instruction criminelle, que dans le premier
paragraphe de l'article on remplaça les mots:
seront constatés, qui se trouvaient dans le projet

de la commission, par ceux-ci : *pourront être constatés*. On craignit que les tribunaux ne prissent la première locution dans un sens exclusif de tout autre mode de preuve, et ce fut pour écarter cette idée, pour leur désigner la légalité des autres moyens de justification, que la substitution fut proposée et accueillie.

Cependant il y a, comme nous le verrons Nº 154, une différence notable entre l'attribution territoriale des officiers de police judiciaire et celle des agents de surveillance, soit de l'administration, soit des concessionnaires ou fermiers, pour l'exercice du droit de verbaliser qui leur est reconnu.

La loi ne précise pas le délai dans lequel le garde ou l'agent qui reconnaît une contravention doit en dresser procès-verbal; sans doute il le fera ordinairement le même jour; mais pourrait-il valablement attendre au lendemain ou au surlendemain? L'appréciation de cette temporisation n'étant pas faite par la loi, demeure abandonnée à la prudence des conseils de préfecture, ou des tribunaux correctionnels, qui pourront se fonder sur une analogie tirée du délai de l'affirmation, pour considérer que le rapporteur doit à la rigueur jouir de la même période pour la rédaction de son procès-verbal. *Vide* Nº 125. C'est sans doute par le même motif que le Code forestier n'a pas fixé le délai dans lequel, à dater de la reconnaissance du délit, le garde devait en rédiger et clore le procès-verbal.

En ce qui touche la question du nombre d'agents ou de gardes requis pour la constatation par procès-verbal, d'une contravention, d'un délit ou d'un crime, et celle de l'influence que peut avoir sur sa validité le concours d'un plus grand nombre de fonctionnaires que ne l'exige la loi, voyez et appliquez la solution que nous lui avons donnée N°ˢ 125 et 161 à la remarque 3°, p. 316.

Sur la compétence respective de l'administration et des tribunaux, pour connaître des contraventions prévues par les divers titres de la loi, voyez nos explications N° 134.

153. En droit commun, surtout en matière de délits forestiers, on accorde aux procès-verbaux des simples gardes, le privilége exorbitant de faire, pour certains délits, foi de leur contenu jusqu'à inscription de faux : art. 176 et 177 du Code forestier.

Ici nulle distinction entre les divers fonctionnaires dénommés en la première partie de l'article, quel que soit leur rang dans l'ordre hiérarchique de la classe à laquelle ils appartiennent, les procès-verbaux par eux rédigés ne feront que foi simple, c'est à dire qu'ils pourront être combattus par la preuve contraire.

L'effet de cette règle est de rendre applicable

à cette hypothèse la disposition finale de l'article 154 du Code d'instruction criminelle, et 178 du Code forestier.

Si donc le prévenu ne peut détruire par des preuves contraires, la preuve directe résultant du procès-verbal, celle-ci devra produire tout son effet, et en conséquence faire pour les juges justification suffisante des faits y consignés à la charge de l'inculpé, mais toujours dans les termes du deuxième paragraphe de l'article 23, lorsqu'il ne s'agira que de simples délits ou de contraventions. Voir N° 152.

Il y a plus, le tribunal n'est pas obligatoirement tenu d'admettre la preuve contraire ; lors même qu'elle est proposée, il lui est facultatif de la rejeter et de s'en tenir au procès-verbal.

Mais un point très important à examiner pour faire l'application de la seconde disposition de l'article, et pour déterminer en quels cas le prévenu est obligé de combattre les énonciations du procès-verbal par la preuve contraire, est celui de savoir de quels faits, même en matière de délits et de contraventions ce procès-verbal fait foi. Car c'est seulement pour repousser les conséquences accusatrices de ceux des faits relatés dont le procès-verbal fait preuve contre le contrevenant signalé, que celui-ci est astreint à la nécessité de les combattre par la preuve contraire.

Or, nous avons établi au Traité de la voirie

N⁰ˢ 41 et 42, et reproduit *infrà* N⁰ 161, à l'observation 2°, la théorie que l'on devait suivre pour résoudre la question ; nous y renvoyons en conséquence comme à la source de la décision que doit recevoir celle que nous venons de soulever à cet égard. V. pages 315, 316.

Quoique la loi n'ait pas fait en termes exprès de la signature du rapporteur une formalité essentielle de la validité du procès-verbal, nous pensons qu'elle est de rigueur, et que son absence vicierait de nullité l'acte. Voir les motifs N⁰ 161, observation 4°.

Quid de la parenté entre le rédacteur du procès-verbal et le contrevenant? *Vide* p. 242 la solution de la question. *Quid* des effets de la dépendance du rapporteur envers le prétendu auteur de la contravention? *Vide* p. 240 *suprà* et N⁰ 162 *infrà*, pages 318, 319.

§ 3. *Formalité à remplir de la part des agents pour avoir droit de verbaliser, et étendue de leur juridiction attributive sous ce rapport.*

154. Aux termes de la première partie de l'article, les agents y dénommés n'ont une capacité acquise de verbaliser aux fins qu'elle indique qu'autant qu'ils sont assermentés ; ainsi tout le temps que cette condition n'est pas remplie, ils sont sans pouvoir pour s'immiscer dans les fonctions que leur assigne cette première partie. Mais de la combinaison des

termes dans lesquels elle est conçue avec les dispositions du troisième paragraphe du même article, ne résulte-t-il pas cette conséquence que la prestation préalable du serment n'est imposée, comme condition d'attribution du pouvoir de verbaliser, qu'aux agents de surveillance et aux gardes, soit de l'administration, soit des concessionnaires ou fermiers?

Non; une telle conclusion que tendrait à la vérité à favoriser le sens littéral et rigoureux de la rédaction, est repoussée d'abord, en ce qui concerne les ingénieurs des ponts et chaussées ou des mines, les conducteurs, gardes-mines et piqueurs, par la disposition contraire résultant de ces mots *dûment assermentés* qui terminent l'article 12, auquel ils ont été ajoutés pour les motifs énoncés *supra*, N° 125.

Ensuite, quant aux officiers de police judiciaire, la prestation de serment est une condition de leur capacité, aussi la loi veut-elle qu'ils la remplissent avant de pouvoir entrer en fonctions; art. 1er de celle du 16 thermidor an IV.

La loi désigne comme autorité chargée de recevoir le serment requis, le tribunal de première instance; elle va plus loin, elle lève le doute qui aurait pu naître sur le choix de ce tribunal, entre celui du concessionnaire ou fermier et celui du garde, en se prononçant pour le dernier.

Enfin elle donne aux agents de surveillance

et aux gardes une attribution territoriale remarquable, en ce que son étendue consacre une exception aux règles de la législation sur les autres matières.

De droit commun, les agents qui ont le pouvoir de verbaliser ne peuvent l'exercer que dans le rayon du territoire pour lequel ils sont institués, et qui est celui de la juridiction de l'autorité qui a reçu leur serment ; ici la loi applique à toute la ligne du chemin de fer, et dès lors à tous les arrondissements et départements traversés par cette ligne, l'attribution de constatation qu'elle confère aux agents de surveillance et gardes de l'administration, et à ceux des concessionnaires ou fermiers. Mais aussi cette disposition étant faite pour eux exclusivement, on ne pourrait en étendre le bénéfice à d'autres fonctionnaires, par exemple : aux officiers de police judiciaire quoique dénommés au premier paragraphe de l'article. Voyez *infrà*, N° 164. Mais, d'un autre côté, le même cercle de juridiction appartient, ainsi que nous l'avons enseigné N° 125, aux ingénieurs des ponts et chaussées, etc., dénommés en l'article 12.

ART. 24. Les procès-verbaux dressés en vertu de l'article précédent seront visés pour timbre et enregistrés en débet.

Ceux qui auront été dressés par les

agents de surveillance et gardes assermentés devront être affirmés dans les trois
jours, à peine de nullité, devant le juge
de paix ou le maire, soit du lieu du délit
ou de la contravention, soit de la résidence de l'agent.

§ 1er. Visa pour timbre et enregistrement des procès-verbaux.
— § 2. Formalités particulières aux procès-verbaux des
agents de surveillance et des gardes assermentés, et notification de ces procès-verbaux.

§ 1er. *Visa pour timbre et enregistrement des procès-verbaux.*

155. La disposition de ce paragraphe étant
conçue en termes généraux, il s'ensuit qu'elle
est applicable à tous procès-verbaux dressés en
matière de police de chemins de fer en vertu
de l'art. 23, par les fonctionnaires dénommés
au même article.

En conséquence, il n'y a pas lieu de distinguer entre les procès-verbaux, ceux qui sont
l'œuvre des préposés du concessionnaire ou fermier, de ceux qui émanent des autres fonctionnaires dénommés en la première partie de
l'article 23 ; les uns comme les autres doivent
indistinctement être visés pour timbre et enregistrés en débet par les préposés de l'administration de l'enregistrement ; mais comme la
première disposition de l'article est limitée aux

procès-verbaux dressés en vertu de l'article 23, elle ne serait pas applicable s'il s'agissait de procès-verbaux dressés en exécution de l'art. 12. *Vide suprà*, N° 125.

Nous faisons à dessein ressortir cet effet de la loi nouvelle, parcequ'il est une innovation introduite pour les chemins de fer au droit commun actuellement suivi en toute autre matière, d'après lequel les procès-verbaux des gardes particuliers doivent être écrits sur papier timbré et enregistrés aux frais de ceux qui, voulant en faire usage, sont tenus de faire l'avance des droits de ces formalités. *Quid* du défaut d'enregistrement des procès-verbaux dans le délai déterminé? L'article 34 de la loi du 22 frimaire an VII en faisait une cause de nullité; mais il a été jugé en cassation le 18 février 1820, S. D. 20-1-269, que cette peine était applicable exclusivement aux rapports faisant foi jusqu'à inscription de faux; ainsi, elle n'atteindrait pas ceux dont il s'agit en l'art. 24, et l'art. 170 du code forestier a érigé en loi cette jurisprudence.

§ 2. *Formalités particulières aux procès-verbaux des agents de surveillance et des gardes assermentés et notification de ces procès-verbaux.*

156. Le présent article 24, dans sa seconde partie s'occupe exclusivement des procès-verbaux dressés par les agents de surveillance et

par les gardes assermentés : il fixe le délai de l'affirmation, désigne le magistrat entre les mains duquel elle sera faite, et détermine enfin la peine de nullité du procès-verbal qu'entraînera l'inobservation de ces formalités. *Vide* N° 167.

Quid des procès-verbaux dressés par d'autres fonctionnaires ?

Il faut distinguer, si le rédacteur est du nombre de ceux dont l'article 23 renferme la nomenclature, autres toutefois que les agents de surveillance et gardes assermentés, le défaut d'affirmation ou l'inobservation du délai de trois jours ne sera pas passible de la peine de nullité prononcée par le paragraphe ; car il la limite aux procès-verbaux de ces agents et gardes inclusivement. Mais l'influence de ces irrégularités sur la validité du rapport sera appréciée d'après les règles particulières aux actes de cette espèce, faits par le rédacteur dans les matières de ses attributions spéciales : on trouvera quelques-unes des dispositions relatives aux procès-verbaux des agents de la voirie ordinaire, dans notre Traité sur cette partie, N°ˢ 39, 40 et 139, et *suprà* N° 125 *in fine*.

S'il n'est pas du nombre de ceux que désigne l'article 23, abstraction faite des agents de surveillance et gardes assermentés, comme il n'a pas qualité pour verbaliser, puisque ce n'est qu'aux fonctionnaires dénommés en cet article qu'elle est attribuée, son rapport étant vicié d'illégalité par une raison tirée de l'incapacité du rédacteur, il devient inutile d'examiner si la peine de nullité prononcée par l'article, à défaut, soit d'affirmation de son procès-verbal dans les trois jours, soit d'affirmation entre les mains de l'officier public compétent, devrait être appliquée à ce rapport. Car il est privé de toute existence légale, et devient une pièce sans valeur autre que celle d'un simple certificat, dont la délivrance ne fait pas cependant obstacle, en matière correctionnelle, à ce que le signataire soit entendu comme témoin.

Mais si le rédacteur était du nombre des fonctionnaires que désigne la première partie de l'article 23, autres toutefois que les agents de surveillance, les gardes, et que ceux d'entre les officiers de police judiciaire désignés en l'art. 9 du code d'instruction criminelle, dont les procès-verbaux sont forcément soumis à l'affirmation, serait-il nécessaire qu'il remplît la formalité? Il faudrait que son rapport fût affirmé pour produire le même effet que les procès-verbaux affirmés des agents de surveillance et des gardes assermentés, c'est à dire le mérite qui leur est attribué par la seconde disposition de l'article 23, celui de faire foi jusqu'à preuve contraire. La raison de cette décision est, que si l'affirmation n'est exigée par le présent article 24 que des gardes et agents, il résulte du décret du 18 août 1810, S. D. 10-2-338, que les procès-verbaux en matière de grande voirie doivent être affirmés à peine de nullité.

D'ailleurs la plupart des officiers de police judiciaire sont, par les règles particulières de leurs attributions, tenus de les affirmer pour leur conférer un caractère légal de foi et de validité. Tels sont, par exemple, les gardes champêtres (arrêt de cass. du 10 décembre 1842, S. D., 25-1-232);—les gardes des bois (code forestier, article 165.) Tels seraient encore, d'après la décision que nous venons de donner, les ingénieurs des ponts et chaussées et des mines, conducteurs, gardes-mines pour la constatation des contraventions autres que celles qui font l'objet du titre 2.

Au reste, la nullité des procès-verbaux ne prive pas la partie poursuivante de la faculté de faire preuve des délits et contraventions par tout autre mode que le tribunal veut bien admettre, même, ainsi que nous venons de le dire ci-dessus, par l'audition du rapporteur. *Vide* N° 152.

Comme la répression pénale de la contravention est le but du procès-verbal, il faut bien déterminer comment on y parviendra.

Or, nous pensons que s'il s'agit de contraventions dont la connaissance appartienne au conseil de préfecture, telles que toutes celles prévues par les titres 1ᵉʳ et 2 de la loi, il faudra suivre la voie tracée pour le cas analogue par l'art. 13. Tandis que s'il s'agit d'une contravention ou d'un délit de la compétence du tribunal correctionnel, ou d'un crime du domaine de la cour d'assises, telles que toutes les espèces d'infractions prévues par le titre 3, ce sera au procureur du roi, chargé de la poursuite dans l'intérêt de la vindicte publique, que la remise du procès-verbal devra être faite directement ou médiatement par le rédacteur. *Vide* N° 134.

ART. 25. Toute attaque, toute résistance avec violence et voies de fait envers les agents des chemins de fer, dans l'exercice de leurs fonctions, sera punie des peines appliquées à la rébellion, suivant les distinctions faites par le code pénal.

Paragraphe unique. Des actes de violences passibles de la peine de la rébellion.

157. Il faut remarquer que les cas d'application de la pénalité de l'article dépendent de plusieurs conditions dont la concomittance est requise pour qu'elle atteigne un prévenu.

Ainsi, il doit nécessairement être établi contre lui :

1° Qu'il y a eu de sa part attaque ou résistance envers les agents soit du concessionnaire, soit de l'administration.

Nous disons attaque *ou* résistance, afin de faire comprendre que l'une de ces deux circonstances suffit.

2° Que l'agent envers lequel il y a eu attaque ou résistance, était alors dans l'exercice de ses fonctions. Ainsi, hors de l'exercice de ses fonctions, tout agent n'a plus que la garantie d'un simple particulier; dès lors les délits commis envers lui par l'un des moyens énoncés en l'article, ne revêtent plus le caractère de gravité que leur confère l'assimilation qu'il prononce : ils rentrent pour les éléments propres à les constituer, ainsi que pour la nature de la peine qui leur est réservée, dans le domaine du droit commun.

3° Que l'attaque ou la résistance ait eu lieu au moyen de procédés de violence et de voies de fait.

De ce que l'article réunit par la copulative *et* la violence aux voies de fait, ainsi que l'exige aussi l'article 209 du code pénal auquel il renvoie, doit-on en conclure qu'il soit indispensablement nécessaire, pour caractériser le crime prévu par l'article 25, qu'il y ait eu emploi simultané de la violence et des voies de fait dans l'attaque ou dans la résistance qu'il prohibe et réprime ?

Nous ne le pensons pas, et nous fondons notre opinion à cet égard sur la doctrine professée par la cour de cassation dans un arrêt du 2 juillet 1835, S. D. 35-1-933.

Au surplus la même cour a également décidé par l'arrêt ci-dessus, que si l'attaque seule peut, sans les circonstances caractéristiques de violence ou de voies de fait, constituer la rébellion dans le sens de l'article 209 du code pénal, il n'en est pas de même de la résistance; isolée elle ne peut être qualifiée crime ou délit, qu'autant qu'elle est accompagnée de ces circonstances mêmes.

Et comme les raisons sont identiques, cette interprétation serait applicable à de semblables éventualités qui se présenteraient sous l'empire de la loi nouvelle.

Art. 26. L'article 463 du code pénal est applicable aux condamnations qui seront prononcées en exécution de la présente loi.

158. Quelle que soit la condamnation; quel que soit l'ordre administratif ou judiciaire de l'autorité chargée de la prononcer, la disposition lénitive de l'article 463 pourra être appliquée, pourvu qu'il soit déclaré par l'acte (arrêté, jugement ou arrêt, suivant la juridiction qui statuera), qu'il existe en faveur du prévenu des circonstances atténuantes. V. Nos 40 et 121.

Le présent art. 26, qui accorde cette faculté aux diverses juridictions appelées à connaître des contraventions, délits et crimes prévus par la présente loi, ne distinguant pas et étant conçu en termes généraux, on doit tenir qu'elle peut être étendue même aux condamnations en récidive, suivant que le porte d'ailleurs expressément l'article 463 lui-même. *Vide* article 21 de la loi, et *suprà* N° 147.

Aussi la cour de cassation a-t-elle consacré par de nombreux arrêts la légalité de cette doctrine.

En conséquence nous citerons comme justifiant cette proposition, ceux des 27 septembre 1832, S. D. 33-1-190; 1er février 1833, S. D. 33-1-319; 29 août 1833, S. D. 34-1-63; 10 octobre 1833, S. D. 34-1-687; 27 juin 1834, S. D. 34-1-782.

ART. 27. En cas de conviction de plusieurs crimes ou délits prévus par la présente loi, ou par le code pénal, la peine la plus forte sera seule prononcée.

Les peines encourues pour des faits postérieurs à la poursuite pourront être cumulées, sans préjudice des peines de la récidive.

§ 1er. Prohibition du cumul des peines. — § 2. Exceptions à la prohibition du cumul des peines.

§ 1er. *Prohibition du cumul des peines.*

159. Le texte ne parlant pas des contraven-

tions, on ne pourrait en appliquer les dispositions prohibitives du cumul aux cas, soit de
plusieurs contraventions réunies, soit de contraventions concourant avec des délits ou des
crimes.

Ce silence de l'article, en ce qui touche les
contraventions, n'est pas le résultat d'une
omission involontaire, la discussion devant la
chambre des députés, séance du 3 février 1845,
Moniteur du 4, page 244, prouve que c'est avec
intention que l'article ne les a pas comprises
dans sa disposition.

En effet, M. Isambert, auteur de l'amendement qui formule l'article, avait proposé d'é-
tendre la règle qu'il établit aux contraventions,
mais il les en retrancha par suite des observations de la commission et du garde des sceaux.
Vide, à titre d'exemple, N° 37, une conséquence de la distinction et de l'observation
ci-dessus.

Il est à remarquer que, quoique faisant partie d'une loi spéciale (sur la police des chemins
de fer), cependant la disposition sera applicable au cas de cumul d'un crime ou d'un délit
prévu par la loi nouvelle, avec un crime ou un
délit prévu par le code pénal, parcequ'elle est
conçue en des termes formels, qui embrassent
positivement dans leur acception les uns et les
autres.

La raison de cette extension résulte de ce

que, lors de la discussion et du vote de cet article, ce fut en ce sens et avec cette interprétation qu'on l'admit dans la loi.

En effet, voici ce qu'en disait M. le ministre des travaux publics : « D'ailleurs cet article ne « fait qu'étendre au code spécial des chemins « de fer, les règles déjà écrites dans le code « pénal général. » (Exposé des motifs par le ministre des travaux publics devant la chambre des pairs, séance du 13 février 1845, *Moniteur* du 15, page 335.)

§ 2. *Exceptions à la prohibition du cumul des peines.*

160. Les deux exceptions faites par la seconde partie de l'article aux dispositions de la première sont conformes à la raison et même aux principes du droit commun.

Première exception. — En général, le jugement se réfère à la demande, on ne peut donc statuer que sur les faits compris en cette demande.

Quant à ceux dont la perpétration est postérieure à l'assignation, ils peuvent devenir l'objet d'une nouvelle action indépendante de la précédente, ou être rattachés à celle-ci par une jonction de la seconde poursuite qu'ils ont provoquée.

De cette distinction ressortent trois conséquences : la première, qu'ils sont passibles des peines qui leur sont particulièrement propr s.

La seconde, que la nature de ces peines doit être déterminée par la répression légale qu'assigne à ces faits la loi qui les a prévus.

3° Enfin, pour que la disposition rigoureuse de ce second paragraphe soit applicable, il est de condition indispensable, comme nous venons de l'énoncer, que les faits qui sont placés sous son empire se soient produits postérieurement en date à la poursuite en répression d'un premier délit ou d'un premier crime antérieur.

Deuxième exception. — Elle a pour objet de prévenir, relativement aux peines de la récidive qui, aux termes de l'article 21, sont doublées, l'extension de la prohibition du cumul prononcée par la première disposition de l'article, et d'expliquer que, encore bien que dans le cas de récidive la loi inflige cumulativement deux peines simples au même individu, cependant la décision qui en fera l'application ne renfermera pas une violation de la défense du cumul; car alors il n'y aura en réalité application que d'une seule peine double. Voir N° 147.

SECONDE PARTIE.

Formules d'Actes.

161. *Formule ou protocole des procès-verbaux dressés en exécution de l'article 12, soit par les ingénieurs des ponts et chaussées ou des mines, soit par les conducteurs, gardes-mines et piqueurs.*

Nota. L'article 12 n'indique pas au nombre des agents qui peuvent verbaliser dans les circonstances qu'il prévoit, les autres fonctionnaires dénommés en l'article 23 ; cette exclusion dès lors embrasse les officiers de police judiciaire et les agents de surveillance ou gardes nommés ou agréés par l'administration; nous en avons expliqué, N° 125, les motifs.

Nous soussigné (énoncer ici les prénoms; nom, qualités et demeure du fonctionnaire qui procède, lequel ne peut être que l'un de ceux qui sont ci-dessus désignés), dûment assermenté, certifions que le mardi, premier juillet mil huit cent quarante-cinq, à neuf heures du matin, visitant les travaux d'établissement du chemin de fer de Rouen au Havre, adjugés à M. Charles Laffitte et compagnie, et dont la surveillance nous est confiée, parvenu au point où ce chemin traverse sur le territoire de la commune de.... la rivière de.... (ou la route de...), nous avons reconnu que (contrairement à la clause 11 du cahier des charges (1), le pont du chemin de fer de Rouen au Havre dans sa traverse de ladite rivière de.... (ou de ladite route de....), territoire de la susdite commune de....., ne présentait au dessus du cours de cette rivière, qu'une ouverture de quatre mètres, tandis que d'après les dimensions de l'article 9, dont l'article 11 recommande l'observation, cette ouverture aurait dû être de sept mètres); nous avons reconnu que (contrairement à la clause 15 du cahier des charges, les rails du chemin de fer dont il s'agit étaient élevés au dessus de la surface de la route ci-dessus de quinze centimètres, et étaient disposés de manière à faire obstacle à la circulation); nous avons reconnu que (contrairement à la clause 16 du cahier des charges, l'écoulement des eaux pluviales qui descendent de la montagne de..... (ou des eaux du ruisseau de.....) était obstrué par le talus du remblai du chemin de fer à.... mètres de.... (indiquer un point invariable de repère). En conséquence, nous avons rédigé, de cette contravention, le présent procès-verbal à la charge de mondit sieur Ch. **Laffitte** et comp., adjudicataire de l'établissement du

(1) Nous puisons nos exemples dans celui de la concession du chemin de fer de Rouen au Havre, arrêtée par le ministre des travaux publics, le 28 avril 1842, acceptée le 29 du même mois par M. Charles Laffitte et comp., et déclarée exécutoire par la loi du 11 juin suivant.

chemin de fer dont il s'agit. Fait à.... (indiquer ici le nom de la commune la plus rapprochée du lieu du délit, ou celle de la résidence du rédacteur du procès-verbal), le mercredi, 2 août 1845.	*Signé....*

REMARQUES OU OBSERVATIONS.

1° Aux termes de l'article 1384 du code civil et des dispositions générales de l'art. 22 de la loi, les concessionnaires ou fermiers d'un chemin de fer sont responsables du dommage causé par les administrateurs, directeurs, ou employés à un titre quelconque au service de l'exploitation du chemin de fer, sauf leur recours contre le coupable. *Vide* N°ˢ 148, 149 et 150.

Quand donc le fait constitutif de la contravention aura été commis en présence du fonctionnaire rédacteur, il dénommera dans son procès-verbal l'auteur direct de ce fait.

2° Le rédacteur d'un procès-verbal quelconque doit apporter la plus sévère attention à distinguer, par les expressions qu'il emploie dans le libellé de son acte, les énonciations qui exprimeraient de sa part la volonté de faire entendre qu'il a été témoin oculaire ou auriculaire des faits qu'il constate ; de celles qui marqueraient au contraire que la connaissance de ces faits ne lui est parvenue que par les déclarations des tiers, ou par des présomptions qu'il a tirées d'après ses lumières et les inspirations de circonstances dont il a été personnellement témoin.

En effet, si (et cela est arrivé à des officiers ignorants ou légers), il allait présenter comme accompli sous ses yeux, ou comme entendus par lui des faits passés ou des déclarations exprimées en dehors de sa présence, il rendrait un témoignage mensonger et s'exposerait aux peines du faux commis en écriture publique. La raison en est, que les juges ne sauraient admettre, comme faisant preuve dans le sens du second paragraphe de l'article 23, des faits dont le rédacteur ne déclarerait pas avoir été personnellement témoin visuel ou auriculaire, Cass., 30 juin 1838, S. D. 39-1-240, *Vide suprà* Nos 125 et 153. Tandis qu'ils pourraient le faire au cas contraire et fonder sur son procès-verbal seul la condamnation.

3° Quoiqu'il résulte de l'article 12, qu'il suffit, pour la validité d'un procès-verbal, qu'il soit dressé par un seul d'entre les fonctionnaires qu'il dénomme, cependant le concours d'un second pourrait valablement être admis ; non seulement la loi ne prohibe pas cette intervention, mais on peut considérer même qu'elle n'a pu avoir l'intention de le faire, d'après le but qu'elle s'est proposé ; car la découverte et la preuve de la vérité qu'elle a en vue d'atteindre par le témoignage écrit d'un seul rédacteur, lui seront bien plus fidèlement assurées par la garantie de deux attestations. V. N° 152.

4° Enfin les procès-verbaux devront nécessairement être signés par les rapporteurs. D'abord cette règle est une conséquence de la considération que ce sont des témoignages écrits, et que la signature est la seule garantie pour la justice de la confiance qu'elle y ajoute. Ensuite il nous paraît ressortir de cette expression *dressés,* employée par les articles 23 et 24, dont le texte peut être invoqué comme règle générale sur ce point, qu'il est entré dans la pensée des auteurs desdits articles, que les procès-verbaux fussent l'œuvre personnelle des fonctionnaires investis du pouvoir de constater par ce moyen les crimes, les délits et les contraventions. Enfin l'article 165 du code forestier présente d'ailleurs, en faveur de cette décision, un argument d'analogie dont la puissance et l'application nous paraissent incontestables; en conséquence les règles qu'il trace devraient être observées dans les hypothèses qu'il prévoit si celles-ci venaient à se réaliser.

162. *Formule d'un procès-verbal constatant des contraventions commises à l'article 4.*

Si le concessionnaire ou le fermier d'un chemin de fer négligeait de le clore des deux côtés, savoir : pour les chemins nouvellement construits, avant l'exploitation de la voie, et pour ceux qui existaient au jour de la publication de la loi, à dater de l'époque où cette obligation lui est imposée selon le mode prescrit article 4, alors il y aurait lieu de constater cette contravention par un procès-verbal en la forme tracée par le modèle 161 ci-dessus.

Cependant le droit de verbaliser en cette circonstance ne sera pas restreint aux seuls fonctionnaires dénommés en l'article 12. La raison en est, que le présent article 4 fait partie du titre 1er de la loi, et que l'article 23 attribue le pouvoir de constatation de toutes les contraventions prévues dans le titre 1er à tous les agents qu'il indique.

Quoiqu'il ne fasse aucune distinction, qu'ainsi le droit de verbaliser ne paraisse pouvoir être refusé à aucun de ceux qui se trouvent compris dans sa disposition, cependant nous pensons que toutes les fois que la contravention à constater aura été commise par le fermier ou concessionnaire, ses propres gardes particuliers seront incapables de procéder, parceque ne pouvant rendre témoignage contre leur commettant, ils sont frappés d'une juste cause de reproche, qui rend leur déposition écrite inadmissible. Argument de l'art. 317 du code d'inst. crimin. Cependant cette cause de reproche que nous avons déjà signalée p. 240, diffère de celle tirée de la parenté dont nous avons parlé *suprà* N° 125. page 242, en ce que cette dernière cause étant prévue par le texte formel du code d'instruction criminelle, on doit, quand le cas de la parenté au degré prévu par l'art. 156 de ce code se rencontre, écarter le procès-verbal sans le concours d'aucune autre considération, tandis que la circonstance de servilité plus ou moins étroite ne peut obtenir un effet aussi radical, puisque la loi ne l'autorise pas expressément ; les juges ne devront donc y puiser que le pouvoir d'accorder au procès-verbal sur leur conviction tel égard que dans leur opinion il paraîtra mériter, et dès lors d'en écarter ou d'en accepter l'influence comme pièce probante ou non en la cause.

En outre, nous ferons remarquer que jamais aucun des fonctionnaires désignés par l'art. 12, comme ayant droit de verbaliser contre le concessionnaire ou le fermier, ne peut être, à ce titre, le préposé de ce concessionnaire ou fermier; c'est toujours au contraire un surveillant nommé par l'administration pour contrôler celui-ci. Quand donc, pages 240, 242, en matière de délits particuliers aux concessionnaires ou fermiers, nous avons prévu des relations de dépendance du fonctionnaire rapporteur envers ces concessionnaires ou fermiers, nous ne l'avons fait qu'en présupposant à cette dépendance des causes autres que celles tirées des fonctions légales du premier, par conséquent une position autre que celle qui, dans l'hypothèse de l'art. 23, peut se rencontrer entre le garde et son commettant.

163. *Notification d'un procès-verbal de contravention faite en exécution de l'article 13, après toutefois l'enregistrement dudit procès-verbal, nécessitée par les motifs déduits N° 155 in fine, laquelle notification tient lieu d'ajournement, la loi lui faisant produire de plein droit cet effet au regard du prévenu.* Vide N° 119.

L'agent chargé de cette mission, remplissant en ce cas les fonctions d'un huissier dans les procédures ordinaires, devra formuler son acte à peu près dans les mêmes termes qu'un exploit du ministère de ces officiers ; il ne sera pas tenu de prendre le visa du concessionnaire ou fermier. *Vide suprà* N° 126.

L'an mil huit cent quarante-cinq, le premier août ; à la requête de M. le préfet du département de Seine-et-Marne. (1)

J'ai.... (énoncer ici les noms, prénoms, qualité et demeure de l'agent, lequel peut être un préposé de l'administration de la résidence du prévenu ; par exemple le maire, l'adjoint, un garde champêtre, etc., voire même un agent de police.)

(1) De ce que le préfet est poursuivant, s'ensuit-il qu'il soit exclu de plein droit par l'effet de cette seule circonstance de la présidence, qui de droit lui appartient, (*Vide suprà* N° 119) du conseil de préfecture chargé de statuer sur la contravention dont il poursuit la répression ? Nous ne le pensons pas ; il faut en outre pour produire contre lui cette incapacité, qu'il se constitue poursuivant devant le conseil, par exemple : en y prenant des réquisitions contre le prévenu.

Soussigné signifié au S^r.... (nom, prénoms, qualités et demeure du fermier ou concessionnaire contrevenant) étant à..., domicile par lui élu conformément à l'art. 12 de la loi sur la police des chemins de fer, aux fins des présentes, et parlant à... (appliquer pour la désignation de la personne à qui l'on parle, l'art. 68 du Code de procédure civile); (si c'est à une compagnie que la signification est faite, ce sera l'art. 69 qu'il faudra suivre pour l'indication de la remise de la copie.)

Un procès-verbal, en date du... (énoncer ici, non la date de la reconnaissance de la contravention par le signataire, mais bien celle de la rédaction du procès-verbal. N°s 152 et 167.) Enregistré à... le... aux droits de... constatant à la charge de... (reproduire ici le nom du fermier ou du concessionnaire, individu ou compagnie, que l'on vient de désigner dans l'indication du contrevenant à qui la signification est adressée), une contravention commise sur le chemin de fer de..... (énoncer la dénomination de ce chemin), aux lieu, époques et pour les causes énoncées en ce procès-verbal.

Déclarant audit susnommé ès-noms, que l'original du procès-verbal dont il s'agit sera transmis par le requérant, dans les quinze jours de la date des présentes, au conseil de préfecture de...(celui du département dans la circonscription territoriale duquel a été commise la con-

travention), afin qu'il prononce contre ledit....
(le prévenu) les peines établies par la loi.

A ce qu'il n'en ignore, et ait en conséquence
à présenter ses moyens de défense dans ledit
délai à ce conseil, sous peine de voir statuer sur
le procès-verbal, par défaut, après l'expiration
de la quinzaine ci-dessus.

Et je lui ai, en sondit domicile élu et parlant
comme il est dit, laissé copie tant du procès-
verbal susénoncé que du présent acte original
de signification.

Observations. — Nota. On ne fait pas mention du coût, parceque l'art. 72 du décret du
13 juin 1811 interdit l'allocation d'un salaire
quelconque à tous agents autres que les huissiers. Dans la copie laissée à la personne à qui
la notification est faite, on transcrit d'abord le
procès-verbal, puis l'exploit de notification conforme au modèle. Seulement, à partir de ces
mots : « *et je lui ai, en son domicile élu, parlant
comme il est dit,* » on supprimera le surplus de
la rédaction de la formule et on y substituera
celle-ci : « laissé la présente copie contenant la
transcription du procès-verbal y mentionné
ainsi que celle de l'exploit original.

164. *Formule ou protocole des procès-verbaux
dressés en exécution de l'article 23, concurremment par les officiers de police judiciaire, les ingénieurs des ponts-et-chaussées et des mines, les
conducteurs, gardes-mines, agents de surveillance*

*et gardes nommés ou agréés par l'administration
et dûment assermentés.*

*Observation préalable en ce qui touche le libellé
des faits à relater au procès-verbal.*

Elle consiste dans la recommandation que
nous faisons au rédacteur de se conformer aux
trois prescriptions, 1°, 2°, 3°, de la remarque
qui suit la formule n° 161.

Nous soussigné... (énoncer ici les prénoms,
nom, qualité et demeure du ou des fonctionnaires qui procèdent, lesquels peuvent être au
nombre de deux et même de trois (*vide* n°ˢ 125,
152 et 161), pourvu que tous soient dans la
catégorie ci-dessus déterminée.

Cependant il faut remarquer qu'aux termes
de l'article 23, 3ᵉ §, les agents de surveillance
de l'administration et du concessionnaire ou
fermier, ayant seuls attribution pour verbaliser
sur toute la ligne du chemin de fer auquel ils
sont attachés, les officiers de police judiciaire,
quoique admis par le premier paragraphe de
l'article à l'exercice du pouvoir de constatation,
n'auront compétence à cet effet que conformément aux règles du droit commun, c'est à dire
que pour les infractions commises sur le territoire pour lequel ils sont assermentés. (*Vide
suprà* n° 154.) Si l'auteur du procès-verbal est
un agent, comme il doit être assujetti au serment
(*suprà* n° 154), il mentionnera qu'il a rempli la
formalité en ces termes : *dûment assermenté.*

Certifions que le mardi, 1ᵉʳ juillet 1845, à neuf heures du matin (date de la reconnaissance, pages 295, 296, 315, 316 et 335), parvenu au lieu dit la Poirée, contrée de... territoire de... nous avons reconnu que dans le talus du chemin de fer de... qui traverse ces contrée et territoire et au point où le pied de ce talus est en contiguité immédiate avec une pièce de terre appartenant à Paul Leblanc, de la commune de.... une partie des matériaux formant la rampe dudit talus avait été enlevée. Cherchant à découvrir l'auteur de ce fait, nous avons d'abord remarqué, par des traces de roues imprimées sur le sol qui touche à l'endroit de l'extraction, que l'enlèvement avait eu lieu à l'aide d'une voiture ; ensuite nous avons suivi ces traces et elles nous ont conduit à un trou ouvert dans un pré situé territoire de la commune de..., appartenant au sieur Jean Marion, habitant ladite commune. Enfin nous avons pris des renseignements auprès des sieurs..... (citer les noms de ces témoins) qui nous ont été indiqués comme pouvant nous faire connaître le ou les auteurs de l'entreprise illicite ci-dessus énoncée. En effet, ayant interrogé sur ce point lesdits sieurs.., ils nous ont déclaré que le.... heure de.... ils avaient aperçu ledit Jean Marion, qui, accompagné de son domestique Jean Thomas, avait enlevé avec une voiture des matériaux pris dans le talus de la chaussée du chemin de fer dont il s'agit, à l'endroit par nous désigné ci-dessus, et les avait conduits dans le trou de son pré qu'il est occupé à combler.

Et attendu qu'il résulte de ces faits à la charge dudit sieur Marion une contravention à l'art. 2 de la loi du 15 juillet 1845 sur la police des chemins de fer, nous avons rédigé de ce que dessus le présent procès-verbal à....... (indiquer le lieu de la rédaction, qui ordinairement sera celui de la résidence de l'agent rédacteur, mais qui peut être valablement une autre commune), ce deux juillet mil huit cent quarante-cinq (date de la rédaction, p. 295).

Signé B...

165. *De la constatation des contraventions commises aux divers articles de la loi, autres que ceux indiqués dans la formule n° 164.*

Cette constatation devra être faite conformément aux énonciations générales de ladite formule; il n'y aura de changement à faire dans la rédaction que relativement aux circonstances particulières constituant les éléments de chaque espèce de contravention.

En conséquence, nous avons pensé qu'au lieu de reproduire, pour atteindre la prévision de chacune des contraventions qui pourraient résulter de l'infraction aux dispositions des divers articles de la loi, les termes de la formule n° 164, qui sont d'une application générale, autant de fois qu'il y a d'articles, il suffirait d'indiquer sur chacun de ces articles quels seraient les faits qui, caractérisant une contravention, nécessiteraient un procès-verbal.

Ainsi, dans ladite formule n° 164, on retranchera la partie qui commence à ces mots : *parvenu au lieu dit*, etc., et qui se termine par ceux-ci : *occupé à combler*, et on y substituera l'énonciation des circonstances de fait établissant, en chaque cas particulier, l'une des contraventions prévues et indiquées dans les articles de la loi que nous allons successivement analyser à cet effet.

Art. 2 de la loi. — Si, au lieu de la dégradation du talus commise par enlèvement d'une partie des terres qui le composent, la contravention consistait dans d'autres infractions à l'art. 2, par exemple, en un comblement des fossés du chemin de fer; si elle résultait de la destruction des ouvrages d'art, autres que ceux qui sont protégés par les dispositions spéciales de l'art. 16, par exemple, de la clôture; si enfin le fait consistait en un dépôt de terre ou d'objets autres que ceux prévus par les art. 7 et 8 de la loi. V. N°s 37 et suiv.

Dans ces cas et autres analogues, il y aurait contravention à l'art. 2, et elle devrait être constatée en la formule N° 164.

Art. 3. — Si la contravention consistait dans une infraction à l'article 3, par exemple, à l'alignement, de la part d'un riverain de la voie qui aurait édifié, réparé ou reconstruit une maison limitrophe de cette voie avant d'avoir obtenu de l'autorité, selon les circonstances, ou l'alignement, ou simplement la permission. V. Nos 47, 86, 87 et 88.

Si un voisin avait pratiqué une œuvre quelconque, une digue, par exemple, pour arrêter l'écoulement des eaux provenant de la voie. V. No 53.

Si le propriétaire d'un terrain désigné par l'administration pour servir aux entrepreneurs, soit de la construction du chemin de fer, soit des réparations à y faire, à l'effet d'y déposer leurs matériaux, ou pour tout autre destination de simple occupation, telle que le passage, refusait d'obtempérer à la réquisition desdits entrepreneurs, cette résistance constituerait une contravention à l'article 3, Nos 54 et 55 *suprà*, et elle devrait être constatée par un procès-verbal selon le modèle ci-dessus.

Si le propriétaire d'un terrain contigu à la voie plantait des arbres à une distance plus rapprochée que celle que nous avons indiquée No 60, sans l'obtention d'un alignement préalable, pag. 92 et 93, ou s'il refusait d'élaguer des arbres plantés lorsqu'il en serait requis par l'autorité, No 60 précité, ou enfin s'il se permettait un élagage des arbres plantés près de la voie sans permission de l'autorité, ce fait devrait être constaté en la forme ci-dessus, No 60.

Si l'on ouvrait une mine, une minière, une tourbière, une carrière ou une sablière dans la zone qui doit rester libre entre ces sortes d'œuvres et le chemin de fer d'après les règles établies N°° 64 à 75 *suprà.*

Si des travaux d'exploration de mines, etc., étaient entrepris en deçà de la même zone. N°° ci-dessus cités.

Si encore des puits et galeries souterraines formés pour l'exploitation de ces sortes d'entreprises étaient poussés du côté du chemin de fer à une distance moindre que celle prescrite pour leur ouverture. *Vide suprà* N°° 73 et 74.

Alors ces sortes d'entreprises constituant des contraventions à l'article 3, devraient être constatées en la forme donnée par le procès-verbal N° 164.

Enfin, quand un terrain a été assigné par l'administration pour l'extraction à y faire des matériaux nécessaires aux travaux publics, le propriétaire ne peut s'opposer à cette extraction, N° 75, et s'il le faisait, son refus constituerait à sa charge une contravention qui dedevrait être établie contre lui par un procès-verbal selon le mode indiqué N° 164.

Art 4. — Il est l'objet du N° 162 *suprà.*

166. Art. 5. — Si un riverain de la voie élevait une construction autre qu'un mur de clôture dans la zone de deux mètres de la limite

d'un chemin de fer, il contreviendrait à la prohibition de l'article 5, N°⁵ 86 et 87, et cette infraction devrait être constatée par un procès-verbal selon la formule N° 164. Il en serait de même s'il se permettait de faire à une construction existante dans la zone prohibée, des travaux autres que ceux de simple entretien propres à la maintenir dans l'état où elle se serait trouvée aux époques déterminées par l'article 5. *Vide* N° 90. Et cela quand même les travaux excédant ceux de simple entretien ne se feraient qu'à l'intérieur de la construction. Voyez l'explication donnée par le ministre des travaux publics *suprà*, pag. 156 et 157.

Mais il n'y aurait contravention dans aucune de ces hypothèses, si la distance requise par l'article avait été diminuée en vertu d'ordonnances royales rendues en conséquence de l'article 9, et que l'auteur de l'œuvre se fût conformé aux règles de ces ordonnances (voir N°⁵ 106, 107 et 108), ainsi qu'à l'obligation de la demande préalable d'un alignement, N°⁵ 46, 47 et 86. Au contraire le riverain se rendrait coupable d'une infraction de nature à devoir être justifiée par un procès-verbal, s'il faisait exécuter des travaux au mur de face sur la voie sans l'obtention préalable d'une permission de l'autorité. V. N° 88.

Le réglement d'administration publique prescrit par le quatrième paragraphe de l'article 5 *suprà*, pages 159 et 160, au gouvernement, pour la constatation de l'état des constructions y énoncées, qui étant riveraines d'une voie actuelle, ou qui le devenant d'une voie future, seront en saillie sur la zone de servitude devant rester libre de ces constructions d'après le premier paragraphe de l'article, n'est pas encore rendu aujourd'hui (décembre 1845). Il résulte même des démarches personnelles que nous avons faites au ministère des travaux publics, pour savoir si l'on s'y dispose à préparer ce réglement et les autres auxquels se réfère la loi, art. 4 et 21, que jusqu'à présent les occupations des bureaux ne leur ont pas permis de se livrer à ce travail.

Il est possible que cet état de choses se prolonge encore pendant quelque temps, et cette expectative soulève la question transitoire de savoir ce qu'il adviendra pour les propriétaires des constructions placées dans la position prévue par le quatrième paragraphe cité de l'article 5.

Nous pensons qu'à la rigueur, ils ne seront tenus de faire constater l'état desdites constructions, qu'à l'apparition du réglement à intervenir, d'où il suit que tous travaux intérieurs qui jusque là échapperont à la surveillance de l'administration, devront être réputés former l'état légal desdites constructions au point de vue de l'application de l'article. Tandis que si la constatation avait eu lieu avant l'exécution de ces ouvrages, ce serait inutilement que le propriétaire aurait réussi à les dissimuler aux regards de l'administration ou de ses préposés, car la comparaison du procès-verbal de constatation avec celui de l'état au moment de la vérification, suffirait pour justifier contre lui la perpétration de la contravention.

Art. 6. — Lorsque dans une localité où le chemin sera en remblai de plus de trois mètres mesurés conformément au mode indiqué N° 91, c'est à dire quand la longueur de la rampe du talus prise à partir du sommet joignant la voie de fer, jusqu'au pied, ou, en d'autres termes, jusqu'au point auquel elle se termine sur les terrains limitrophes de la voie, présentera horizontalement un espace de plus de trois mètres, alors toute excavation faite dans une zone égale à cet espace constituera une contravention ; tandis que si le plan incliné du remblai ne présentait en hauteur qu'une surface de trois mètres, ou moindre, alors il n'y aurait contravention de la part du riverain dans l'ouverture d'une excavation près du pied du talus, s'il y en avait un, ou près de la voie, qu'autant qu'il n'aurait pas observé une certaine distance conformément à la règle que nous avons tracée dans la prévision de cette éventualité, N°ˢ 94 et 95.

Il va de soi qu'en cas d'autorisation dans l'hypothèse de l'article 6, il n'y aurait contravention qu'autant que l'auteur de l'excavation serait sorti des termes de la permission. Voir N° 97.

Qu'il en serait de même s'il était intervenu une ordonnance royale ainsi que le permet et que l'autorise l'art. 9. V. N° 106.

Quant aux excavations existantes au jour de la promulgation de la loi près des chemins de fer établis, et à celles qui se trouveront près d'un chemin à construire par la suite à une distance plus rapprochée que ne le permet l'article 6, nous avons enseigné N° 88, que cet article n'en prescrivait pas la destruction immédiate. Ainsi il n'y aurait contravention de la part du propriétaire qu'autant qu'il se permettrait, ou de les rétablir, ou même d'y faire certains travaux de simple entretien (*Vide* N° 96), contrairement aux dispositions de l'article 5, qui déclare que les constructions seules pourront être entretenues (*Vide* N° 90); d'y exécuter des travaux, en un mot, tels qu'il est interdit d'en faire à la partie retranchable d'un bâtiment sujet à reculement.

Art. 7. — Lorsque, contrairement à la prohibition de cet article, il aura été établi à une distance de moins de vingt mètres d'un chemin de fer, desservi par des machines à feu, des couvertures en chaume, etc., ce fait constituera une contravention à constater par procès-verbal. V. N° 98.

Mais il y aurait exception, 1° dans le cas où la traction serait faite par un autre moyen qu'une machine à feu ; on devrait alors observer seulement la distance fixée par l'article 8. *Vide* N° 98.

2° S'il s'agissait des dépôts prévus par le paragraphe deux de l'art. 7. V. N°ˢ 100 et 101.

3° S'il était intervenu, conformément à l'article 9, une ordonnance royale pour diminuer la distance légale. V. N° 106.

4° Enfin s'il était question de couvertures en chaume, etc., placées dans la position exceptionnelle prévue N° 99, à moins qu'il ne s'agisse pour ces couvertures en chaume, considérées isolément du bâtiment qu'elles abritent, de travaux signalés comme prohibés dans ce même N° 99.

Il n'y aurait contravention dans ces quatre hypothèses exceptionnelles, et par conséquent matière à procès-verbal, qu'autant que, dans la première, l'auteur de la couverture en chaume, etc., aurait laissé, contrairement à la règle établie N° 47 *in fine*, moins de trois mètres cinquante centimètres de distance entre le chemin et le bâtiment riverain qu'il aurait fait édifier et couvrir en chaume, ou qu'il l'aurait élevé précisément à cette distance sans obtention d'un alignement préalable. V. N°ˢ 47 et 86.

Que dans la seconde, les dépôts de récoltes se seraient prolongés au-delà du temps de la moisson des produits de la terre, suivant la nature de leur objet. V. N°s 100 et 101.

Que dans la troisième, on serait sorti des termes de l'ordonnance.

Que dans la quatrième enfin, le propriétaire des couvertures anciennes en chaume y aurait fait exécuter des travaux confortatifs ou même de simple entretien, c'est à dire de ces sortes de travaux et réparations qu'il est défendu de faire sur la partie retranchable d'un bâtiment sujet à reculement. V. N° 99, page 175.

Ou bien qu'il aurait entretenu par le remplacement des objets enlevés, un dépôt de matières inflammables existant dans la zone prohibée lors de la promulgation de la loi près d'un chemin de fer construit, ou près d'une voie future lors de l'établissement de ladite voie. *Vide* N° 99, pages 174 et 175.

Art. 8. — Lorsqu'un dépôt d'objets quelconques, non inflammables, ce qui comprend les pierres, aura été fait à distance prohibée sans l'autorisation préalable du préfet, ou après révocation d'une autorisation précédemment accordée par ce fonctionnaire, il y aura dans ce fait une contravention. V. N°s 102 et 103.

Mais il n'y aurait pas infraction et par conséquent pas lieu à verbaliser, 1° si le fait était autorisé par le préfet, 2° s'il rentrait dans l'une des deux autres prévisions exceptionnelles du troisième paragraphe de l'art. 8. V. N°ˢ 102 à 105 inclusivement ; 3° si la distance avait été réduite par une ordonnance royale conformément à l'article 9, et que l'auteur de ce fait se fût maintenu dans les limites de ladite ordonnance ; 4° enfin si ce dépôt se trouvait protégé par les dispositions exceptionnelles énoncées N° 103, sauf l'observation de prohibition y rappelée, et la nécessité d'appliquer la règle établie, même N° 103, page 181.

Art. 18, 19, 20, 21. — Lorsque les infractions prévues par ces articles se seront réalisées.

167. *Formule de l'affirmation prescrite par l'art. 24, comme formalité applicable aux procès-verbaux de tous les fonctionnaires désignés pag. 303, 304 et 305, à peine de nullité, dans les trois jours de la date du procès-verbal, qu'il ne faut pas confondre avec celle de la reconnaissance du fait constitutif de la contravention, laquelle reconnaissance peut précéder d'un jour ou même de deux celui de la rédaction du procès-verbal, et par conséquent de cinq jours l'affirmation de celui-ci. V. 152 pag. 295 et 324.*

Cette mention d'affirmation se met à la suite du procès-verbal sur la même feuille, et elle doit être ainsi conçue :

« Cejourd'hui, 3 juillet 1845 (l'énonciation de l'heure n'est pas nécessaire), pardevant nous

(le juge de paix ou le maire, c'est à dire le juge de paix du canton, ou le maire de la commune dont fait partie, soit le lieu de la contravention, soit la résidence du rédacteur au choix de celui-ci.)

Est comparu N.... (le rédacteur), lequel a affirmé entre nos mains le procès-verbal ci-dessus, et d'autre part en date du 2 juillet 1845, et il a signé avec nous après lecture faite tant dudit procès-verbal que du présent acte d'affirmation.

Signé A.... et B....

168. *Formule de la notification à faire au contrevenant après leur enregistrement et leur affirmation de chacun des procès-verbaux dressés en exécution des règles du N° 165 ci-dessus et de l'affirmation mise à la suite de chaque procès-verbal.*

Cette notification devant être conçue dans les mêmes termes que celle dont nous avons tracé le modèle N° 163, nous renvoyons à ce modèle, qui devra servir de protocole au cas que nous prévoyons ici, car ladite notification aura dans l'hypothèse actuelle les mêmes effets légaux que dans l'autre, notamment celui de valoir de plein droit une assignation au prévenu.

Cependant quelques changements devant y être introduits, nous allons les indiquer.

Ainsi, 1° ce sera au domicile réel ou à la

personne même du contrevenant qu'il faudra énoncer que la signification est faite.

2° Après avoir mentionné la relation de l'enregistrement du procès-verbal, il faudra rappeler en outre celle de l'acte d'affirmation.

3° A la fin de la formule N° 163, le mot *élu* qui se trouve après ceux-ci : « et je lui ai en sondit domicile », devra être supprimé.

4° A ces mots, *tant du procès-verbal mentionné*, il faudra ajouter ceux-ci, *et de son acte d'affirmation*.

5° Enfin dans la copie, la même addition de cés mots : *et de son acte d'affirmation*, sera placée après ceux-ci « procès-verbal y mentionné. »

169. *Formule du mémoire de la défense du contrevenant devant le conseil de préfecture.*

NOTA. Ce mémoire, par les raisons expliquées N°° 119 et 128, devra être rédigé et notifié au préfet du département du lieu de la contravention dans la quinzaine de la date de la notification faite à requête du préfet du domicile du prévenu à ce dernier, du procès-verbal de constatation de l'infraction par lui commise.

A Messieurs les membres composant le conseil de préfecture du département de... (celui dans lequel est situé le lieu de la contravention.)

Le Sr Nicolas Prudhomme, propriétaire, demeurant à (énoncer le lieu de sa demeure).

A l'honneur de vous exposer :

Qu'il vient de recevoir le...... (indiquer la date), la notification d'un procès-verbal rédigé le... (date de ce procès-verbal) par... (noms, prénoms, fonctions et résidence du rapporteur), lequel constate qu'il a été établi à une distance de quinze mètres de la limite du chemin de fer de Paris à Orléans, un dépôt de paille, matière inflammable, contrairement à la prohibition de l'art. 7 de la loi du 15 juillet 1845, sur la police des chemins de fer, et signale l'exposant comme auteur de cette infraction.

Si ce dépôt devait être réputé compris dans la désignation de ceux que proscrit l'art. 7 précité, le soussigné se bornerait à solliciter pour une première faute due à son ignorance de cette disposition, l'indulgence du conseil de préfecture.

Mais, en fait, le dépôt de paille dont il s'agit, est renfermé dans un magasin construit en pierres et couvert en ardoises.

Il suit de là qu'il n'est pas exposé à être enflammé par le feu échappé des locomotives qui desservent le chemin ; il n'y a donc pas entre ce feu et les matières déposées la possibilité d'un contact direct et immédiat, dont le danger éventuel est devenu le motif déterminant de la défense établie par l'article 7 ; dès lors elle cesse d'être applicable à cette hypothèse, ainsi que le démontrent les explications interprétatives, N° 98 du Traité de la police et de la voirie des chemins de fer par M. Gand.

En conséquence il conclut à ce qu'il vous plaise, Messieurs, sans avoir égard au procès-verbal de rapport sus-daté, lequel sera au besoin déclaré nul comme illégal, le renvoyer des fins et réquisitions de M. le préfet, et vous ferez justice.

Fait à.... le.... 1846.

Signé PRUDHOMME.

170. *Notification de ce mémoire au préfet.*

NOTA. On peut se dispenser de la notification en déposant le mémoire à la préfecture sur récépissé, mais la signification ou le dépôt doit obligatoirement avoir lieu dans le délai fixé par l'observation placée en tête du N° 169; on peut d'ailleurs employer cumulativement l'un et l'autre modes. V. pour la preuve du dépôt p. 341, 2°.

L'an mil huit cent quarante-six, le six juillet, à la requête du sieur Nicolas Prudhomme, propriétaire, demeurant à.... (énoncer le lieu de sa demeure).

J'ai (noms et immatricule de l'huissier)

Soussigné, signifié et avec celle des présentes laissé copie à Monsieur (le nom), préfet du département de... (celui du lieu de la contravention), en cette qualité, étant en son hôtel, et parlant à....

d'un mémoire ayant pour date le... (date du mémoire), adressé par le requérant au conseil de préfecture du même département, contenant l'exposé des moyens, fins et conclusions qu'il entend opposer aux poursuites exercées contre lui par M. le préfet ci-dessus indiqué, en répression de la contravention constatée à sa charge, en matière de police de chemins de fer, par le procès-verbal de... (désigner le rédacteur), en date du... (la date du procès-verbal) à lui notifié à la requête de M. le préfet du département de.... (celui qui a fait notifier le procès-verbal au prévenu), le..... (énoncer ici le jour de la signification du procès-verbal.)

A ce que M. le préfet susnommé n'en ignore, et ait à soumettre au conseil de préfecture le mémoire dont il s'agit.

En conséquence, je lui ai, en son hôtel, et parlant comme il est dit, laissé copie tant du mémoire de défense sus-énoncé, que du présent exploit, qu'il a visé conformément à la loi. Le coût est de....

171. *Formule de l'acte d'opposition à une condamnation par défaut prononcée par le conseil de préfecture contre un prévenu de contravention aux dispositions de la loi sur la police des chemins de fer.*

NOTA. 1° Aucune loi ne fixant le délai dans

lequel devra être formée l'opposition dont il s'agit, nous pensons sur la question y relative soulevée page 222, que par analogie de ce que prescrit le code de procédure civile, art. 159, la partie condamnée sera recevable à le faire jusqu'à exécution ; cette opinion vient d'être consacrée en ces termes, par or'onnance en conseil d'état, du 26 mai 1845, S. D. 45-2-571 : « Considérant que l'opposition aux arrêtés des « conseils de préfecture rendus par défaut est « recevable jusqu'à l'exécution. »

2° On pourrait aussi rédiger un mémoire conformément à la formule N° 169, sauf qu'au libellé de cette formule on substituerait celui de l'exploit qui suit, et, pourvu qu'il soit justifié par récépissé de son dépôt fait en délai utile à la préfecture, il suppléerait cet exploit.

L'an mil huit cent quarante-cinq, le six novembre, à la requête du sieur Jean Thomas, cultivateur, demeurant à Étampes.

J'ai (nom et immatricule de l'huissier) soussigné, signifié et déclaré à M...., préfet du département de.... (celui dont le conseil de préfecture aura prononcé la condamnation) en son hôtel, parlant à....

que le requérant est opposant à l'arrêté rendu par défaut, le 15 juin 1845, par le conseil de préfecture du département de.... qui le condamne à une amende de 100 fr. pour prétendue contravention, par lui commise, à l'art. 8

de la loi du 15 juillet 1845, sur la police des chemins de fer, lequel arrêté lui a été notifié le 1er novembre présent mois.

Ses motifs sont fondés sur ce que, en fait, pour mesurer la distance qui existait entre le dépôt de pierres fait par le requérant sur son terrain près du chemin de fer d'Orléans, et la limite de ce chemin, et constater qu'elle n'était que de quatre mètres cinquante centimètres, contrairement à la disposition de l'art. 8 de ladite loi, le rédacteur du procès-verbal a pris pour point extrême de la distance du côté du chemin de fer, non celui qui est déterminé par l'art. 5, deuxième paragraphe, mais bien le bord extérieur d'une lisière de terrain laissée en dehors de la voie du côté de la propriété du requérant.

Et ils reposent, en droit, sur ce que la largeur de cette lisière doit être déduite des cinq mètres requis pour la distance à observer entre le chemin et les dépôts, parceque s'il en était autrement la zone de servitude établie sur les terrains riverains de la voie de fer par l'art. 8, pourrait être arbitrairement étendue au-delà des cinq mètres dans lesquels il la restreint. Voir en ce sens le N° 90 du Traité de M. Gand sur la police et la voirie des chemins de fer.

En conséquence les conclusions du requérant tendront à ce qu'il plaise au conseil de préfecture, que M. le préfet est invité à saisir dans l'une de ses prochaines séances de la connaissance de la présente opposition, recevoir le même requérant opposant aux condamnations ci-dessus rappelées prononcées par défaut contre lui, et statuant sur le mérite de son opposition, le décharger desdites condamnations : au principal, sans s'arrêter ni avoir égard au procès-verbal de rapport du...... qui sera déclaré nul, le renvoyer purement et simplement des fins et réquisitions prises contre lui en vertu de ce procès-verbal par M. le préfet.

Et j'ai à ce fonctionnaire, qui a visé le présent exploit, laissé copie, en parlant comme il est dit, du même exploit, dont le coût est de...

TROISIÈME PARTIE.

Législation des locomotives à vapeur des chemins de fer.

Les mesures arrêtées sur ces machines par le gouvernement dans une dernière ordonnance du 22 mai 1843, qui abroge les dispositions des précédentes rendues sur la même matière, et dans une instruction ministérielle du 23 juillet suivant, ayant pour objet de régler la construction, la surveillance et les conditions de circulation de ces sortes de véhicules, nous adopterons dans le précis que nous nous proposons d'en donner, un ordre de division qui présentera sur chacun des objets ci-dessus indiqués les formalités imposées aux exploitants de la voie et à l'administration.

En conséquence nous consacrerons un premier titre à traiter de la construction des chaudières à vapeur; dans un second, nous ferons connaître ce qui concerne la surveillance de ces appareils; enfin nous réservons au troisième la mission d'indiquer les autorités investies du pouvoir réglementaire touchant la circulation, et de déterminer la sphère de leurs attributions.

OBSERVATION PRÉLIMINAIRE.

Nous croyons devoir commencer par donner

la définition des moteurs auxquels les règles que nous allons présenter sont applicables ; or dans le langage du droit établi par l'ordonnance précitée, les machines à vapeur locomotives sont celles qui, en se déplaçant par leur propre force, servent au transport des voyageurs, des marchandises ou des matériaux. (Art. 52 de l'*Ordonnance du 22 mai 1843.*)

TITRE PREMIER.

DE LA CONSTRUCTION DES CHAUDIÈRES, DES ÉPREUVES PRÉALABLES AUXQUELLES ELLES SONT FORCÉMENT ASSUJETTIES AVANT LEUR MISE EN ACTIVITÉ, ET DES EXCEPTIONS AUX RÈGLES PRESCRITES EN THÈSE GÉNÉRALE.

CHAPITRE PNEMIER.

Des Épreuves.

§ 1er.

172. Aucune machine ou chaudière à vapeur ne pourra être livrée par un fabricant, si elle n'a subi les épreuves prescrites ci-après. Lesdites épreuves seront faites à la fabrique, sur la déclaration des fabricants, et d'après les ordres des préfets, par les ingénieurs des mines, ou, à leur défaut, par les ingénieurs des ponts et chaussées. (Art. 2 de la même *Ordonnance.*)

Les chaudières ou machines à vapeur venant de l'étranger devront être pourvues des mêmes appareils de sûreté que les machines et chaudières d'origine française, et subir les mêmes épreuves. Ces épreuves seront faites au lieu désigné par le destinataire dans la déclaration qu'il devra faire à l'importation. (Art. 3 d'*id.*)

§ 2.

Les chaudières à vapeur, leurs tubes bouilleurs et les réservoirs à vapeur; les cylindres en fonte des machines à vapeur et les enveloppes en fonte de ces cylindres ne pourront être employés dans un établissement quelconque sans avoir été soumis préalablement à une épreuve opérée à l'aide d'une pompe de pression. (Art. 14 d'*id.*)

§ 3.

La pression d'épreuve sera un multiple de la *pression effective*, ou autrement de la plus grande tension que la vapeur pourra avoir dans les chaudières et autres pièces contenant la vapeur, diminuée de la pression extérieure de l'atmosphère.

On procédera aux épreuves en chargeant les soupapes des chaudières de poids proportionnels à la pression effective, et déterminés suivant la règle indiquée au N° 173, § 12.

A l'égard des autres pièces, la charge d'épreuve sera appliquée sur la soupape de la pompe de pression. (Art. 15 d'*id.*)

§ 4.

Pour les chaudières, tubes bouilleurs et ré-

servoirs en tôle ou en cuivre laminé, la pression d'épreuve sera *triple* de la pression effective.

Cette pression d'épreuve sera *quintuple* pour
les chaudières et tubes bouilleurs en fonte.
(Art. 16 d'*id.*)

§ 5.

Les cylindres en fonte des machines à vapeur, et les enveloppes en fonte de ces cylindres, seront éprouvés sous une pression *triple*
de la pression effective. (Art. 17 d'*id.*)

§ 6.

L'épaisseur des parois des chaudières cylindriques en tôle ou en cuivre laminé (il n'y a
pas d'épaisseur déterminée pour les chaudières
en fonte) sera réglée conformément à la table
n° 1 annexée à l'ordonnance précitée.

L'épaisseur de celles de ces chaudières qui,
par leurs dimensions et par la pression de la
vapeur, ne se trouveraient pas comprises dans
la table, sera déterminée d'après la règle énoncée à la suite de ladite table ; toutefois cette
épaisseur ne pourra dépasser 15 millimètres.

Les épaisseurs de la tôle devront être aug-
mentées s'il s'agit de chaudières formées, en
partie ou en totalité, de faces planes, ou bien
de conduits intérieurs, cylindriques ou autres,
traversant l'eau ou la vapeur, et servant, soit
de foyers, soit à la circulation de la flamme.
Ces chaudières et conduits devront, de plus.

être, suivant le cas, renforcés par des armatures suffisantes. (Art. 18 d'*id.*)

§ 7.

Après qu'il aura été constaté que les parois des chaudières en tôle ou en cuivre laminé ont les épaisseurs voulues, et après que les chaudières, les tubes bouilleurs, les réservoirs de vapeur, les cylindres en fonte et les enveloppes en fonte de ces cylindres auront été éprouvés, il y sera appliqué des timbres indiquant, en nombre d'atmosphères, le degré de tension intérieure que la vapeur ne devra pas dépasser. Ces timbres seront placés de manière à être toujours apparents, après la mise en place des chaudières et cylindres. (Art. 19 d'*id.*)

§ 8.

Les chaudières qui auront des faces planes seront dispensées de l'épreuve, mais sous la condition que la force élastique ou la tension de la vapeur ne devra pas s'élever, dans l'intérieur de ces chaudières, à plus d'*une atmosphère et demie*. (Art. 20 d'*id.*)

§ 9.

L'épreuve sera recommencée sur l'établissement dans lequel les machines ou chaudières doivent être employées, 1° si le propriétaire de l'établissement la réclame ; 2° s'il y a eu, pendant le transport ou lors de la mise en place, des avaries notables ; 3° si des modifications ou réparations quelconques ont été faites depuis l'épreuve opérée à la fabrique. (Art. 21 d'*id.*)

§ 10.

173. Il sera adapté à la partie supérieure de chaque chaudière deux soupapes de sûreté, une vers chaque extrémité de la chaudière.

Le diamètre des orifices de ces soupapes sera réglé d'après la surface de chauffe de la chaudière et la tension de la vapeur dans son intérieur, conformément à la table n° 2 annexée à l'ordonnance. (Art. 22 d'*id.*)

§ 11.

Chaque soupape sera chargée d'un poids unique, agissant soit directement, soit par l'intermédiaire d'un levier.

Chaque poids recevra l'empreinte d'un poinçon. Dans le cas où il serait fait usage de leviers, ils devront être également poinçonnés. La quotité des poids et la longueur des leviers seront fixées par l'arrêté d'autorisation. (Article 23 d'*id.*)

§ 12.

La charge maximum de chaque soupape de sûreté sera déterminée en multipliant $1^k,033$ par le nombre d'atmosphères mesurant la pression effective, et par le nombre de centimètres carrés mesurant l'orifice de la soupape.

La largeur de la surface annulaire de recouvrement ne devra pas dépasser la trentième partie de la surface circulaire exposée directement à la pression de la vapeur, et cette largeur, dans aucun cas, ne devra excéder deux millimètres. (Art. 24 d'*id.*)

§ 13.

174. Toute chaudière à vapeur sera munie d'un manomètre à mercure, gradué en atmosphères et en fractions décimales d'atmosphère, de manière à faire connaître immédiatement la tension de la vapeur dans la chaudière.

Le tuyau qui amènera la vapeur au manomètre sera adapté directement sur la chaudière, et non sur le tuyau de prise de vapeur ou sur tout autre tuyau dans lequel la vapeur serait en mouvement.

Le manomètre sera placé en vue du chauffeur. (Art. 25 d'*id.*)

§ 14.

On fera usage du manomètre à air libre, c'est à dire ouvert à sa partie supérieure, toutes les fois que la pression effective de la vapeur ne dépassera pas quatre atmosphères.

On emploiera toujours le manomètre à air libre, quelle que soit la pression effective de la vapeur, pour les chaudières mentionnées à l'art. 43. (placées dans un atelier) (Art. 26 d'*id.*)

§ 15.

On tracera sur l'échelle de chaque manomètre, d'une manière apparente, une ligne qui répondra au numéro de cette échelle que le mercure ne devra pas dépasser. (Art. 27 d'*id.*)

§ 16.

175. Toute chaudière sera munie d'une pompe d'alimentation, bien construite et en bon état d'entretien, ou de tout autre appareil alimentaire d'un effet certain. (Art. 28 d'*id.*)

§ 17.

Le niveau que l'eau doit avoir habituellement dans chaque chaudière sera indiqué, à l'extérieur, par une ligne tracée d'une manière très apparente sur le corps de la chaudière ou sur le parement du fourneau.

Cette ligne sera d'un décimètre au moins au dessus de la partie la plus élevée des carneaux, tubes ou conduits de la flamme et de la fumée dans le fourneau. (Art. 29 d'*id.*)

§ 18.

Chaque chaudière sera pourvue d'un *flotteur d'alarme*, c'est à dire qui détermine l'ouverture d'une issue par laquelle la vapeur s'échappe de la chaudière, avec un bruit suffisant pour avertir, toutes les fois que le niveau de l'eau dans la chaudière vient à s'abaisser de cinq centimètres au dessous de la ligne d'eau dont il est fait mention au § précédent. (Art. 30 d'*id.*)

§ 19.

La chaudière sera, en outre, munie de l'un des trois appareils suivants : 1° un flotteur ordinaire d'une mobilité suffisante ; 2° un tube indicateur en verre ; 3° des robinets indicateurs convenablement placés à des niveaux différents. Ces appareils indicateurs seront, dans tous les cas, disposés de manière à être en vue du chauffeur. (Art. 31 d'*id.*)

CHAPITRE II.

Des attributions des ingénieurs.

§ 20.

176. Les ingénieurs dirigent les épreuves des chaudières et des autres pièces contenant la vapeur ; ils font appliquer les timbres constatant les résultats de ces épreuves, et poinçonner les poids et les leviers des soupapes de sûreté. (Art. 62 d'*id.*)

§ 21.

Après avoir fait apposer l'empreinte du timbre, l'ingénieur dressera un procès-verbal dans lequel seront indiqués :

1° La date de l'épreuve ;

2° Le lieu où elle a été faite ;

3° Le nom et la résidence du fabricant des pièces éprouvées ;

4° La nature, la forme et la dimension de ces pièces ;

5° La tension de la vapeur en atmosphères ;

6° Le diamètre de l'orifice de la soupape d'épreuve ;

7° L'usage auquel l'appareil est destiné ;

8° Le nom et le domicile de celui qui a commandé les pièces éprouvées ;

9° La destination définitive de ces pièces ;

10° L'indication de l'épreuve sur les tubulaires séparément ou sur la chaudière montée;

11° Enfin les observations de l'ingénieur qui transmettra de suite son rapport au préfet du département dans lequel l'épreuve aura été faite. (*Instruction ministér.* du 23 juillet 1843.)

§ 22.

Lorsque, par suite de demandes en autorisation d'établir des machines ou des appareils à vapeur, les ingénieurs des mines ou les ingénieurs des ponts et chaussées auront fait, par ordre du préfet, des actes de leur ministère de la nature de ceux qui donnent droit aux allocations établies par l'article 89 du décret du 18 novembre 1810, et par l'art. 75 du décret du 7 fructidor an XII, ces allocations seront fixées et recouvrées dans les formes déterminées par lesdits décrets. (Art. 65 d'*id.*)

§ 23.

D'après l'article 75 du décret du 7 fructidor an XII, lorsque les ingénieurs auront prêté leur ministère pour des travaux pour lesquels ils auront été commis, ils seront remboursés de leurs frais de voyage et autres dépenses, et ils recevront en outre des honoraires proportionnés à leur travail.

Ces honoraires seront déterminés par le temps qu'ils auront employé sans que la base puisse être établie sur l'étendue des dépenses.

Les ingénieurs fourniront l'état de leurs frais et indemnités dont ils seront remboursés d'après l'approbation, le réglement et le mandat du préfet.

Ce mandat sera exécutoire contre les parties qui, intéressées dans l'opération, auront été déclarées devoir supporter les frais dus à l'ingénieur, et il sera procédé au recouvrement par voie de contrainte.

§ 24.

Quant au décret du 18 novembre 1810, l'article 89 reproduit à peu près la disposition qui vient d'être rappelée de celui de fructidor. Il veut, comme celui-ci, que les allocations des ingénieurs soient fixées par le préfet et recouvrées d'après un mandat de ce fonctionnaire rendu exécutoire.

CHAPITRE III.

Des exceptions aux formalités du chapitre Ier.

§ 25.

177. Les chaudières construites conformé-

ment à celles des machines locomotives ordinaires, suivant un système tubulaire pourront être éprouvées sous une pression double seulement de la pression effective.

On pourra, quelle que soit la tension de la vapeur dans ces chaudières, remplacer le manomètre à air libre par un manomètre à air comprimé, ou même par un thermomanomètre, c'est à dire par un thermomètre gradué en atmosphères et parties décimales d'atmosphère : les indications de ces instruments devront être facilement lisibles et placées en vue du chauffeur.

On pourra se dispenser d'adapter auxdites chaudières un flotteur d'alarme, et il suffira qu'elles soient munies d'un tube indicateur en verre convenablement placé. (Art. 48 d'*id.*)

§ 26.

Les soupapes de sûreté des machines locomotives pourront être chargées au moyen de ressorts disposés de manière à faire connaître, en kilogrammes et en franctions décimales de kilogramme, la pression qu'ils exerceront sur les soupapes. (Art. 54 d'*id.*)

§ 27.

178. Si, à raison du mode particulier de construction de certaines machines ou chaudières à vapeur, l'application à ces machines ou chaudières, d'une partie des mesures de

sûreté prescrites par les dispositions ci-dessus se trouvait inutile, le préfet, sur le rapport des ingénieurs, pourra autoriser l'établissement de ces machines et chaudières, en les assujettissant à des conditions spéciales.

Si, au contraire, une chaudière ou machine paraît présenter des dangers d'une nature particulière, et s'il est possible de les prévenir par des mesures que l'ordonnance ne rend point obligatoires, le préfet, sur le rapport des ingénieurs, pourra accorder l'autorisation demandée, sous les conditions qui seront reconnues nécessaires.

Dans l'un et l'autre cas, les autorisations données par le préfet seront soumises à l'approbation du ministre des travaux publics. (Art. 67 d'*id.*)

L'établissement et la surveillance des machines et appareils à vapeur qui dépendent des services spéciaux de l'État, sont régis par des dispositions particulières, sauf les conditions qui peuvent intéresser les tiers, relativement à la sûreté et à l'incommodité, et en se conformant aux prescriptions du décret du 15 octobre 1810. (**Art.** 78 d'*id.*)

TITRE II.

DE L'AUTORISATION DE CIRCULATION ET DE LA SURVEIL-LANCE DES MACHINES ET CHAUDIÈRES A VAPEUR.

CHAPITRE PREMIER.

De l'autorisation préalable.

§ 28.

179. Aucune machine locomotive ne pourra être mise en service sans un *permis de circulation* délivré par le préfet du département où se trouvera le point de départ de la locomotive. Art. 55 d'*id.*)

§ 29.

La demande du permis de circulation sera adressée au préfet. Elle fera connaître :

1° La pression maximum de la vapeur, exprimée en atmosphères et en fractions décimales d'atmosphère, sous laquelle les machines à vapeur ou les chaudières à vapeur devront fonctionner ;

2° La force de ces machines exprimée en chevaux (le cheval-vapeur étant la force capable d'élever un poids de 75 kilogrammes à un mètre de hauteur, dans une seconde de temps) ;

3° La forme des chaudières, leur capacité, et celle de leurs tubes bouilleurs, exprimées en mètres cubes ;

4° Le nom donné à la machine locomotive et le service auquel elle sera destinée.

Le nom de la locomotive sera gravé sur une plaque fixée à la chaudière. (Art. 56 d'*id.*)

§ 30.

Les ingénieurs donnent leur avis sur les demandes en autorisation d'établir des machines ou des chaudières à vapeur, et sur les demandes de permis de circulation concernant les machines locomotives. (Art. 62.)

§ 31.

Le préfet, après avoir pris l'avis de l'ingénieur des mines, ou, à son défaut, de l'ingénieur des ponts et chaussées, délivrera, s'il y a lieu, le permis de circulation. (Art. 57 d'*id.*)

§ 32.

Dans ce permis seront énoncés :

1° Le nom de la locomotive, et le service auquel elle sera destinée ;

2° La pression maximum (en nombre d'atmosphères) de la vapeur dans la chaudière, et les numéros des timbres dont la chaudière et les cylindres auront été frappés ;

3° Le diamètre des soupapes de sûreté ;

4° La capacité de la chaudière ;

5° Le diamètre des cylindres et la course des pistons ,

6° Enfin le nom du fabricant et l'année de la construction. (Art. 58 d'*id.*)

CHAPITRE II.

De la surveillance des locomotives à vapeur.

SECTION Ire.— SURVEILLANCE DE L'AUTORITÉ ADMINISTRATIVE.

§ 33.

180. Les ingénieurs des mines et, à leur défaut, les ingénieurs des ponts et chaussées sont chargés, sous l'autorité des préfets, de la surveillance des machines et chaudières à vapeur. (Art. 61 d'*id.*)

§ 34.

Les mêmes ingénieurs s'assurent, au moins une fois par an, et plus souvent, lorsqu'ils en reçoivent l'ordre du préfet, que toutes les conditions de sûreté prescrites sont exactement observées.

Ils visitent les machines et les chaudières à vapeur; ils en constatent l'état, et ils provoquent la réparation et même la réforme des chaudières et des autres pièces que le long usage ou une détérioration accidentelle leur ferait regarder comme dangereuses.

Ils proposent également de nouvelles épreuves, lorsqu'ils les jugent indispensables pour s'assurer que les chaudières et les autres pièces conservent une force de résistance suffisante, soit après un long usage, soit lorsqu'il y aura été fait des changements ou réparations notables. (Art. 63 d'*id.*)

§ 35.

Les mesures indiquées au paragraphe qui précède, sont ordonnées, s'il y a lieu, par le préfet, après avoir entendu les propriétaires, lesquels pourront, d'ailleurs, réclamer de nouvelles épreuves lorsqu'ils les jugeront nécessaires. (Art. 64 d'*id.*)

§ 36.

Les autorités chargées de la police locale exerceront une surveillance habituelle sur les établissements pourvus de machines ou de chaudières à vapeur. (Art. 66 d'*id.*)

SECTION II. — SURVEILLANCE DES EXPLOITANTS, OBLIGATIONS QUI LEUR SONT IMPOSÉES ET PEINES QU'ILS PEUVENT ENCOURIR.

§ 37.

181. Ils doivent non seulement satisfaire, relativement à leurs machines locomotives aux conditions de sûreté prescrites, mais encore les entretenir en bon état de service : en cas d'inexécution de l'un de ces engagements, le préfet, sur le rapport de l'ingénieur des mines, ou, à son défaut, de l'ingénieur des ponts et chaussées, pourra en suspendre ou même en interdire l'usage. (Art. 59 d'*id.*) Voir *infrà* N° 182, § 47.

§ 38.

Les propriétaires et chefs d'établissements veilleront :

1° A ce que les machines et chaudières à vapeur et tout ce qui en dépend soient entretenus constamment en bon état de service;

2° A ce qu'il y ait toujours, près des machines et chaudières, des manomètres de rechange, ainsi que des tubes indicateurs de rechange, lorsque ces tubes seront au nombre des appareils employés pour indiquer le niveau de l'eau dans les chaudières ;

3° A ce que lesdites machines et chaudières soient chauffées, manœuvrées et surveillées suivant les règles de l'art.

Conformément aux dispositions de l'article 1384 du code civil, ils seront responsables des accidents et dommages résultant de la négligence ou de l'incapacité de leurs agents. (Art. 69 d'*id.*)

§ 39.

Il est défendu de faire fonctionner les machines et les chaudières à vapeur à une pression supérieure au degré déterminé dans les actes d'autorisation, et auquel correspondront les timbres dont ces machines et chaudières seront frappées. (Art. 70 d'*id.*)

§ 40.

En cas de changements ou de réparations notables qui seraient faits aux chaudières ou aux autres pièces passibles des épreuves, le propriétaire devra en donner avis au préfet.

qui ordonnera, s'il y a lieu, de nouvelles épreuves, ainsi qu'il est dit aux paragraphes 34 et 35 du N° 180. (Art. 171 d'*id.*)

§ 41.

Les propriétaires de machines ou de chaudières à vapeur autorisées seront tenus d'adapter auxdites machines et chaudières les appareils de sûreté qui pourraient être découverts par la suite, et qui seraient prescrits par des réglements d'administration publique. (Article 73 d'*id.*)

§ 42.

Dans tous les cas d'épreuves, les appareils et la main-d'œuvre seront fournis par les propriétaires des machines ou chaudières. (Article 72 d'*id.*)

§ 43.

En cas de contravention aux prescriptions ci-dessus, les permissionnaires pourront encourir l'interdiction de leurs machines ou chaudières, sans préjudice des peines, dommages et intérêts qui seraient prononcés par les tribunaux. (Art. 74 d'*id.*) Voir N° 182, § 48. Comme l'ordonnance ci-dessus citée est muette sur la pénalité applicable aux infractions commises à ses défenses, on se demande si leur observation est garantie par une sanction répressive et en tous cas quelle est cette sanction? Voir la solution § 50.

TITRE III.

DES ATTRIBUTIONS DE L'AUTORITÉ ADMINISTRATIVE EN CE QUI TOUCHE LES APPAREILS A VAPEUR EMPLOYÉS A L'EXPLOITATION DES CHEMINS DE FER, ET DE LA COMPÉTENCE RESPECTIVE DE CHAQUE PRÉFET.

§ 44.

182. Indépendamment de celles qui, conférées aux préfets et au pouvoir municipal, sont énoncées N°s 172, § 1er; 176, § 21, 22, 23 et 24; 177, § 27; 179, § 28, 29, 31; 180, § 34, 35, 36; 181, § 37, 40, 43, il en est d'autres que nous allons faire connaître.

§ 45.

Les conditions auxquelles sera assujettie la circulation des locomotives et des convois, en tout ce qui peut concerner la sûreté publique, seront déterminées par arrêtés du préfet du département où sera situé le lieu du départ, après avoir entendu les entrepreneurs et en ayant égard, tant aux cahiers des charges des entreprises, qu'aux dispositions des réglements d'administration publique concernant les chemins de fer. (Art. 60 d'*id.*)

Il est évident que cette attribution faite au préfet du département du lieu de départ, à l'exclusion de ceux des départements traversés par la ligne, et par conséquent de celui de l'arrivée (du point où se termine le chemin), n'est pas applicable aux mesures pour lesquelles nous avons indiqué comme autorité compétente le préfet de la localité, pages 168, 169, 180, 181, 195, 196 et 197 *suprà*. Au contraire elle devrait recevoir son exécution dans l'hypothèse énoncée également *suprà*, p. 276, 277, mais alors le préfet du lieu de départ ne pourra valablement l'exercer aujourd'hui que sous les conditions y apposées par l'article 21 de la loi du 15 juillet 1845 dans l'hypothèse qu'il prévoit, c'est à dire toutes les fois qu'il s'agira de mesures à prendre en exécution d'une ordonnance royale sur la police, la sûreté ou l'exploitation du chemin de fer. *Vide suprà*, pages 276 à 279. Voir § 46.

§ 46.

Les attributions données aux préfets des départements par les dispositions ci-dessus et ci-après, seront exercées par le préfet de police dans toute l'étendue du département de la Seine, et dans les communes de Saint-Cloud, Meudon et Sèvres, du département de Seine-et-Oise. (Art. 79 d'*id.*)

Ce pouvoir créé en faveur du préfet de police à Paris, étant limité aux objets de l'ordonnance, ne lui donnera pas le droit de statuer pour le département de la Seine et les communes désignées, dans les cas prévus par les articles 6, 8 et 21 de la loi de 1845, pages précitées 168, 169, 180, 181, 276, 277. Ce sera au préfet du département de la Seine qu'il appartiendra toujours, pour l'étendue du

territoire qu'il embrasse, ainsi que celui d'agir
en conformité de l'article 10 de la même loi
dans les hypothèses prévues et énoncées p. 195,
196 et 197.

§ 47.

Lorsqu'une machine locomotive ne satisfait
pas aux conditions de sûreté prescrites, ou lorsqu'elle n'est pas entretenue en état de service,
le préfet, sur le rapport de l'ingénieur des
mines, ou, à son défaut, de l'ingénieur des
ponts et chaussées, pourra en suspendre ou
même en interdire l'usage. (Art. 59 d'*id.*) Voir
N° 181, § 37.

§ 48.

Dans les cas où les permissionnaires auront
encouru l'interdiction de leurs machines ou
chaudières (§ 43 *suprà*), cette interdiction
sera prononcée par arrêtés des préfets, sauf
recours devant le ministre des travaux publics.
Ce recours ne sera pas suspensif. (Art. 74 d'*id.*)
Le même recours devra être à plus forte raison
ouvert contre toutes autres décisions de ces
fonctionnaires rendues en vertu des attributions que leur fait l'ordonnance. Ce sera aussi
cette voie que l'on devra suivre pour attaquer
les décisions des préfets rendues en matière de
voirie de chemins de fer, notamment dans les
cas prévus par les articles 6, 8 et 5 de la loi
de 1845, et même dans celui de l'article 10
pour la cause énoncée *suprà* page 207. Cette

décision est une conséquence du principe d'attribution que reconnaît et qu'applique l'art. 74 de l'ordonnance.

§ 49.

En cas d'accident, l'autorité chargée de la police locale, c'est à dire le maire se transportera, sans délai, sur les lieux, et le procès-verbal de sa visite sera transmis au préfet, et, s'il y a lieu, au procureur du roi.

L'ingénieur des mines, ou, à son défaut, l'ingénieur des ponts et chaussées se rendra aussi sur les lieux immédiatement, pour visiter les appareils à vapeur, en constater l'état et rechercher la cause de l'accident. Il adressera sur le tout un rapport au préfet.

En cas d'explosion, les propriétaires d'appareils à vapeur ou leurs représentants ne devront ni réparer les constructions, ni déplacer ou dénaturer les fragments de la chaudière ou machine rompue, avant la visite et la clôture du procès-verbal de l'ingénieur. (Art. 75 d'*id.*)

§ 50.

Sur les questions de pénalité posées § 43. — 1er Point. Nous ne pensons pas que l'on puisse contester sérieusement l'affirmative.

2° Point. Nous indiquerons l'art. 471 n° 15 du Code pénal préférablement à l'art. 21 de la loi de 1845, par la raison que la prévision de cet article ne peut rationnellement s'entendre que des ordonnances futures.

TABLE

DES

NUMÉROS DE DIVISION DE L'OUVRAGE

indiquant les pages du volume que chacun d'eux occupe.

Nos	Pages.	Nos	Pages.	Nos	Pages.	Nos	Pages.
1	2, 3	47	64-68	93	164, 165	139	264, 265
2	3	48	68-70	94	165, 186	140	265
3	3-5	49	70-72	95	166-168	141	265-268
4	5, 6	50	72-74	96	168	142	268, 269
5	6	51	74-76	97	168-171	143	270-273
6	6, 7	52	76, 77	98	171-173	144	274-276
7	7-9	53	77-79	99	173-175	145	276-279
8	9, 10	54	79, 80	100	175-177	146	279, 280
9	11, 12	55	80, 81	101	177, 178	147	280-283
10	12	56	81-85	102	178-180	148	284, 285
11	12-14	57	85, 86	103	180, 181	149	285-287
12	14	58	87, 88	104	181, 182	150	288, 289
13	14, 15	59	88, 89	105	182-184	151	290-292
14	15-17	60	89-93	106	184, 185	152	292-296
15	17, 18	61	93, 94	107	185-187	153	296-298
16	18, 19	62	94-96	108	187-190	154	298-301
17	20, 21	63	96, 97	109	190-201	155	301, 302
18	21, 22	64	97, 98	110	201-204	156	302-306
19	22, 23	65	98-100	111	204, 205	157	306-308
20	23, 24	66	100-102	112	205, 206	158	308, 309
21	25, 26	67	102-104	113	206, 207	159	309-311
22	26-29	68	104, 105	114	207-209	160	311, 312
23	29, 30	69	105-107	115	209-212	161	313-317
24	30, 31	70	107, 108	116	212, 213	162	317-319
25	31-34	71	108, 109	117	213-215	163	320-322
26	34, 35	72	109, 110	118	215-217	164	322-325
27	35, 36	73	110-112	119	217-223	165	325-328
28	36, 37	74	112, 113	120	223-225	166	328-335
29	37, 38	75	113-115	121	226-231	167	335, 336
30	38, 39	76	115, 116	122	231, 232	168	336, 337
31	39, 40	77	116, 117	123	232, 233	169	337-339
32	40, 41	78	117-119	124	233-238	170	339, 340
33	41, 42	79	120-123	125	239-244	171	340-345
34	42-45	80	123-125	126	244-246	172	345-349
35	45	81	125-128	127	246, 247	173	349, 350
36	46, 47	82	128, 129	128	247-249	174	350, 351
37	47-49	83	129, 130	129	249, 250	175	351, 352
38	49, 50	84	130-134	130	250, 251	176	352-354
39	50-52	85	134, 135	131	251, 252	177	354, 355
40	52-54	86	135-141	132	253, 254	178	355, 356
41	54, 55	87	141-144	133	254, 255	179	357, 358
42	55, 56	88	145, 146	134	255-257	180	359, 360
43	56-58	89	146-149	135	258, 259	181	360-362
44	58, 59	90	149-161	136	259-261	182	363-366
45	59, 60	91	161-163	137	261, 262		
46	61, 62	92	163, 164	138	263, 264		

TABLE

ALPHABÉTIQUE ET ANALYTIQUE

DU TRAITÉ DE LA POLICE, DE LA VOIRIE DES CHEMINS DE
FER ET DE LA LÉGISLATION DES LOCOMOTIVES A VAPEUR
QUI LES DESSERVENT.

PREMIÈRE PARTIE.   Page 1
DEUXIÈME PARTIE.   313
TROISIÈME PARTIE.   344

ABANDON de poste (l') de la part d'un mécanicien, conducteur ou garde-frein pendant la marche d'un convoi, le rend
passible de la peine prononcée par l'article 20, quand même
il ne serait résulté de cet abandon aucun accident. Préposés
auxquels est applicable par extension cette disposition,
préposés qu'elle n'atteint pas, condition requise pour son
application, effets possibles de l'abandon, pénalité plus élevée, prohibition néanmoins dans la répression de cumuler
les peines.   269 à 273

ABATTAGE des arbres bordant les chemins de fer. V. *Plantation.*

ACCIDENT qui cause des blessures ou la mort. V. *Maladresse.*   248, 249.

ACOTTEMENTS des chemins de fer. V. *Ouvrages d'art.*

ACTE de signification, d'affirmation de procès-verbaux,
d'opposition à arrêtés par défaut. V. *Formules.*

ACTES de propriété, de disposition de la chose. V. *Propriétaire.*

ACTION possessoire. — Inadmissible à l'égard des chemins
de fer et de leurs dépendances.   11 et 12

ADMINISTRATEURS — inspecteurs — contrôleurs — du service
d'un chemin de fer, — leurs attributions. V. *Agents de surveillance.* — Le dommage qu'ils causent personnellement ou par
suite des ordres donnés à leurs inférieurs dans l'exercice de
leurs fonctions, donne ouverture en faveur de la partie lésée
à une action directe contre eux, et à une action en responsabilité contre les concessionnaires ou fermiers de l'ex-

ploitation ou contre l'état, si elle se fait pour son compte; il y a ouverture aussi à une action en recours de la personne responsable contre l'auteur du fait qui a causé le préjudice, toutefois les préposés de l'état jouissent de la garantie constitutionnelle de tous les fonctionnaires publics; c'est en la personne du préfet que l'on actionne l'état. V. *Concessionnaires, Responsabilité.* 250, 251, 283 à 289

ADMINISTRATION. — Elle tient de l'art. 10 le droit de faire supprimer les constructions, plantations, excavations, couvertures en chaume, amas de matériaux combustibles et non combustibles. V. *Suppression.* 190 à 214

C'est au préfet qu'il appartient d'exercer ce droit. 195, à 197

Elle peut, en cas d'infraction aux lois de la voirie, prendre provisoirement toutes mesures pour faire cesser les dommages. 351, 352

ADMINISTRATION PUBLIQUE (Réglements d').—Contravention aux ordonnances qui les formulent. V. *Ordonnances royales.*

AFFIRMATION des procès-verbaux. V. *Procès-verbaux, Formules.* 302 à 305

AGENTS des chemins de fer à un titre quelconque, protection qui leur est accordée dans l'exercice de leurs fonctions. V. *Attaque.* 307

Agents de surveillance des chemins de fer; ce sont les préposés qui, par leur commission, sont chargés de ce service, ainsi on peut choisir des ingénieurs et autres. Quant aux formalités qu'ils doivent remplir avant d'entrer en fonctions, à l'objet, à l'étendue de leurs attributions, aux formes et à la foi de leurs procès-verbaux. V. *Gardes, Concessionnaires.* 290 à 300

ALIÉNABILITÉ. — V. *Inaliénabilité.*

ALIGNEMENT. — C'est une servitude qui affecte toutes les propriétés immédiatement riveraines des voies publiques; ses principaux effets sont : 1° de soumettre les maîtres de ces héritages à suivre, dans la construction de bâtiments sur la partie de leurs fonds qui touche à la voie, la ligne qui leur est tracée par l'autorité; 2° de ne pouvoir réparer ni reconstruire les murs de face qui touchent à la voie sans permission de l'autorité; indication des sources légales d'où résultent ces obligations. 64, 65

Le riverain d'une voie future non encore ouverte à la circulation, n'est pas tenu de subir les effets de cette servitude. 65, 66

Celui dont le terrain joint une rue, une place ou un quai

existant doit demander un alignement pour bâtir et une permission pour faire travailler à une construction, quand même
il édifierait ou travaillerait en retraite de la ligne : cette règle s'applique aussi à Paris.   66, 67, 72

Mais si, au lieu d'une rue, c'était une route, il ne serait
obligé à demander, soit un alignement, soit une autorisation,
qu'autant qu'il voudrait édifier à neuf ou exécuter des tra ·
vaux à un bâtiment le long et joignant immédiatement la
voie.   67, 68

Par dérogation à cette règle, lorsque la voie sera un chemin de fer, le riverain ne pourra élever sur son fonds contigu
dans une zone de 3 mètres 50 centimètres à partir des rails
extérieurs, qu'un mur de clôture, sous la condition qu'il laissera entre ce mur et les rails une distance d'au moins 1 mètre
50 centimètres, et sauf l'application des autres prescriptions
de l'article 5.   68

Pour bâtir le long et joignant ladite zone de 3 m. 50 cent. il
devra demander un alignement.   68, 138

C'est le préfet qui donne les alignements et qui accorde
les permissions pour les bâtiments qui bordent ou qui doivent border les grandes routes, sauf le concours du maire
pour les parties de routes qui forment le prolongement des
rues, quais et places dans les communes.   68, 69

L'amende pour contravention est de 16 fr. à 300 fr., sauf le
cas où elle constituerait une infraction à l'art. 21.   70, 71

Elle est applicable au maître, quand même la contravention serait le résultat de l'œuvre d'un usufruitier, d'un locataire ; une seconde amende est due par les entrepreneurs,
maçons, charpentiers, ouvriers et architectes.   71, 75

Elle est due quand même la construction se trouverait
dans l'alignement et que la permission serait intervenue
pendant le cours des travaux.   71, 72

La démolition des œuvres faites en contravention à l'obligation d'obtention préalable d'un alignement ou d'une permission, ne doit être ordonnée, outre la condamnation à l'a-
mende, qu'autant que le bâtiment qui en est l'objet, est en
saillie de la ligne et que les travaux de réparation sont déclarés confortatifs par l'administration, *secùs* quand ces conditions ne se rencontrent pas.   72, 73, 229 à 231

La défense de réparer sans autorisation préalable s'applique au cas où la détérioration est le résultat de la malveillance ou de l'imprudence, à celui où on sort des limites de
la permission, même au simple recrépissage.   74, 75

Toute contravention aux règles de l'alignement ou à la nécessité des permissions relativement aux chemins de fer, est de la compétence des conseils de préfecture ; relativement aux autres voies il y a distinction. 75, 76, 77

L'alignement pour les chemins de fer diffère de l'alignement pour les routes ; pour celles-ci, il marque la limite séparative de la propriété riveraine d'avec la voie, pour ceux-là, il ne marque que celle de la servitude existant au profit desdits chemins sur les fonds contigus. 139, 140, 141, 145, 146

Aussi l'affectation qui en résulte de la propriété riveraine à une servitude en faveur du chemin de fer, ne donne-t-elle lieu à aucune indemnité. 142, 152

AMAS — de matières inflammables ou non inflammables. V. *Dépôts des unes et des autres.*

AMENDES. — V. *Contraventions, Conseil d'état, Concessionnaires.*

ANONYME. — V. *Écrit, Menace.*

ANTICIPATIONS — commises au préjudice des chemins de fer et de leurs dépendances. V. *Ouvrages d'art.*

APPAREILS — de sûreté des chaudières à vapeur. V. *Locomotives.*

APPLICATION — de la loi nouvelle aux faits antérieurs. V. *Questions transitoires.*

APPRÉCIATION — d'indemnité. V. *Suppression.*

APPROBATION—(l') du ministre des travaux publics pour les arrêtés préfectoraux rendus en vertu de l'article 21, est nécessaire afin de les rendre obligatoires. 276 à 278

AQUEDUC. — V. *Ouvrages d'art.*

ARBRES. — V. *Plantation.*

ARCHITECTES. — Leur responsabilité. V. *Alignement.*

ARRÊTÉS — des préfets, des conseils de préfecture, forme du recours contre les uns et les autres. V. *Voie de recours.*

Arrêtés — des préfets pris pour l'exécution des ordonnances royales portant règlement d'administration publique sur la police, la sûreté et l'exploitation des chemins de fer ; ils sont soumis à l'approbation du ministre des travaux publics et doivent être observés à peine de contravention passible des peines de l'art. 21. V. *Ordonnances royales.* 273 à 280

Les arrêtés concernant la police, la sûreté et l'exploitation des chemins, ne peuvent être valables et obligatoires qu'autant qu'ils sont précédés d'une ordonnance royale dont ils ont pour objet d'assurer l'exécution. 278, 279

ASSIGNATION — du prévenu devant le conseil de préfecture; elle résulte virtuellement de la notification à lui faite des procès-verbaux de contravention. V. *Notification.*

221, 222, 247, 248, 320, 356

Assises. — V. *Cours d'assises.*

Attaque. — Toute attaque ou résistance avec violence et voies de fait envers les agents des chemins de fer dans l'exercice de leurs fonctions, est passible de la peine établie par le code pénal contre la rébellion ; conditions élémentaires nécessaires pour constituer le crime dont il s'agit défini par l'art. 25 ; il suffit qu'il y ait eu violence ou voies de fait dans l'attaque ou la résistance, mais la résistance dépouillée de ces circonstances, n'est pas criminelle. 306 à 308

Atténuantes (Circonstances). — V. ce mot.

Attribution — de la connaissance répressive des contraventions, délits et crimes prévus par la loi. 257

Attribution territoriale du droit de verbaliser ; elle appartient pour toute la ligne aux agents de surveillance des concessionnaires et de l'administration, *secùs* des officiers de police judiciaire. 242, 300

Attributions. — V. *Maires, Préfets, Conseil de préfecture, Conseil d'état, Tribunal, Cour d'assises.*

Auteurs — de réunions séditieuses. V. *Réunions, Chefs, Crimes.*

Autorisation — du préfet. V. *Dépôt de matières.* — du gouvernement. V. *Distances.* — de bâtir, construire ou réparer le long d'une voie de fer ; elle est nécessaire à peine d'amende et de démolition. V. *Alignement.*

Autorité — juridictionnelle compétente pour connaître de toutes les infractions à la loi nouvelle. V. *Attribution.*

Avances — du trésor. V. *Dépense, Recouvrement, Contravention.*

Barrières. — On doit en établir partout où les chemins de fer croisent de niveau des routes de terre, et on doit les tenir fermées conformément aux réglements ; conditions et circonstances requises pour l'application de cette disposition.

132

Batiments. — V. *Constructions.*

Batisses. — V. *Constructions.*

Bergers. — V. *Pacage des bestiaux.*

Berges — des chemins de fer. V. *Ouvrages d'art.*

Bestiaux. — V. *Pacage.*

Blessures. — V. *Homicide.*

Cahiers — des charges. V. *Concessionnaires.*

Carrières. — Législation qui les régit dans leurs rapports avec la voirie. 110, 111

La distance à observer entre les lieux d'ouverture et les chemins est réduite à 10 mètres. 111

Quant à la distance à laisser entre les galeries souterraines et le même chemin, elle devait être de 60 mètres autrefois, maintenant 50 mètres suffisent, sauf exceptions. 111, 113

En cas d'exploitation de cette manière, l'administration a le même droit de surveillance que pour les mines, le préfet peut prescrire toutes mesures propres à prévenir ou à écarter les dangers en résultant. 112

Aujourd'hui on ne peut ouvrir une carrière à moins de 10 mètres des arbres plantés le long d'un chemin de fer ou du franc bord de ce chemin. 112, 113

Les peines en cas de contravention seraient celles déterminées par l'art. 11. 113

Cas — d'urgence. V. *Suppression.*

Cession — volontaire, ses effets relativement au terrain destiné à la voie de fer. 14 à 19

Charpentiers. — Leur responsabilité. V. *Alignement.*

Chaudières a vapeur. — V. *Locomotives.*

Chaume. — V. *Couvertures en chaume.*

Chefs. — Les auteurs, instigateurs, provocateurs de la réunion séditieuse qui, avec rébellion ou pillage a commis l'un des crimes énoncés en l'art. 16, sont en certains cas punis de la même peine que les auteurs; en d'autres, la peine est réduite de sa sévérité ordinaire à leur égard. V. *Destruction de la voie de fer.*

Chemins de fer. — Ils dépendent de la grande voirie et sont comme les grandes routes, imprescriptibles et inaliénables. 1 à 7

Parties des chemins de fer et de leurs dépendances auxquelles s'applique le principe de l'inaliénalité et de l'imprescriptibilité. 7 à 9, 130 à 132

Il ne s'applique pas au terrain acquis par le constructeur du chemin en sus de l'emplacement de la voie, mais cet excédent ne peut être aliéné qu'à la charge des servitudes dont il est grevé comme riverain de ladite voie. V. *Servitudes.* 9, 139 à 141

Il s'applique aux embarcadères, aux débarcadères, aux gares, aux stations, à la clôture. 9 à 11, 130 à 132

L'action possessoire ne serait pas admise de la part de

celui qui voudrait à ce moyen se faire maintenir dans la possession, soit du chemin, soit de ses dépendances, soit des terrains riverains sans la charge des servitudes qui grèvent ceux-ci.   11, 12

Quant à la prescription, V. ce mot.

Époque à dater de laquelle les terrains destinés aux chemins de fer deviennent inaliénables et imprescriptibles. V. *Inaliénabilité, Imprescriptibilité.*

Les chemins de fer sont soumis au régime de la petite voirie, dans leur traverse des communes pour les lisières qui sont en dehors des limites légales de la voie elle-même proprement dite, et même pour celle-ci, en ce qui touche la sûreté, la commodité du passage, l'ornement, etc.   20, 21

Exception à l'exercice du pouvoir de petite voirie de la part de l'autorité municipale en ce qui concerne les chemins de fer.   21 à 31

V. pour les détails sur ce point, *Réglements du pouvoir municipal.*

Circonstances — atténuantes. Dans toutes les condamnations à prononcer en exécution de la loi nouvelle, les dispositions lénitives de l'article 463 du code pénal pourront être appliquées, même au cas de récidive; mais à la condition qu'il sera déclaré par la décision de l'autorité qu'on a reconnu dans l'espèce l'existence de circonstances atténuantes en faveur de la partie condamnée.   308, 309

Circulation — sur le chemin de fer, obstacle à la. V. *Destruction de la voie.*

Circulation — des locomotives et des convois. Permis à obtenir, règles à observer à cet égard. V. *Convois et Locomotives.*

Cloture — des chemins de fer. Tous, sans distinction de date de leur création, y sont soumis.   120

Il faut que l'État soit propriétaire du sol enclos par cette clôture, et de celui sur qui elle sera établie.   120, 121, 122

Solution de la question de savoir sur qui, du concessionnaire ou de l'État doit incomber la charge de la dépense.

                                122, 123, 124, 125, 129, 130

Détermination du mode de clôture — c'est par un réglement d'aministration publique qu'elle doit être fixée? non

                                                126, 127, 128

L'époque à laquelle elle devra être établie pour les chemins antérieurs à la loi, est laissée au pouvoir du gouvernement; mais à cette fixation s'arrête la puissance de délégation qui lui est accordée.   128, 129

La clôture, considérée comme ouvrage d'art dépendant du chemin, est protégée par les dispositions de l'art. 2. Conséquences de cette observation, pénalité particulière au cas de bris ou de destruction.   130, 131, 132

Le mur de clôture du riverain ne doit pas être confondu avec la clôture du chemin. V. *Mur et Constructions.*   122

COMBUSTIBLES ET NON COMBUSTIBLES. — V. *Matériaux, Objets, Amas de matières inflammables et non inflammables.*

COMPÉTENCE. — V. *Conseils de préfecture, Conseil d'État, Tribunal, Jury, Cour d'assises, Attribution.* Les conseils de préfecture sont compétents pour connaître des contraventions commises, soit aux dispositions des titres 1 et 2, soit aux diverses lois et réglements qu'elles s'approprient, et dont elles prescrivent l'observation.   215 à 220, 249

CONCESSIONNAIRES OU FERMIERS DE L'EXPLOITATION DES CHEMINS DE FER. — Outre les infractions aux dispositions générales de la voirie des chemins de fer, ils peuvent se rendre coupables de contraventions aux prescriptions qui leur sont particulières, et c'est de cette hypothèse que s'occupe le titre 2 de la loi.   233, 254

Ces sortes de contraventions sont restreintes, dans l'application du titre 2, aux infractions commises par les concessionnaires ou fermiers, soit aux clauses des cahiers des charges, soit aux décisions rendues en exécution de ces clauses, mais seulement à celles desdites clauses et décisions qui concernent le service de la navigation, la viabilité des routes royales, départementales, communales, le libre écoulement des eaux.   234 à 236

L'autorité compétente pour rendre les décisions en exécution des clauses des cahiers des charges dont s'occupe l'art. 12, est le roi ou le ministre auquel il aura délégué le pouvoir de le faire.   236, 237

Le conseil de préfecture doit appliquer et non juger la légalité des décisions interprétatives du cahier des charges.
                                                    237, 238

Les fonctionnaires chargés de constater ces sortes de contraventions, sont exclusivement les ingénieurs des ponts et chaussées ou des mines, les conducteurs, gardes-mines et piqueurs. La prestation de serment est une formalité préalable à remplir de leur part ; mode de son accomplissement.
                                                    239 à 241, 315

Forme de leurs procès-verbaux, exemption d'affirmation.

étendue de leur attribution territoriale, cause de récusation pour parenté, timbre et enregistrement, délai entre la reconnaissance de la contravention et la rédaction du procès-verbal, cas du concours de plus d'un fonctionnaire verbalisant, nécessité de la signature du rédacteur.   242 à 244, 316 à 319

Notification des procès-verbaux aux concessionnaires ou fermiers; elle a lieu à leur domicile élu, même après le décès, leur visa n'est pas requis.   244 à 246

Elle doit être faite dans la quinzaine de la clôture du procès-verbal, à requête du préfet, par un agent de l'administration.   246, 247

Ensuite le procès-verbal est transmis par le préfet au conseil de préfecture du lieu de la contravention dans la quinzaine.   247 à 249

L'amende spéciale aux contraventions des concessionnaires ou fermiers est de 300 fr. à 3000 fr.   249, 250

Les dommages-intérêts peuvent être dus alors même qu'il n'y a pas lieu à amende contre le concessionnaire; raison de la différence.   250, 251

L'administration peut provisoirement prendre toutes mesures propres à faire cesser le dommage; mode de recouvrement de la dépense.   251 à 253

Responsabilité des concessionnaires relativement aux dommages causés par leurs préposés au service de l'exploitation d'un chemin de fer.   251, 284 à 288

Les concessionnaires ou fermiers ne répondent pas des faits des commissaires du roi près des chemins de fer.   284, 285

Eux et l'État ne sont garants des faits dommageables de leurs préposés, qu'autant qu'ils se sont accomplis dans l'exercice des fonctions auxquelles ces préposés étaient employés. 285

L'action en indemnité peut être dirigée en même temps contre le responsable et contre l'auteur, et être par le premier exercée récursoirement contre celui-ci et ses garants intermédiaires.   285 à 288

On ne pourrait actionner un préposé du gouvernement qu'en vertu d'une autorisation du conseil d'État; c'est en la personne du préfet que l'on actionne le domaine.   288, 289

CONDAMNATION PAR DÉFAUT. — Quand elle peut intervenir.   247, 248, 320

Opposition à l'arrêté qui la prononce. V. *Opposition.*

CONDITION. — Menace faite avec. V. *Menace.*

Conducteur — de convois qui abandonne son poste pendant la marche. V. *Abandon de poste.* 269 à 273

Ils ont le droit de verbaliser. V. *Contraventions.*

Conseil d'État. — Ses attributions en matière de voirie; il peut modérer les amendes à un chiffre inférieur à celui de la loi. 52, 53, 226, 227

Il connaît de l'appel des arrêtés du conseil de préfecture. V. *Voie de recours.*

Conseils de préfecture. — Ils sont seuls compétents pour connaître en général des contraventions de voirie commises relativement aux chemins de fer et à leurs dépendances dans leurs départements. 76, 77, 215 à 220, 225

Mais ils ne peuvent infliger d'autres peines que des amendes pécuniaires, outre la suppression des œuvres illicites; quotité de ces amendes; par qui elles peuvent être modérées. 50 à 54, 228 à 229

Ils apprécient en certains cas les indemnités dues pour suppression d'ouvrages. V. *Suppression.* 213, 214

Le conseil de préfecture compétent pour connaître d'une contravention aux titres 1 et 2, est toujours celui du lieu de la contravention. 222, 249

C'est en vertu des lois générales de la grande voirie et non d'après l'art. 11, qu'ils peuvent ordonner la destruction d'une construction illicite. 221, 229 à 231

Qui les préside. V. *Président du conseil de préfecture.* 248

Ils ne connaissent pas des contraventions de voirie résultant d'infractions aux règles du titre 3. 223, 248, 249, 257, 274, 279, 280

Constatation — des contraventions. V. *Contraventions* et *procès-verbaux.* — De l'état des constructions riveraines d'un chemin de fer actuel ou futur. V. *Constructions.* 156, 160, 329 à 331

Construction de la voie de fer. — V. *Occupation temporaire, Extraction de matériaux nécessaires aux travaux publics, Expropriation.*

Constructions — faites le long et près des chemins de fer; Exercice du pouvoir de petite voirie à leur égard. V. *Alignement, Zone.* 25 et 26

Constructions — près des chemins de fer. La distance à laquelle il est interdit de les approcher à l'avenir d'un chemin de fer, est de deux mètres qui sont frappés de la servitude de *non œdificandi;* application de la prohibition à une construction commencée; distinction. 134, 135

Il y a exception à cette prohibition pour les murs de clôture que le riverain peut édifier à un mètre cinquante centimètres des rails extérieurs de la voie.   135 à 137

Mais il doit, avant de construire un mur de clôture, demander un alignement.   137, 138

Ces règles s'appliquent même dans la traverse des communes, et on ne pourrait considérer comme mur de clôture
des constructions, alors même qu'elles seraient sans ouverture ni jour sur le chemin.   139

Il y a exception aussi à la prohibition de construire dans
la distance de deux mètres pour les stations, embarcadères, etc., et en outre pour toute espèce de constructions autorisées par application de l'article 9.   143, 144

Détermination du point à partir duquel commence, du
côté du chemin de fer, la zone de prohibition ou de servitude imposée aux riverains ; les lisières restées en sus du
terrain pris pour le chemin, sont comprises en la zone de
deux mètres.   136, 137, 142, 143

Distinction pour l'application de la loi entre le droit de
propriété et celui de servitude relativement à la fixation du
point où commence la zone de prohibition, c'est à dire la
ligne séparative du chemin d'avec les terres riveraines.
                                                     139, 140, 145

Règles pour la fixation de la distance en cas de clôture du
chemin.   146 à 149

Les constructions existantes, soit à la promulgation de la
loi, soit à l'établissement futur d'un chemin de fer sont régies
par la législation des alignements ; on ne peut ni réparer, ni
reconstruire celles qui se trouvent en saillie sur la zone ;
conséquence de cette assimilation.   119, 149 à 157

La prohibition de bâtir dans les deux mètres d'un chemin
de fer, frappe les propriétés limitrophes des chemins actuels, comme celles des voies qui seront construites à l'avenir
et ce sans indemnité.   141, 142

Il y a nécessité, pour régler l'exercice du droit d'entretien
en leur état au moment de la promulgation de la loi pour
les chemins existants, ou lors de l'établissement futur d'un
chemin de fer, de constater l'état des constructions qui se
trouvent ou se trouveront dans la zone de deux mètres.
                                                     149, 159, 160

Mais, jusqu'à l'intervention du règlement d'administration
publique prévu par l'art. 5, la constatation n'est pas de rigueur ; faculté qui résulte de l'absence de ce règlement en

faveur des propriétaires de ces constructions. 329 à 331

Ces sortes de constructions peuvent être l'objet de réparations de *simple entretien:* définition de l'acception et de la portée du mot entretien ; indication du mode de décision de la difficulté en cas de controverse sur la nature des réparations. 149 à 159

CONTRAVENTIONS — commises par les concessionnaires ou fermiers. V. *Concessionnaires.*

L'action en répression d'une contravention de voirie se prescrit par un an. 232

Les contraventions de grande voirie qui résultent d'infractions aux articles du titre 3, sont par exception attribuées aux tribunaux de police correctionnelle. 249, 257, 276 à 280

En cas d'infraction, l'administration peut provisoirement prendre toutes mesures propres à faire cesser le dommage. 351, 352

CONTRAVENTIONS. — Celles qui sont commises aux dispositions des titres 1 et 3 de la loi, sont constatées par procès-verbaux des officiers de police judiciaire, des ingénieurs des ponts et chaussées et des mines, des conducteurs, gardes-mines, agents de surveillance et gardes nommés ou agréés par l'administration, tous fonctionnaires désignés en l'article 23, à l'exclusion des autres agents de la grande voirie. 216 à 220, 290, 291

Observation sur les faits rapportés. 315, 316

C'est par le droit spécial de la loi nouvelle et non par les règles de la législation générale de la grande voirie, que doivent être régis la constatation, la poursuite et la répression des contraventions commises à la voirie relative aux chemins de fer. 217 à 220

Le mode de défense du prévenu sera le même que celui qui est pratiqué dans toute espèce de discussion soumise au jugement du conseil de préfecture ; celui qui est compétent est le conseil du département de la contravention. 221, 222

Les condamnations à prononcer consistent en amendes pécuniaires, qui sont des peines, et en réparations civiles ; toutes celles qui ont leur cause dans des contraventions aux règles de la voirie, sont prononcées par les conseils de préfecture, sauf exception prévue. 76, 77, 257, 275 à 280

Quant aux faits qui constituent des délits ou des crimes, la connaissance en appartient aux tribunaux de l'ordre judiciaire ; inutilité et danger de la réserve faite à cet égard par l'art. 11, explication de son effet ; possibilité du cumul des peines de voirie avec des peines correctionnelles.   50 à 52, 223 à 225

Le conseil de préfecture, et après lui le conseil d'État peuvent modérer les peines pécuniaires par application de l'art. 463, le conseil d'État peut encore descendre au dessous en vertu du principe de son institution. 51 à 54, 226 à 229

Ils peuvent prononcer la suppression non seulement des espèces d'œuvres énoncées en l'art. 11, mais encore des constructions, et accorder cependant un délai pour l'exécution.   224, 229 à 231

En cas d'inexécution de la part du contrevenant du chef de la condamnation relatif à une suppression de travaux mise à sa charge, l'avance de la dépense est faite par l'État; indication du mode d'avance et du recouvrement de la dépense.   231, 232

Contraventions — aux ordonnances royales portant réglement d'administration publique sur la police, la sûreté et l'exploitation du chemin de fer et aux arrêtés pris par les préfets pour l'exécution desdites ordonnances. V. *Ordonnances royales et Arrêtés.*   273 à 280

Convois.— Entrave à leur marche. V. *Destruction de la voie.*

Les conditions de leur circulation en ce qui concerne la sûreté publique, sont arrêtées par les préfets. V. *Locomotives.*   363

Cours d'Assises. — Elles connaissent exclusivement des crimes prévus par le titre 3. V. *Crimes.*   257, 305, 306

Cout — des exploits de signification faits par les agents de l'administration ; il n'est dû aucun salaire à ces agents pour la signification.   322

Couvertures — en chaume; meules de paille, de foin; dépôt de matières inflammables. Distance à laquelle il est défendu d'en établir près d'un chemin de fer.   171, 172

La prohibition cesse 1° lorsque le chemin est desservi par des moteurs autres que des machines à feu ; 2° au-delà des vingt mètres d'étendue de la défense ; 3° cette défense d'ailleurs est applicable à toute couverture en chaume, meule, etc. désignées en l'art. 7, quelque modique qu'en soit l'importance; 4° les meules et dépôts ne tombent sous la prévision de cet article, qu'autant que dans la zone fixée ils sont exposés au contact du feu, ce qui exclut ceux qui sont enfermés dans des magasins couverts; 5° Enfin les couvertures, meules et dépôts instantanés sont prohibés comme les couvertures, meules et dépôts permanents, sauf l'application de l'exception introduite par la seconde disposition de l'article cité au cas qui y est spécifié. 172, 173

Maintien des couvertures et autres œuvres comprises en la proscription de l'article 7, quand elles sont antérieures à la loi ou à la création du chemin. 118, 119, 173, 174

Prohibition de les réparer, comme d'y faire des travaux d'entretien. 174, 175

Du cas de contradiction sur la nature inflammable des choses déposées. 175

La prohibition pour les dépôts de matières inflammables cesse relativement aux récoltes et pour le temps de la moisson ; solution des diverses questions que peut présenter l'application de cette exception. 175 à 177

CRIMES — (les) prévus par le titre 3, peuvent être constatés par procès-verbaux des fonctionnaires désignés en l'art. 23 ; effets de ces actes au point de vue de la preuve qui en résulte. 290 à 293

Les crimes qui sont énumérés en l'art. 16, première partie, ne donnent lieu à l'application des peines qu'il prononce, qu'autant que les faits ont été accomplis volontairement, et qu'en outre ils entrent dans les prévisions littérales de cet article. 254, 255

Quant aux crimes prévus par la deuxième partie de l'article 16, c'est un élément nécessaire de sa pénalité spéciale qu'il soit reconnu que les faits ont eu pour but ou pour cause l'une des éventualités prévues en la première partie. 256, 257

La répression des crimes appartient aux cours d'assises. 257, 305, 306

Quand les crimes prévus en l'article 16 ont été commis par une réunion séditieuse avec rébellion et pillage, la peine est applicable aux chefs, auteurs, instigateurs et provocateurs ; conditions de cette application ; cas de modération de la peine. V. *Destruction de la voie de fer.* 257 à 262

CROISEMENT — d'une route de terre par un chemin de fer ; obligation qui résulte de cette circonstance pour l'exploitant de la voie. V. *Barrières.* 152

CULTURE — près des chemins de fer. V. *Fouille.*

CUMUL. — des peines. V. *Contraventions.* Le cumul des peines sur la tête d'un coupable, en cas de conviction de plusieurs délits ou crimes, est prohibé : la peine la plus forte doit seule être appliquée, *secùs* des contraventions : exception ou plutôt inapplicabilité de l'interdiction du cumul aux faits postérieurs à la poursuite et à la récidive. 223 à 225, 309 à 312

Cumul des poursuites simultanément devant le conseil de

préfecture et devant les tribunaux ; il est permis en certains cas. 48, 49

Débarcadères (Les) — sont comme le chemin auquel ils sont attachés, imprescriptibles et inaliénables. V. *Ouvrages d'art* et *Embarcadères.* 9 à 12, 47 à 48

Déblais (Talus et rampes de). — V. *Ouvrages d'art.*

Défaut (Condamnation par). — V. *Opposition.* 221, 222, 340, 341

Défense — des prévenus devant le conseil de préfecture; mode et délai de la présenter. 222, 247, 248, 337 à 339

Délai — dans lequel se fait la notification d'un procès-verbal au fermier du chemin, ou à tout autre prévenu. 221, 222, 246

Et la transmission par le préfet des procès-verbaux au conseil de préfecture compétent. 222, 247, 248

Délits (Les) — prévus par le titre 3 peuvent être constatés par les fonctionnaires désignés en l'art. 23; preuve que produisent leurs procès-verbaux ; foi qu'ils doivent obtenir; moyens de les suppléer. 290 à 298

La répression en appartient aux tribunaux de police correctionnelle alors même que ces délits concerneraient la voirie, *secùs* des crimes. V. *Crimes.* 257, 279, 280

Dépendances — des chemins de fer; quelles sont celles qui partagent les immunités de la voie. V. *Ouvrages d'art.* 7 à 12, 47, 48, 130

Dépense — de suppression prononcée par les condamnations des conseils de préfecture, ou de réparation de dommages ordonnée à titre de mesure provisoire par l'administration. V. *Administration, Mesures d'urgence, Contravention.* — elle est recouvrée contre les contrevenants par voie de contrainte comme en matière de contributions publiques. 231, 232, 253

Dépôt — de mémoire de défense à une poursuite, ou d'opposition à un arrêté par défaut ; il peut tenir lieu de signification du mémoire, mais il est prudent à celui qui suit cette voie d'exiger un récépissé du dépôt. 339, 341

Dépôts — de terre, de fumier, gravois, immondices, matériaux, branches ou troncs d'arbres et d'autres objets quelconques; ceux qui rentrent dans les prévisions générales de l'art. 2, ou dans les dispositions spéciales des art. 7 et 8, et non dans celles des art. 16, 19 ou 21, sont passibles de la pénalité établie par l'art. 11 de la loi. 56 à 60

Exclusion de l'application des dispositions du code pénal à ces sortes de faits. 59, 60

Dépôts — de matières inflammables. V. *Couvertures en chaume.*

Dépôts — de matières non inflammables; distance à laquelle il n'est pas permis d'en faire près d'un chemin de fer; choses auxquelles s'applique ou non la prohibition; mode de décision des difficultés; exception à l'interdiction quand il y a autorisation du préfet à la charge par l'impétrant d'en observer les conditions, de la demander préalablement, et enfin de se soumettre à sa révocation du jour où il en sera touché.   170 à 180

Quant aux dépôts existants à distance prohibée près des chemins construits ou à établir par la suite, ils seront régis par les principes relatifs aux excavations et aux couvertures en chaume; le propriétaire ne pourra ni les renouveler ni les entretenir.   118, 119, 181

On peut faire des dépôts dans la zone prohibée sous certaines conditions et dans certaines circonstances de localité; explication des unes et des autres; exceptions dont cette latitude est passible; solution de diverses questions à ce sujet.   181 à 184

DÉRANGEMENT — de la voie de fer. V. *Destruction.*

DESTRUCTION — de la voie de fer; placement sur cette voie d'un objet faisant obstacle à la circulation; emploi d'un moyen quelconque pour entraver la marche des convois ou les faire sortir des rails. Ces faits constituent des crimes quand ils ont eu lieu volontairement, sinon ils rentrent dans les prévisions de l'art. 19.   255

Quand l'un de ces crimes a été commis en réunion séditieuse avec rébellion ou pillage, il est imputable aux chefs, auteurs, instigateurs et provocateurs de ces réunions; ils sont punissables de la même peine que les auteurs, mais il faut le concours de diverses conditions, et alors cette peine est encourue pour tous les faits illicites énumérés en la première partie de l'article 16.   259 à 261

Cas dans lequel les travaux forcés sont, à leur égard, substitués à la peine de mort; règle à suivre pour expliquer cette conversion.   261, 262

DÉTÉRIORATION — des chemins de fer et de leurs dépendances. V. *Ouvrages d'art, Destruction de la voie.*

DIRECTEURS — du service d'un chemin de fer; responsabilité. V. *Administrateurs du service d'un chemin de fer,*   250, 251, 284, 285

DISPONIBILITÉ — de sa chose; à compter de quelle époque

elle est enlevée au propriétaire. 14 à 19

DISTANCES — prohibées. On désigne par là la largeur des terrains riverains des chemins de fer qui est frappée des diverses servitudes d'interdiction établies par la loi à partir de la voie. V. *Constructions, Excavations, Couvertures en chaume, Dépôts, Meules, Servitudes.* — Cette largeur ne peut jamais être augmentée, mais elle peut être restreinte par ordonnance royale rendue après enquête. 184, 185

Conditions apposées et formalités exigées pour l'exercice de ce pouvoir par le gouvernement ; droit de révocation qui lui appartient et nécessité de suppression qui en résulte pour tout ce qui a été fait en vertu de l'autorisation exceptionnelle. 185 à 189

DOMICILE — élu par les concessionnaires ou fermiers de l'exploitation d'un chemin de fer ; c'est là qu'on leur notifie, même après décès, les procès-verbaux des contraventions qui, d'après l'art. 12, leur sont particulières. 244, 245
V. *Délais, Concessionnaires, Formules.*

DOMMAGES. V.*Réparation.* L'administration a le droit de prendre toutes mesures provisoires pour les faire cesser. 351, 352

DOMMAGES INTÉRÊTS. — V. *Concessionnaires, État.* — Ils diffèrent de l'amende et peuvent frapper ceux qui ne sont pas passibles de celle-ci. 250, 251

EAUX. — V. *Écoulement des eaux.* — Libre écoulement des eaux. — V. *Concessionnaires.*

ÉCORÇAGE — des arbres. V. *Plantation.*

ÉCOULEMENT DES EAUX. — L'interdiction pour les riverains d'interrompre le cours des eaux qui de la route se répandent sur leurs propriétés voisines, est une servitude. 77

La peine de la contravention à cette servitude est une amende de 16 à 300 francs, outre la destruction des œuvres formant obstacle à l'écoulement. 77, 78

Les concessionnaires d'un chemin de fer sont à cet égard soumis à des règles particulières par l'article 12. V. *Concessionnaires.* 233 à 214

ÉCRIT — anonyme ou signé contenant menace. V. *Menace.*

ÉLAGAGE — des arbres plantés. V. *Plantation.*

EMBARCADÈRES (les) — sont comme le chemin même qu'ils desservent, inaliénables et imprescriptibles. V. *Ouvrages d'art.* 9 à 12, 47 à 49

Distance à laquelle de la limite du chemin de fer il est permis de les établir. 143, 144

On peut, en vertu de la loi ou de l'ordonnance qui autorise

le chemin, exproprier le terrain propre à les établir. V. *Expropriation*.   11

EMPLOYÉS — à un titre quelconque au service de l'exploitation du chemin de fer; responsabilité. V. *Administrateurs de l'exploitation du chemin de fer*.

ENQUÊTE. — Celle que prescrit l'article 9 doit avoir lieu en la forme administrative.   186

ENREGISTREMENT — en débet des procès-verbaux. V. *Procès-verbaux*.

ENTREPRENEURS. — Leur responsabilité. V. *Alignement*.

ENTRETIEN — des constructions existantes dans la zone de prohibition fixée par l'art. 5; étendue et limites de ce droit dans son exercice. V. *Constructions*.   149 à 157

ÉPREUVES — des chaudières à vapeur. V. *Locomotives*.

ESSARTEMENT — V. *Plantation* et *Élagage des arbres*.   84

ÉTAT. — Il est responsable du dommage causé par ses employés de tout rang et à un titre quelconque au service de l'exploitation d'un chemin de fer, mais ceux-ci jouissent de la garantie constitutionnelle. V. *Administrateurs de cette exploitation, Concessionnaires, Responsabilité*. — C'est contre le préfet que l'action est exercée; formalité préalable.
                250, 251, 285, 288, 289

EXCAVATIONS. — Elles sont interdites près d'un chemin de fer à une distance que la loi fixe, quand ce chemin est en remblai de plus de 3 mètres au dessus du terrain naturel; ce qu'on entend par terrain naturel; règles pour déterminer la hauteur légale du remblai.   161 à 163

Quand la rampe du talus d'un remblai de plus de 3 m. de hauteur sera prolongée au-delà d'un angle de 45 degrés, elle devra y être réduite fictivement pour déterminer la distance à observer entre le pied du talus et les excavations. 163, 164

Lorsque la hauteur verticale du remblai contre la voie n'excède pas 5 mètres, alors l'article n'est pas applicable, quel que soit le prolongement de la rampe d'un tel talus; mais le riverain n'en sera pas moins tenu d'observer certaines distances suivant la nature et l'objet des excavations qu'il fera, et en tous cas au moins de laisser 5 mètres entre le chemin et lesdites excavations.   164 à 168

Conservation des excavations antérieures à la loi et à la voie, mais interdiction de certains travaux réparateurs ou même conservateurs.   168

On ne peut obliger à détruire ces sortes d'excavations qu'à charge d'indemnité.   118, 119

Faculté d'occuper par des excavations la zone interdite quand il y a autorisation du préfet de le faire ; à quelles conditions il peut l'accorder ; quel serait l'effet de l'omission des formalités ; par qui elles doivent être remplies. 168 à 170

EXPLOIT — de notification, — de signification, — d'opposition. V. *Formules.* 340, 341

EXPLOITATION — des chemins de fer. V. *Ordonnances royales portant réglement sur ce point.*

EXPROPRIATION — pour utilité publique. — Le droit qui résulte soit de la loi, soit de l'ordonnance qui autorise les travaux, d'exproprier les terrains nécessaires aux chemins, donne virtuellement celui d'étendre l'expropriation aux emplacements propres à la construction des gares, stations, embarcadères, débarcadères, clôtures et dépendances nécessaires à la desserte desdits chemins. 11, 14 à 19

EXTRACTION — de pierres, de sable ou d'autres matériaux près des chemins de fer. V. *Fouilles.*

Extraction — de matériaux nécessaires aux travaux publics ; c'est une servitude que doivent supporter les terrains désignés à cet effet par l'administration aux entrepreneurs de travaux publics. 113, 114

Conditions à remplir de la part des entrepreneurs avant d'exécuter des fouilles ; l'indication que doit leur en faire l'administration ; elle ne peut comprendre les terrains clos de mur, les cours, jardins et vergers ; les propriétaires doivent être préalablement avertis. 114, 115

C'est l'article 11 qui détermine les peines à infliger aux propriétaires des terrains en cas d'opposition simple de leur part à l'exécution des fouilles, *secùs* en cas d'opposition violente. 115, 117

Quelle doit être la durée de l'occupation pour autoriser le propriétaire à exiger, qu'au lieu de lui payer une indemnité, le gouvernement soit tenu de lui acheter le terrain ? mode du réglement de l'indemnité en toutes hypothèses. 115, 116

FERMIERS.— De l'exploitation d'un chemin de fer. V. *Concessionnaires.*

Foi — due aux procès-verbaux des différents fonctionnaires désignés dans les articles 12 et 23 ; ils doivent l'obtenir jusqu'à preuve du contraire, mais non jusqu'à inscription de faux. Conséquences de ces effets en ce qui touche la preuve contraire. 296 à 298

V. *Procès-verbaux.*

FOIN.— V. *Meules.*

Fonctions.— Protection accordée aux agents des chemins de fer dans l'exercice de leurs fonctions. V. *Attaque.* 306, 307

Formalités.— V. *Procédure et formules.*

Formes.— V. *Procédure et formules.*

Formulés de procès-verbaux des diverses espèces de contraventions et délits commis en matière de police de chemins de fer, d'abord de ceux qui constatent les contraventions des concessionnaires ou fermiers. 313, 314

Observations relatives à certaines prescriptions particulières à remplir dans la rédaction de ces procès-verbaux. 315 à 317

Formules des procès-verbaux destinés à constater des contraventions commises à l'article 4. 317, 318

Notification des procès-verbaux dressés contre les concessionnaires ou fermiers. 320 à 322

Formule des procès-verbaux dressés en exécution de l'article 23 contre tous délinquants indistinctement. 322 à 325

Mode de constatation des contraventions aux articles de la loi, autres que celui proposé pour exemple en la formule no 164, c'est à dire aux articles 2, 3, 4, 5, 6, 7, 8, 18, 19, 20 et 21. 325 à 335

Formule de l'acte d'affirmation des procès-verbaux, tant pour ceux à la validité desquels elle est nécessaire que pour ceux à l'égard desquels cette formalité reste simplement facultative. 335, 336

Formule de la notification de chacun des procès-verbaux indiqués no 165, et de l'affirmation de chacun d'eux. 336, 337

Formule du Mémoire de la défense du contrevenant devant le conseil de préfecture. 337 à 339

Formule de la notification de ce Mémoire quand le contrevenant ne se borne pas à en faire le dépôt sur récépissé à la préfecture. 339, 340

Formule de l'opposition à un arrêté de condamnation par défaut du conseil de préfecture. 540 à 543

Fossés.— V. *Ouvrages d'art.*

Fouilles.— Peines dont sont passibles ceux qui exécutent près des chemins de fer des trous, des cultures, des extractions de pierre, de sable ou d'autres matériaux, ou qui arrachent ou endommagent les arbres et haies plantés le long des chemins et sur leurs glacis et accottements. 50 à 52

Fouilles pour extraction de matériaux propres aux travaux publics. V. *Extraction de matériaux.*

Frais — d'exécution des décisions ordonnant, par voie de condamnation ou par voie de mesures provisoires prises en cas de dommages, des travaux de suppression ou autres. V. *Dépenses.*

Fumiers.— V. *Dépôt.*

Garantie constitutionnelle.— Les préposés de l'État à l'exploitation d'un chemin de fer, en jouissent relativement aux délits commis dans l'exercice de leurs fonctions.   288

Gardes et agents de surveillance nommés par l'administration ou agréés par elle, — explication de la différence, — indication de l'autorité administrative qui agrée ceux du concessionnaire ou fermier et de celle qui nomme les gardes et agents de l'État.   290 à 292

Les uns et les autres prêtent serment avant d'entrer en fonctions. V. *Serment.*   298, 299

Leurs attributions pour verbaliser s'étendent à toute la ligne.   300

Formalités de leurs procès-verbaux. V. *Formules.*

Les gardes du fermier ou concessionnaire peuvent verbaliser contre lui, sauf l'appréciation par les tribunaux de cette cause de reproche, au contraire, leur parenté au degré prohibé est un obstacle à l'admission du procès-verbal. 240, 318, 319

V. *Agents de surveillance.*

Garde-frein qui abandonne son poste pendant la marche du convoi. V. *Abandon de poste.*   269 à 273

Ils ont le droit de verbaliser comme les ingénieurs et autres préposés du concessionnaire ou fermier quand ils ont accompli les formalités voulues.   292

Gardes-mines. — V. *Ingénieurs, contraventions, procès-verbaux.*

Gares (les) sont comme les chemins inaliénables et imprescriptibles. V. *Ouvrages d'art, embarcadères.* 9 à 12, 47 à 49

Gravois.— V. *Dépôt.*

Haies. — V. *Fouilles, Plantations, Élagage.*

Haute police (Surveillance de la). — V. *Renvoi sous la surveillance.*

Homicide — ou blessures; quand il y a eu volonté, elles sont passibles des peines prononcées par la 2ᵉ partie de l'article 16 ; à défaut de preuve d'une intention coupable, c'est la répression de l'art. 19 qui est applicable.   255 à 257

Quand l'homicide ou les blessures prévues par la seconde partie de l'art. 16 ont été commises en réunion, etc. V. pour la pénalité, *Destruction de la voie.*

Huissiers. — Dans quels cas le recours à leur ministère

pour les significations, est purement facultatif, ou bien est forcé. V. *Notification.* 246, 247

IMMONDICES. — V. *Dépôts.*

IMPRESCRIPTIBILITÉ des chemins de fer — elle dérive de leur inaliénabilité. V. *Inaliénabilité.*

IMPRUDENCE — qui occasionne un accident et cause des blessures ou la mort. V. *Maladresse.* 268, 269

INALIÉNABILITÉ — et imprescriptibilité des chemins de fer; raisons de cette prohibition; cas où elle cesse. 2 à 7

Parties du chemin de fer auxquelles s'appliquent les principes d'inaliénabilité et d'imprescriptibilité, et conséquences de ces principes relativement à l'action possessoire. 7 à 14

Époque à dater de laquelle le terrain affecté à la voie et à ses dépendances, devient inaliénable et imprescriptible. 14 à 20

INATTENTION. — V. *Maladresse.*

INDEMNITÉ. — V. *Suppression.* — Il n'en est pas dû pour les servitudes imposées par la nouvelle loi sur les terrains limitrophes des chemins de fer. 141, 142, 152

INFLAMMABLES — non inflammables. V. *Dépôts de...,* *Couvertures en chaume.*

INGÉNIEURS — des ponts et chaussées, des mines; ils ont le droit de constater par procès-verbaux les contraventions commises par les concessionnaires ou fermiers au titre 2, et par tous autres aux titres 1 et 3; ce droit appartient aussi aux gardes-mines et aux piqueurs; ils doivent tous être assermentés. 239 à 242, 290, 291

Attributions des ingénieurs en ce qui concerne les chaudières à vapeur des locomotives des chemins de fer; mode du règlement et du paiement de leurs honoraires et indemnités. V. *Locomotives.*

INOBSERVATION — des réglements. V. *Maladresse.*

INSPECTEURS — du service d'un chemin de fer; leurs droits. V. *Agents.* — leur responsabilité personnelle et celle de leurs commettants; leurs obligations envers les préposés inférieurs. V. *Administrateurs de idem.*

INSTIGATEURS — de réunions séditieuses. V. *Réunions séditieuses, Crimes.*

JUGE DE PAIX. — Il reçoit l'affirmation des procès-verbaux. V. *Procès-verbaux.* 302, 303, 335

JURIDICTION RÉPRESSIVE. — V. *Tribunal de police, Conseil de préfecture, Conseil d'état, Tribunal correctionnel, Cour d'assises, Attribution.*

390   TABLE.

JURY — d'indemnité. V. *Suppression.* — de condamnation. V. *Attribution* et *Cour d'assises.*

LEVÉES. — V. *Ouvrages d'art.*

LIMITES — des zones déterminées par la loi; elles désignent l'étendue des servitudes sur les terrains riverains et non celle de la propriété des riverains du côté de la voie. V. *Zones.*   139 à 141

LISIÈRES — des chemins de fer; elles sont en certains cas soumises au pouvoir de petite voirie.   20, 21, 25, 26

Elles sont grevées de servitudes légales en vertu des lois de la voirie en général et spécialement des art. 5, 6, 7 et 8 de la nouvelle loi. V. *Servitudes.*

LOCATAIRES.— Responsabilité de leurs actes. V. *Alignement.*

LOCOMOTIVES — des chemins de fer mues par des chaudières à vapeur; leur définition légale.   345

Épreuves auxquelles elles sont soumises préalablement à tout emploi, quelle que soit la fabrique d'où elles sortent, française ou étrangère; mode et lieu des épreuves; conditions de solidité relativement à chaque espèce; timbre de constatation de ces formalités.   345 à 349

Appareils de sûreté exigés dans la construction des chaudières, pour faciliter les épreuves et prévenir les dangers.   349 à 352

Les épreuves sont dirigées et constatées par les ingénieurs des mines, ou à défaut de ceux-ci par les ingénieurs des ponts et chaussées qui font appliquer les timbres et dressent procès verbaux des formalités.   352, 353

Les mêmes ingénieurs sont en outre chargés d'autres fonctions énumérées aux paragraphes 27, 29, 31, 33, 34, 37, 47 et 49 de la troisième partie.   355 à 360, 365

Exceptions aux règles générales des épreuves et de la solidité des appareils des locomotives des particuliers ou de l'État.   354 à 356

Mode du réglement et du paiement des honoraires des ingénieurs auxquels les appareils et la main-d'œuvre sont fournis par les propriétaires des chaudières.   353, 354, 362

On ne peut mettre en service une locomotive sans un permis de circulation du préfet donné après avis des ingénieurs; énonciations de la demande au préfet et du permis.   357, 358

Les locomotives sont soumises à la surveillance des ingénieurs et de la police locale; mode d'exercice des actes de surveillance et constatation des accidents.   359, 360, 365

Devoirs imposés et défenses faites aux exploitants relative-ment aux locomotives dont ils se servent; peines qu'ils encou-rent pour infractions et cas d'application.   360 à 362, 365, 366

Les attributions des préfets en ce qui concerne les loco-motives, consistent : 1° à ordonner les épreuves.   345

2° à recevoir les rapports des opérations des ingénieurs; 3° à ordonner aux ingénieurs des actes de leur ministère; 4° à régler les honoraires et indemnités de ces fonction-naires et à leur en délivrer un mandat exécutoire; 5° à dis-penser de certaines conditions exigées par l'ordonnance et à en prescrire, s'ils le jugent convenable, d'extraordinaires; 6° à recevoir la demande des exploitants à fins de permis de circulation des machines locomotives; 7° à prendre l'avis de l'ingénieur sur ces demandes; 8° à délivrer le permis; 9° à prescrire aux ingénieurs des visites de surveillance des lo-comotives, et à statuer sur les demandes de nouvelles épreuves des propriétaires; 10° à suspendre ou à interdire l'usage des locomotives; 11° à ordonner de nouvelles épreu-ves aux chaudières en cas de changements ou de réparations; 12° à déterminer, en ce qui concerne la sûreté publique, les conditions de circulation des locomotives et des convois; 13° à obliger les exploitants à adapter à leurs machines et chaudières les nouveaux appareils de sûreté découverts par la suite; 14° à prononcer l'interdiction des chaudières et des locomotives. Paragraphes 21, 22, 23, 24, 27, 28, 29, 31, 34, 35, 36, 37, 40, 41, 43, 47 et 48 de la troisième partie.   351 à 365

Les préfets à qui appartiennent les attributions ci-dessus, sont, dans les départements, celui du lieu du départ, et pour Paris, Saint-Cloud, Meudon et Sèvres, le préfet de police.
                                              363, 364

Le recours contre les arrêtés des préfets rendus en vertu des attributions ci-dessus, est adressé au ministre des tra-vaux publics.   365

En cas d'accident, procès-verbal est dressé par le maire du lieu et par les ingénieurs.   366

Des peines réservées aux contraventions à l'ordonnance royale sur les locomotives.   366

· Les propriétaires des locomotives sont responsables des accidents causés par la négligence ou l'imprudence de leurs agents.   361

V. *Maires, Préfet de police.*

MAÇONS. — Leur responsabilité. V. *Alignement.*

MAIRES. — Ils peuvent recevoir l'affirmation des procès-verbaux. — V. *Procès-verbaux.*					303, 335

Leurs pouvoirs relativement à la police des chemins de fer. — V. *Réglements du pouvoir municipal.* — Ils ont le droit et la mission de 1° exercer une surveillance habituelle sur les machines et chaudières à vapeur; 2° en cas d'accident survenu à l'exploitation du chemin de fer, de visiter les locomotives et de dresser procès-verbal.					360, 366

MALADRESSE. — Celui qui, par maladresse, imprudence, inattention, négligence ou inobservation des réglements, occasionne involontairement dans les endroits désignés en l'article 19, un accident qui cause des blessures ou la mort, est passible des peines que prononce cet article; conditions requises pour son application, et peines dans les deux cas ou de blessures ou de mort.					267 à 269

MARCHE des convois (Entrave à la). — V. *Destruction de la voie, Locomotives.*

MATÉRIAUX. — Extraction de... V. *Fouilles.* — Dépôt de... V. *Dépôt de...* — inflammables ou non. V. *Suppression, Couvertures en chaume.*

MATIÈRES— inflammables, non inflammables. V. *Dépôt de... Couvertures en chaume.*

MÉCANICIEN — qui abandonne son poste pendant la marche du convoi. V. *Abandon de poste.*					269 à 273

MÉMOIRES — de défense. — V. *Défense, Dépôt* et *Formules de mémoire et de signification.*					337 à 340

MENACE. — La menace faite par écrit anonyme ou signé, de commettre l'un des crimes prévus par l'art. 16, est passible de diverses peines suivant les circonstances qui l'accompagnent.

Menace écrite faite avec ordre ou condition; circonstances dont il faut qu'elle soit accompagnée pour donner ouverture à une peine de trois ou cinq ans d'emprisonnement; effet de l'absence de toutes ou de quelques-unes de ces conditions.					263 à 265

Pénalité de la menace écrite faite sans ordre ni condition.					264, 265

Répression de la menace verbale avec ordre ou condition.					265

Impunité de la même menace dégagée d'ordre ou de condition					263

A la peine principale pour menace, les tribunaux peuvent ajouter le renvoi sous la surveillance de la haute police.					265 à 267

Mesures — d'urgence: provisoires à prendre pour réparation de dommages. V. *Répression*. — L'administration est autorisée expressément à le faire à titre de mesure provisoire, pour cessation du dommage causé par le concessionnaire ou fermier comme par tous autres; mode du recouvement de la dépense. 351 à 353

Meules — de paille et de foin. V. *Couvertures en chaume.*

Mines. — Sources du droit qui régit les mines dans leurs rapports avec la voirie. 97, 98

Résumé des règles qui résultent des divers éléments législatifs sur cette partie et de leur application. 98

On ne peut ouvrir des mines qu'à 100 mètres de la clôture d'un chemin de fer. 99, 100

Mais on peut concéder une mine sous un chemin de fer déjà existant, et établir un chemin de fer sur le périmètre d'une concession de mine antérieure. 101

Examen et solution de la question de savoir à la charge de qui seront, dans les deux cas de l'éventualité prévue, les travaux jugés nécessaires pour réparer ou prévenir le dommage. 101 à 103

Les peines applicables au fait d'ouverture d'une mine à une distance trop rapprochée du chemin de fer, ainsi qu'aux travaux d'exploration ou d'exploitation qui caractérisent une contravention aux art. 5, 6, 7 et 8, sont celles déterminées par l'art. 11 de la loi nouvelle. 103, 104

L'autorité compétente pour les appliquer, selon que le fait présente ou non une contravention de grande voirie est, au premier cas, le conseil de préfecture, et au second, le tribunal de police correctionnelle, mais jamais le premier ne peut prononcer des peines corporelles. 104 à 106

Minières. — Si leur exploitation ne peut avoir lieu qu'au moyen de puits, de galeries souterraines, etc., elles sont assimilées aux mines, et le régime de celles-ci leur est applicable. V. *Mines.* — *Secùs* quand on peut les exploiter à ciel ouvert, alors la distance à observer entre le point d'exploitation et le chemin de fer, est la même que pour l'ouverture d'une carrière, et il en est de même aussi pour l'amende applicable au cas de contravention. V. *Carrières.* 107 à 109

Ministre — des travaux publics; son approbation est nécessaire pour rendre obligatoires les arrêtés des préfets pris en conformité de l'art. 21 pour l'exécution des ordonnances royales y énoncées. 276 à 278

Il connait du recours des parties contre les arrêtés des

préfets, rendus en matière de machines locomotives, et, par une conséquence du principe qui fonde cette disposition, de tous ceux qui émanent de ces fonctionnaires concernant la voirie des chemins de fer. 365

Modèles — des divers actes à rédiger. V. *Formules.*

Modération — des amendes. V. *Contraventions, Conseil d'état, Concessionnaires.*

Moisson. — V. *Couvertures en chaume.*

Mort (Peine de). — Quand elle est applicable et en quel cas on lui substitue les travaux forcés. 261, 262

Mur — de clôture du riverain; il peut être établi à une distance de moins de 2 mètres du chemin de fer. 135 à 137

Il ne faut pas le confondre avec la clôture du chemin. 122

Que doit-on entendre par un mur de clôture? 159

Le riverain doit en le construisant respecter les talus, levées, ouvrages d'art et demander alignement. 68, 137, 138, 141

Quant à la nature de la clôture du chemin, voyez *Clôture du chemin.*

Navigation.— Contraventions au service de la. — V. *Concessionnaires.*

Négligence — qui occasionne un accident cause de blessures ou de mort. V. *Maladresse.* 268, 269

Notification et signification des procès-verbaux de contraventions. — V. *Concessionnaires, Domicile élu, Délai.* Elle se fait par le ministère des agents inférieurs de l'ordre administratif quand elle a lieu à la requête de l'administration, au contraire, lorsqu'elle est requise par le fermier, c'est forcément par le ministère des huissiers. 246, 247

Notification des Mémoires de défense des prévenus; ils sont adressés au conseil de préfecture et signifiés au préfet. Les parties ne peuvent employer que le ministère des huissiers, quand elles ne veulent pas courir la chance du simple dépôt de leurs Mémoires, soit en défense, soit en opposition aux arrêtés par défaut, et que, n'ayant pas tiré et reçu de récépissé du dépôt, elles veulent avoir une preuve légale de leurs démarches. 247

Toute notification vaut assignation devant le conseil de préfecture, aussi bien aux cas de l'art. 11, qu'en celui de l'art. 13. 247, 248, 320

Pour la forme des diverses notifications et significations. V. *Formules.*

Nullité (la) d'un procès-verbal n'empêche pas l'admission

de la preuve testimoniale pour justifier la contravention. 305

OBJETS — inflammables, non inflammables. V. *Dépôt de...*
Couvertures en chaume.

OBSTACLE — apporté à la circulation sur un chemin de fer.
V. *Destruction de la voie.*

OCCUPATION — temporaire de terrains en cas, ou de réparations à faire à la voie de fer, ou même de constructions primitives, l'obligation imposée aux terrains désignés par l'administration de souffrir cette occupation constitue à leur charge une servitude légale, dont les effets sont, entre autres, de supporter le dépôt des matériaux, le passage pour leur transport. 79

Elle diffère de la servitude d'alignement, 1o en ce qu'elle donne droit à une indemnité; 2o en ce qu'elle n'affecte pas exclusivement les terrains limitrophes de la voie; 3o elle se distingue, en outre, de la servitude d'extraction et d'enlèvement de matériaux, puisqu'elle se restreint à une simple occupation. 79 à 81

OFFICIERS de police judiciaire.— Ils peuvent, comme les agents de surveillance et les gardes, constater les contraventions commises aux dispositions des titres 1 et 3 de la loi, mais il faut qu'ils soient assermentés, et ils ne peuvent verbaliser que dans l'étendue du territoire pour lequel ils sont institués ; *secùs* des gardes et agents de surveillance qui ont attribution sur toute la ligne. 289, 295, 299, 300

OPPOSITION — à une condamnation ou à un arrêté par défaut du conseil de préfecture, délai, mode de la former et formules. 222, 340, 341

A celle d'un tribunal correctionnel. V. le Code d'instruction criminelle, art 187.

ORDONNANCES— royales portant règlement d'administration publique sur la police, la sûreté et l'exploition du chemin de fer, et arrêtés pris par les préfets sous l'approbation du ministre des travaux publics pour l'exécution desdites ordonnances. Toute contravention à ces ordonnances et arrêtés est passible des peines prononcées par l'article 21. Définition des ordonnances qui portent des règlements d'administration publique, formalités à observer pour leur légalité constitutionnelle; pouvoir de contrôle des tribunaux en cas d'action en répression de la contravention commise à une ordonnance illégale; limites de ce pouvoir. 274 à 276

Contraventions aux susdits arrêtés préfectoriaux; conditions de leur légalité; pouvoir d'examen des tribunaux; nécessité de l'approbation ministérielle pour les rendre obligatoires ; cas où la contravention à leurs dispositions est punissable, encore qu'ils ne soient pas approuvés, conséquence de la loi établissant l'incapacité des préfets pour statuer sur les points réservés par l'article 21 aux ordonnances royales. 276 à 280

Quant aux contraventions à l'ordonnance royale sur les locomotives, elles ne sont passibles que de peines de simple police. 366

ORDRE de déposer une somme d'argent. — Menace faite avec.— V. *Menace*.

OUVRAGES d'art.— On entend par ouvrages d'art en matière de chemins de fer, outre les fossés, talus et levées, les rampes de déblais et de remblais, les ponts, les aqueducs, viaducs, clôtures, barrières, embarcadères, débarcadères, gares, stations, loges de cantonniers et autres travaux de main d'homme. 47, 130, 131

Toutes anticipations, dégradations et détériorations de ces dépendances, sont passibles de peines de voirie et même de peines correctionnelles quand les faits présentent en même temps des délits ; les premières sont prononcées par les conseils de préfecture, et l'application des secondes est réservée aux tribunaux correctionnels. 48 à 50

Les trous, fouilles, culture ou extraction de matériaux faites à côté des chemins, de leurs acottements et glacis, toute destruction ou dégradation de haies plantées le long des chemins, toute construction faite dans les fossés ou sur les accottements ou berge, soit que ces œuvres constituent des contraventions aux lois générales de la voirie dans les parties déclarées applicables aux chemins de fer, soit qu'elles rentrent dans la prohibition des articles 5, 6, 7 et 8 de la loi nouvelle, sont passibles de 16 à 300 fr. d'amende, outre la répression civile du dommage. 50, 51

OUVRIERS,— Leur responsabilité. V. *Alignement*.

PACAGE des bestiaux.—Il est interdit relativement aux chemins de fer et à leurs dépendances, à peine de l'amende prononcée par l'article 11, sans préjudice, en cas d'introduction des bestiaux sur la voie, de l'application des peines établies par les articles 16 et 19 de la loi nouvelle, et 456 du Code pénal, selon les circonstances, et en toute éventualité des réparations civiles. 54 à 56

PAIEMENT — d'indemnité. V. *Suppression*.

PAILLE.— V. *Meules, Couvertures en chaume*.

PARENTÉ — entre le rapporteur et le contrevenant, ses

effets. V. *Procès-verbaux.* 519

PATRES.— V. *Pacage des bestiaux.*

PEINES.— Les peines en matière de voirie des chemins de fer, consistent en une amende de 16 à 300 fr. dans les cas prévus art. 11, de 16 à 3000 fr. dans ceux prévus par l'article 21, et dans ces divers cas en la suppression des œuvres illicites. 50

Le chiffre de l'amende peut être descendu par le conseil de préfecture et par le tribunal au taux du minimum permis par l'art. 463 du Code pénal, et par le conseil d'État au-dessous de ce minimum; il peut même exempter le prévenu de la totalité de l'amende. 52, 53, 54, 226 à 229

Peines dont sont passibles ceux qui contreviennent aux dispositions de l'ordonnance sur les locomotives. 366

V. *Contraventions, cumul, locomotives.*

PERMISSION.— Celle de l'autorité est nécessaire à tout riverain d'un chemin de fer qui veut planter arbres ou haies, édifier à neuf, reconstruire ou réparer les murs de face sur la voie. V. *Alignement. Plantation.*

PILLAGE.— V. *Réunion séditieuse, Chefs, Crimes.*

PIQUEURS.— V. *Ingénieurs.*

PLANTATION et élagage des arbres plantés.— Les terrains riverains des routes ordinaires en général, autres que les voies de fer, doivent être plantés en arbres quand l'administration le requiert, à part cette circonstance, ils sont frappés à titre de servitude de la prohibition d'être plantés en arbres dans une certaine distance de ces routes; comparaison de la législation ancienne avec la législation nouvelle sur ce point; nécessité, pour celui qui veut planter, à moins de six mètres de distance de la route, couper ou arracher des arbres plantés, les élaguer, de demander et d'obtenir, au premier cas, un alignement, et au deuxième, une autorisation; amendes applicables aux contrevenants; les haies vives sont assimilées aux plantations d'arbres. 81 à 89

Règles particulières aux plantations qui avoisinent les chemins de fer.— D'abord, l'obligation de l'essartement ne frappe pas les parties de forêts qu'ils traversent. Ensuite on ne peut planter ni arbres, ni haies à moins de six mètres d'un chemin de fer, sans avoir obtenu préalablement un alignement. 89 à 93

Les riverains ne pourront jamais être contraints à planter. 92

La peine de la contravention à ces dispositions, sera une

amende de 16 à 300 fr., outre la destruction de la plantation prohibée.   93, 94

C'est le conseil de préfecture qui connaît de la répression, quand même le fait serait spécialement prévu par le Code pénal, et, à ce titre, passible d'une des peines prononcées par ce Code.   94

Les dommages causés aux arbres riverains des routes ou des chemins de fer plantés ou maintenus par l'administration, peuvent entraîner des peines de voirie à appliquer par le conseil de préfecture, et des peines correctionnelles à prononcer par le tribunal de police correctionnelle.   94 à 97

Les plantations existantes à distance prohibée, soit au jour de la promulgation de la loi près des chemins de fer établis, soit lors de la construction des chemins qui seront créés à l'avenir près desdites plantations, sont maintenues, mais elles ne peuvent être renouvelées, ni en tout, ni en partie.
                                                    117 à 119

L'administration tient de l'article 10, le droit d'en provoquer la suppression à charge d'une indemnité à régler par le conseil de préfecture. 93, 190, 191, 193, 200, 201, 205, 209.

Police des chemins de fer.— V. *Ordonnances royales portant règlement sur ce point.* — Des locomotives. V. ce mot.

Police.— Haute police. V. *Surveillance, Renvoi sous la surveillance de....*

Pont.— V. *Ouvrages d'art.*

Possession (la) d'un terrain converti en chemin de fer postérieure à cette conversion, ne peut fonder aucun droit, *secùs* de la possession antérieure.   11 à 14

Poste — (abandon de), de la part des mécaniciens ou conducteurs, gardes-frein, pendant la marche du convoi; cas d'application de la peine et exception. V. *Abandon de poste.*   270 à 273

Poursuites.— V. *Contraventions.*— C'est le préfet qui poursuit devant le conseil de préfecture la répression des contraventions et le procureur du roi devant les tribunaux.   221,
                                            222, 248, 305, 306

Cumul des poursuites.— V. *Procédure*   48, 49

Pouvoir administratif ou réglementaire en matière de voirie.— Il est exercé, relativement aux chemins de fer, par les préfets ou par la couronne, suivant les règles établies au traité de la voirie combinées avec l'article 21 de la loi nouvelle.   61, 62

Il en résulte une dérogation aux règles de la juridiction

répressive en matière de grande voirie, quand il s'agira de contraventions aux statuts faits d'après le même article 21.

223, 248, 257, 274, 279, 280

Pouvoir municipal.— Il entre dans ses attributions de surveiller les chaudières et machines à vapeur et de verbaliser en cas d'accident. V. *Locomotives.* 360, 306

Voyez, pour ses autres attributions, *Réglements du pouvoir municipal et Maires.*

Préfet de département.— C'est lui qui fait notifier les procès-verbaux de contravention aux prévenus et qui les transmet au conseil de préfecture compétent; ses fonctions près du conseil de préfecture. 221, 222, 246, 247, 248, 320

Il est sans pouvoir pour statuer par arrêté sur la police, la sûreté et l'exploitation des chemins de fer, à moins que son arrêté ne soit pris sur ces points en conformité de l'article 21, c'est à dire pour l'exécution d'une ordonnance royale, et après approbation ministérielle. V. *Ordonnance royale, Arrêté.* 276 à 280

Ses pouvoirs sont plus élevés en ce qui concerne les locomotives des chemins de fer. V. *Locomotives.* 345, 363, 364

Recours dont ses arrêtés sont passibles en matière de voirie et de locomotives des chemins de fer. V. *Ministre des travaux publics. Suppression.* 206, 207, 363

Préfet de police.—A Paris c'est à lui qu'appartient l'exercice du pouvoir de petite voirie; ses divers objets. 26 à 34

Étendue et limite de ses attributions en cette partie. V. *Réglements du pouvoir municipal.*

Ses attributions en ce qui concerne les locomotives à vapeur des chemins de fer et la circulation des convois; cas de restriction desdites attributions. V. *Locomotives.* 363 à 365

Préposés au service de l'exploitation d'un chemin de fer; responsabilité. V. *Administration de* idem.

Prescription.—Par qui, quand et comment elle peut être acquise ou non, à l'égard du terrain occupé par le chemin de fer. 12 à 14

V. *Imprescriptibilité.*

La prescription de l'action en répression d'une contravention de voirie s'accomplit par un délai d'un an. 232

Il en est de même de celle de l'action en répression des contraventions de voirie commises à l'article 21. Au contraire, celle des actions résultant des infractions aux autres règles du titre iii ne s'acquiert, suivant qu'il s'agit de délits ou de crimes, que par le laps de trois années pour les premiers, et de dix années pour les seconds, conformément au Code d'inst. cr., art. 637, 638, 640. 280

Président du conseil de préfecture.— C'est le préfet; en cas d'empêchement, c'est le doyen des conseillers de préfecturé. Il y a empêchement quand devant le conseil le préfet se constitue partie publique et prend des réquisitions contre le prévenu. 248, 320

Prestation de serment.— V. *Serment.*

Preuve testimoniale.— Elle peut être admise pour la constatation des contraventions et délits, à défaut ou en cas d'insuffisance ou de nullité des procès-verbaux; elle ne peut être remplacée par les procès-verbaux quand il s'agit de crimes. 292, 293, 305

V. *Foi due aux procès-verbaux* et *Procès-verbaux.*

Procédure.— Forme de celle qui est à observer dans la poursuite en répression des contraventions. 62, 221, 222, 257, 305, 306

Idem en répression des délits et en répression des crimes. 257, 305, 306

Idem pour la défense du prévenu, pour l'opposition aux condamnations par défaut. 222, 340, 341

Quand les faits présentent une contravention de voirie et un délit du domaine de l'ordre judiciaire, on peut cumuler les deux procédures ou poursuites. 48, 49

Procès-verbaux. — V. *Contraventions, Concessionnaires, Foi, Preuve testimoniale, Formules.*—Ceux qui sont dressés en vertu de l'article 22 sont visés pour timbre et enregistrés en débet; étendue de l'application de cette disposition. 301, 302

Nécessité, pour leur validité, de l'affirmation de ceux qui émanent des agents de surveillance et des gardes assermentés, dans les trois jours, devant le juge de paix ou le maire, soit du lieu du délit, soit de la résidence de l'agent; l'affirmation de ceux qui sont dressés par autres que par les gardes et agents de surveillance, n'est pas une formalité substantielle. V. pour les différences qui divisent ces procès-verbaux de ceux desdits gardes et agents, le mot *Concessionnaires.* 242 à 248

Notification desdits procès-verbaux; remise des originaux de ces procès-verbaux. 305, 306

Ceux qui sont dressés par le garde d'un fermier ou d'un concessionnaire contre son commettant peuvent ne pas faire foi, effets de la parenté. V. *Reproches.* 240, 242, 298, 318, 319

Les procès-verbaux sont notifiés aux contrevenants. 244 à 247

Là transmission des procès-verbaux doit être faite par le rapporteur au préfet de son département ou au procureur du roi, suivant que l'infraction est de la compétence du conseil de préfecture ou du tribunal correctionnel, ou de la cour d'assises. 305, 306

Le préfet, à son tour, transmet le rapport au conseil de préfecture du lieu de la contravention dans les quinze jours de la notification. 247, 248

Pour la forme de rédaction des procès-verbaux, des actes d'affirmation et de notification. V. *Formules.*

Les procès-verbaux ne peuvent être dressés que par les fonctionnaires dénommés aux articles 12 et 23 de la loi. 290

Ils ne font foi que de ceux des faits constitutifs de simples contraventions ou de délits. 292, 293

Ils ne prouvent que ceux dont le rédacteur a été personnellement témoin. 315, 316

Ils n'excluent pas l'emploi de la preuve testimoniale dans les termes des articles 154 et 189 du Code d'instruction criminelle. 293 à 295

L'étendue du délai possible entre la reconnaissance du fait et la rédaction du rapport n'est pas précisée ; dès lors l'influence de l'intervalle sur la foi due à cet acte est abandonnée au pouvoir appréciateur souverain du juge. 243, 295, 296, 335

Ils peuvent être l'œuvre de deux ou même d'un plus grand nombre de gardes ou agents. 243, 244, 296, 316

Ils ne font tous, de quelque fonctionnaire qu'ils émanent, que foi simple, et ils peuvent être combattus ou corroborés par la preuve testimoniale quand le tribunal veut bien l'admettre. 296, 297, 298, 305

Ils doivent être signés du rapporteur. 298, 317

On doit enregistrer et viser pour timbre en débet les procès-verbaux dressés en vertu de l'article 23, *secùs* de ceux faits en vertu de l'article 12. 301, 302

Les procès-verbaux dressés par les fonctionnaires dénommés aux articles 12 et 23 doivent être affirmés, à peine de nullité, dans le délai fixé. 302, 305

Un procès-verbal nul peut être suppléé par la preuve testimoniale. 305

Les procès-verbaux doivent être remis ou envoyés au préfet quand il s'agit de contraventions de voirie aux titres I et II, et tous les autres, sans distinction, au procureur du roi. 237, 305, 306

Forme de rédaction des procès-verbaux.— V. *Formules*.

Procureur du roi.— On lui remet les procès-verbaux constatant des délits ou des crimes, et il poursuit. 306

Propriétaire.— De quelle époque il ne peut plus user de sa chose destinée à un chemin de fer, avec cette latitude illimitée qui, de droit commun, est un attribut de la propriété. 14 à 19

Propriété.— V. *Propriétaire*.

Protocole d'actes.— V. *Formules*.

Provisoires. — Mesures à prendre par l'administration en cas d'urgence. V. *Mesures d'urgence*. 61, 351 à 353

Provocateurs de réunions séditieuses.—V. *Réunions, Chefs, Crimes*.

Questions, — transitoires. — Mode d'application de la loi nouvelle relativement aux servitudes qu'elle établit, savoir: 1° en ce qui touche les riverains d'un chemin de fer établi, au jour de sa publication; 2° en ce qui touche ceux qui le deviendront d'une voie à créer, postérieurement à sa promulgation; 3° en ce qui concerne la constatation de l'état actuel des constructions existantes dans la zone de prohibition. 117 à 119, 329 à 331

Rails. — L'emploi d'un moyen pour faire sortir les convois de leurs rails constitue un crime. V. *Destruction de la voie de fer*.

Rampes. — ou talus de déblais, de remblais. V. *Ouvrages d'art et excavations*.

Rapports. — V. *Procès-verbaux*.

Rebellion. — V. *Réunions séditieuses, — Crimes*.

Récidive — (la), en matière de contravention aux dispositions de l'article 21, est passible du double de l'amende, et les juges peuvent en outre, selon les circonstances, prononcer l'emprisonnement. 273, 280

Il n'y a récidive qu'autant qu'une nouvelle contravention est commise dans l'année de la perpétration d'une première qui aura été suivie de condamnation ou au moins de poursuites avant l'événement de la seconde. 280 à 282

Le doublement de l'amende est une répression impérative pour le tribunal, sauf le cas où il reconnaît des circonstances atténuantes, car alors il peut appliquer l'article 463. 282

L'emprisonnement est facultatif; il est indépendant de la double amende, de même que les peines de la récidive le sont de celles de la première condamnation. 282, 283

RÉCOLTES. — V. *Couvertures en chaume.*

RECONNAISSANCE — d'une contravention ou d'un délit, — délai dans lequel, à dater de cette reconnaissance, doit être rédigé le procès-verbal. V. *Procès-verbaux.* 243, 295, 335

RECONSTRUCTION — des bâtisses voisines des chemins de fer. V. *Réparations.*

RECOURS — contre les décisions des conseils de préfecture. V. *Voie de recours* — contre les décisions des préfets en matière de locomotives et même de voirie des chemins de fer ; ils sont adressés au ministre des travaux publics.—V. *Ministre des travaux publics.* 365

RECOUVREMENT — de la dépense avancée par le Trésor, des frais d'une suppression d'œuvres illicites prononcée par le conseil de préfecture, ou de la réparation d'un dommage ordonnée par mesure provisoire. V. *Contravention, Dépense.*

RÉCUSATION. — V. *Reproche.*

RÉDACTION. — Formes de celle des procès-verbaux et autres actes. V. *Formules.*

RÉGLEMENT — d'indemnité. V. *Suppression.*

RÉGLEMENTS — du pouvoir municipal ou de la petite voirie en ce qui concerne les chemins de fer. Ils ne peuvent comprendre que les fractions de ces chemins qui traversent les communes, soit qu'ils y suivent ou qu'ils y forment des rues, quais, places, etc., et ils ne peuvent régler que ce qui intéresse la sûreté, la commodité du passage, à la charge de ne déroger ni à la loi nouvelle, ni aux règles de la grande voirie. 26 à 31

L'action réglementaire des maires devra s'exercer presque exclusivement sur les bâtiments et constructions contigus aux chemins, sur les gares et stations, et avoir pour principe les besoins des localités et les limites de la compétence que leur font à cet égard les lois de la matière. 32 à 34

Leurs réglements ne doivent jamais avoir pour objet que des mesures de police. 34

Ils ne peuvent disposer que dans les limites de leur compétence ; dès lors ils sont tenus de s'abstenir de statuer sur des objets confiés à d'autres autorités ou réglés par la loi elle-même, et ne jamais d'ailleurs établir des peines. 34 à 37, 42 à 45

Ils ne doivent pas procéder en général, sauf quelques cas exceptionnels, par injonctions ou prohibitions individuelles Il leur est interdit d'accorder des exemptions personnelles. 57, 58

Ils ne peuvent porter atteinte aux droits de propriété des administrés. 38, 39

Mais un réglement peut légalement prescrire la clôture d'un terrain touchant à la voie publique. 39

Au contraire, il y aurait illégalité dans le statut qui réglerait un cas prévu par une loi autrement que ne l'a fait celle-ci ; ils ne doivent pas, par conséquent, soumettre les administrés, pour l'exercice d'un droit, à des conditions que n'impose pas la loi. 40 à 42

En comprenant dans un arrêté un point réglé par la loi nouvelle, le maire n'enleverait pas la connaissance de la contravention au conseil de préfecture, au profit du tribunal de simple police. 44

Il a le droit de prescrire aux convois, à leur passage en sa commune, des mesures qui, sans retarder leur marche, ont pour objet de préserver les habitations riveraines des effets dommageables de ces convois, par exemple, de la fumée. 44, 45

Réglements de l'administration. Quelle autorité a le droit de faire des réglements en matière de police des chemins de fer. 61, 62, 274, 275

Ceux que prévoit la loi nouvelle, notamment l'article 5, ne sont pas encore intervenus. Conséquence de leur absence. 329 à 331

V. *Pouvoir réglementaire en matière de grande voirie.*

Réglements d'administration publique. V. *Ordonnances royales, Constructions.* 159, 160, 329 à 331

REMBLAIS. — V. *Excavations*, et surtout *Ouvrages d'art.*

RENVOI—sous la surveillance de la haute police. Les tribunaux correctionnels peuvent le prononcer dans tous les cas où ils infligent, par application de l'article 18, une peine même de simple police. 265, 267

RÉPARATIONS — de dommages. V. *Répression.*

Les réparations des constructions riveraines des chemins de fer existantes dans la zone de deux mètres prohibée, sont interdites ; mais les travaux de simple entretien sont permis 149 à 157

Pour la réparation des autres constructions riveraines des chemins de fer, V. *Alignement, Permission.*

Réparations à faire aux chemins de fer, — droits des entrepreneurs sur les fonds indiqués. V. *Occupation temporaire* et *Extraction.*

RÉPRESSION — provisoire ou définitive des contraventions,

— à qui elle appartient. . 61, 351 à 355

REPROCHES. — C'est un moyen de nullité ou d'inefficacité au point de vue de la preuve qu'il devrait produire, qui existe contre le procès-verbal rédigé par un garde parent ou préposé du contrevenant; cependant il y a cette différence entre la parenté et le servilisme, que la première, quand elle se rencontre au degré prohibé pour l'admission d'un témoignage par l'article 156 du code d'instruction criminelle, doit avoir pour effet le rejet radical de la preuve qui résulte du rapport, tandis que l'existence de la seconde autorise seulement le juge à se dispenser d'accorder foi pleine et entière à la déclaration du garde, et même à s'en écarter s'il l'estime convenable, ou à obliger le poursuivant à le corroborer d'un autre témoignage.   240, 242, 296, 297, 318, 319

RÉSISTANCE — avec violence et voies de fait aux agents des chemins de fer. V. *Attaque*.   306 à 308

Responsabilité des accidents occasionnés par les locomotives. V. *Locomotives*.

RESPONSABILITÉ — des architectes, entrepreneurs, maçons, charpentiers et ouvriers. V *Alignement*. — Des concessionnaires ou fermiers. V. ces mots.   250, 251

Responsabilité des faits des administrateurs, directeurs ou employés à un titre quelconque par les concessionnaires ou par l'État au service de l'exploitation d'un chemin de fer: — Conditions d'admission de la responsabilité, — Recours contre l'auteur — règles relatives à l'exercice du droit de responsabilité établi contre l'État. V. *Concessionnaires* et *Administrateurs de l'exploitation*.   283 à 289

RESTRICTION — de l'étendue des zones de servitudes imposées sur les propriétés riveraines des chemins de fer, — Qui peut la prononcer? V. *Distances, — Servitudes*.   184 à 189

RÉTROACTIVITÉ — de la loi. V. *Questions transitoires, — Servitudes*.   117 à 119, 141, 142

RÉUNION — séditieuse, avec rébellion ou pillage, pour commettre l'un des crimes prévus par l'article 16. Elle donne lieu contre les chefs, auteurs, instigateurs et provocateurs de ces réunions, à la même peine que contre le destructeur de la voie, sauf quelques conditions et modifications. V. *Crimes, — Chefs, — Destruction de la voie de fer*.   257 à 262

ROUTES — royales, — départementales, — communales. V. *Concessionnaires*.

RUES. — Celles que le chemin de fer traverse le soumettent au pouvoir de petite voirie pour la partie qui en est limi trophe. — **V.** *Réglements du pouvoir municipal.* 31 à 34

SABLE. — **V.** *Extraction* ou plutôt *Fouilles.*

SABLIÈRES. — Elles sont soumises au même régime que les carrières. V. *Carrières.* 110 à 113

SERMENT. — La prestation préalable à tout acte de leurs fonctions est imposée par les articles 12 et 23, aux fonctionnaires dénommés en ce dernier article. — **V.** *Gardes, Agents de surveillance.* L'autorité qui reçoit le serment est le tribunal de première instance. 239, 240, 298, 299

SERVICE de la navigation. — Contraventions aux cahiers des charges et aux réglements y relatifs. — **V.** *Concessionnaires.*

SERVITUDES. — **V.** *Alignement, Écoulement des eaux, Occupation temporaire de terrains, Plantations et élagage des arbres, Exploitation des mines, Minières, Tourbières, Carrières et Sablières, Extraction de matériaux pour travaux publics, Distance, excavations.* 8, 9, 11, 12

Action des servitudes établies par l'art. 2 sur les terrains riverains de la voie, solution de la question transitoire que peut soulever à cet égard l'application de là loi nouvelle à l'état des choses actuel. V. *Questions transitoires.* 117 à 119

Les zones de prohibition établies par la loi marquent l'étendue des servitudes actives des chemins de fer sur les fonds voisins, et non les limites de la propriété des uns et des autres. 139 à 141

Elles ne donnent lieu à aucune indemnité, elles frappent les riverains des chemins de fer actuels et futurs. 141, 142

Le gouvernement peut restreindre en certains cas la largeur de la zone des servitudes. V. *Distance.* 184 à 189

SIGNIFICATION — d'actes, de procès-verbaux, de mémoires. V. *Notification, formules.*

SOUS-PRÉFET. — Il agrée les gardes et les agents de surveillance du concessionnaire ou fermier. 291, 292

STATIONS (les) — sont comme la voie de fer, inaliénables, imprescriptibles. V. *Ouvrages d'art, Embarcadères.* 9 à 12, 47, 48, 143, 144

SUPPRESSION — des constructions, plantations, excavations, couvertures en chaume, amas de matériaux combustibles ou autres, existants dans les zones de prohibition établies par la loi sur les terrains riverains des chemins de fer, au moment de la publication de ladite loi ou, pour l'avenir, lors de l'établissement d'un chemin de fer. Pour user du droit de suppression que l'art. 10 accorde au gouvernement, il n'est pas tenu de suivre les formes de l'expropriation pour utilité publique établies par la loi du 3 mai 1841.   190 à 195

C'est le préfet qui exerce en ce cas le pouvoir que l'art. 10 confie à l'administration.   195 à 197

Le mode de réglement de l'indemnité établie par la loi du 3 mai 1841, sera applicable à la suppression des couvertures et des excavations quand cette suppression nécessitera celle du bâtiment que les premières abritent, et des mines, minières et carrières que les secondes servent à exploiter, *secùs* des autres couvertures et excavations et des plantations et amas de matériaux.   197 à 201

Dans ce dernier cas, l'indemnité sera réglée d'après la forme tracée par la loi du 3 septembre 1807.   211, 212

Raisons de cette distinction.   214

Explication de l'exception faite pour les cas d'urgence; compétence respective des préfets et des maires pour les déclarer.   201 à 204

Quelles constructions, plantations, etc., peuvent être passibles de la suppression autorisée par l'art. 10, et cas dans lesquels l'administration a intérêt à ne pas user du droit de suppression forcée?   204, 205

Circonstances et causes requises pour que l'administration puisse user de ce droit.   205, 206

Mode différent de pourvoi contre les décisions illégales de l'administration sur la suppression, suivant la nature du grief.   206, 207

L'indemnité pour cause de suppression devra être, sauf convention contraire, acquittée préalablement à la dépossession quand la suppression atteindra directement ou par voie de conséquence, les bâtiments mêmes couverts de chaume et les mines, etc., exploitées par les excavations à fermer, *secùs* si la destruction ne frappe que sur la toiture en chaume seule en laissant subsister le bâtiment, ou sur les excavations sans porter obstacle à l'exploitation de la mine, ou enfin sur des plantations et amas de matériaux.   194, 195, 208 à 212

Formes à suivre pour le réglement de l'indemnité quand il a lieu conformément à la loi du 3 mai 1841.   212 à 214

Idem quand il doit avoir lieu conformément à la loi du 3 septembre 1807.   213, 214

Sûreté — des chemins de fer. V. *Ordonnances royales,* portant réglement sur ce point.

Sûreté de la circulation sur les chemins de fer. V. *Crimes, Locomotives.*

SURVEILLANCE — de la haute police, cas dans lesquels le coupable peut être placé sous cette surveillance. V. *Renvoi sous la surveillance.*					265 à 267

TALUS — des routes, des fossés, de déblais de remblais. V. *Ouvrages d'art, Excavations.*

TERRE. — V. *Dépôt.*

TIMBRE — des procès-verbaux. V. *Procès-verbaux.* 301, 302

TOURBIÈRES. — Elles sont soumises au régime des minières et des carrières, et ne peuvent être ouvertes qu'à la distance de 10 mètres au moins du chemin de fer. V. *Minières* et *Carrières.*					109, 110

TRANSMISSION — des procès-verbaux par le rédacteur au préfet et par le préfet au conseil de préfecture compétent, délai dans lequel elle a lieu.					246 à 248

Idem au procureur du roi, quand elle doit être faite à ce magistrat.					257, 305, 306

TRAVAUX-FORCÉS, en quel cas la loi les substitue à la mort.					261, 262

TRAVAUX-PUBLICS — expropriation pour — Extraction des matériaux ou occupation de terrains nécessaires à leur exécution. V. *Extraction, Occupation* et *Expropriation.*

TRIBUNAL de police correctionnelle ; — il connaît des faits qui présentent les éléments d'un délit caractérisé par le code pénal, soit qu'en même temps ils constituent ou non une contravention de voirie, laquelle est alors réservée au conseil de préfecture.					48, 49

Il connaît même des contraventions de voirie commises isolément, quand elles résultent d'infractions aux règles du titre 3.					223, 249, 257, 274, 279, 280

TRIBUNAL de police simple. — Il ne connaît que des contraventions aux réglements de petite voirie en général ; quant à celles de cette espèce qui seraient commises relativement à un chemin de fer, la connaissance en appartient exclusivement aux conseils de préfecture.					44, 76

Cependant la répression de la contravention aux règles de l'ordonnance sur les locomotives lui appartient.					366

TROUS. — V. *Fouilles.*

URGENCE — cas de. — V. *Suppression.* 61, 201 à 204, 251, 252

USUFRUITIER. — Sa responsabilité. V. *Alignement.*

VIABILITÉ — des routes royales, départementales, communales. V. *Concessionnaires.*

Viaducs. -- V. *Ouvrages d'art.*

Violence (Attaque ou résistance avec).—V. *Attaque.* 306 à 308

Visa — pour timbre des procès-verbaux. V. *Procès-verbaux.*

Voie — de recours au conseil d'état contre les décisions des conseils de préfecture.   62, 226, 227

Au ministre des travaux publics contre celles des préfets relatives aux locomotives et en général aux matières de voirie des chemins de fer. V. *Suppression.*   206, 207, 365

Voie publique. — Le soin de régler ce qui intéresse la sûreté, la commodité du passage, etc., appartient au pouvoir de petite voirie. V. *Réglements du pouvoir municipal.* 26 à 30

Voie de fer. — V. *Destruction, Dérangement, Circulation, Convois, Rails.*

Voies de fait (Attaque ou résistance avec). — V. *Attaque.*   306 à 308

Voirie (Grande). — Les chemins de fer construits ou concédés par l'état en font partie 1 et 2. — Effets de ce principe. V. *Inaliénabilité, Imprescriptibilité, Chemins de fer.* — A qui appartient le droit de faire des réglements de grande voirie pour les chemins de fer. V. *Pouvoir réglementaire en matière de grande voirie.*   1 et 2

Voirie (Petite). — Son action sur les chemins de fer; en quoi elle consiste. V. *Maire, Préfet de police, Réglements du pouvoir municipal.*   20 à 26, 31 à 34

Volontairement. — C'est une condition sans laquelle il n'y a pas de crime.   254, 255

Volonté. — V. *Volontairement.*

Zones — prohibées. V. *Mur de clôture, Constructions, Excavations, Dépôt, Servitudes.* — Les diverses zones établies par la loi n'ont pour objet que d'indiquer l'étendue des servitudes constituées au profit des chemins de fer sur les héritages contigus, en sorte que la propriété des terrains compris dans ces zones reste au riverain.   139 à 141, 145. 146, 152

FIN DE LA TABLE.

Paris, Imprimerie de Poussielgue, rue du Croissant, 12.

www.ingramcontent.com/pod-product-compliance
Lightning Source LLC
LaVergne TN
LVHW011224170726
843501LV00002B/356